KB261363

동남아의 중산층, 시민운동, 지역사회

동아시아연구단 총서 13

동남아의 중산층, 시민운동, 지역사회

제1판 1쇄 발행 2005년 9월 15일

지은이 | 김민정 외
펴낸이 | 정민용
펴낸곳 | 도서출판 폴리테이아
출판등록 | 제 300-2004-63호
주   소 | 서울시 종로구 홍파동 42-1 신한빌딩 2층
편   집 | 02-739-9929 제작·영업 | 02-722-9960, 02-733-9910(팩스)
표지디자인 | 서진

ISBN 89-955215-4-6 03300

동아시아연구단 총서 13

동남아의 중산층, 시민운동, 지역사회

김민정 편

서강대학교 동아연구소
서울대학교 비교문화연구소

폴리테이아

동아시아연구단 총서를 발간하며

지난 반세기 동안 동아시아는 줄곧 세계사적 변화와 사건의 주역을 담당해 왔습니다. 미국의 패권을 확인한 태평양전쟁, 냉전질서를 고착화한 한국전쟁, 미국의 개입정책에 의문을 던져 준 베트남전, 끔찍한 대학살로 수백만의 생명을 앗아간 캄보디아 내전과 인도네시아의 군사정변 등 역사의 줄기를 가른 주요 전쟁들이 모두 동아시아에서 발발하였습니다. 동시에 일본의 경제기적과 해외진출, 신흥공업국의 고도성장, 동남아시아 국가연합(ASEAN)의 창설과 확대, 중국의 개혁개방과 강대국의 부상 등, 탈냉전과 미국 단일패권의 국제질서에 중대한 의미를 던져 줄 현상들 또한 동아시아에서 목도된 바 있거나 전개되고 있습니다. 그래서 21세기에는 위대한 동아시아의 시대가 열릴 것이라고 예측하는 사람들이 많습니다.

동아시아 시대의 막을 열면서 이 지역은 커다란 변화에 직면해 있습니다. 무엇보다도 중국은 급속한 경제성장을 바탕으로 일본의 경제력과 미국의 군사패권에 대한 강력한 도전자로 부상하고 있습니다. 일본은 1990년 이후 "잃어버린 10년" 동안 장기불황으로 상실한 내적 추진력과 개혁의 동력을 찾고자 애쓰고 있지만, 이것은 역설적이게도 동아시아의 세력균형과 지역협력에 적지 않게 기여한 것으로 보입니다. 또한 1997년 갑작스럽게 동아시아에 엄습한 금융위기는 이른바 동아시아 성장모형에 대한 재검토와 새로운 발전전략에 대한 모색을 요구하고 있습니다. 동시에 세계무역기구(WTO)의 다자주의적 세계화, 국제통화기금(IMF)의 경제자유화 프로그램, 유행처럼 번지고 있는 쌍무적 자유무역협정(FTA), 다양한 수준의 지역통합과 같은 새로운 추세와 외부적 압력이 동아시아 지역과 국가들에게 변화와 적응을 강요하고 있습니다. 불과 몇 년 전에 창설되어 성공적으로 추진되고 있는 아세안+3은 바로 이러한 시대적 요구에 부응하여 동아시아 통합을 향해 매우 빠른 속도로 순항하고 있습니다. 21세기는 동아시아에게 새로운 기회와 동시에 막중한 도전 거리를 던져 주고 있습니다.

요컨대, 동아시아의 지난 반세기는 "성장과 위기"의 시대였으며, 앞으로 열릴 반세기는 "통합"의 시대가 될 것입니다. 〈동아시아의 성장, 위기, 통합: 21세기 발전모델의 탐색〉은 이 시대를 사는 한국의 모든 지식인의 화두입니다. 따라서 한국학술진흥재단 설립 이래 최대 규모의 공동연구로 조직된 저희 동아시아연구단은 지난 2년간 이 화두에 천착하였습니다.

모두 60여 명에 달하는 공동연구진은 인문, 사회분야에서 중국, 일본, 동남아를 전공하고 있는 지역전문가들로 구성되었습니다. 이들은 모두 지난 반세기 안에 태어나서 성장하고, 바로 이 성장과 위기의 시대에 학문의 세계로 뛰어든 사람들입니다. 그런 의미에서 이 책의 필진은 모두 자신이 직접 산 시대의 경험을 인문학적 사유와 사회과학적 분석으로 해석, 검증하고 있다고 할 수 있겠습니다.

동아시아연구단 총서 제9권부터 총 8권으로 꾸며진 본 총서는 동아시아연구단의 제2차년도 공동연구 결과입니다. 2004년 3월에 출간되었던 제1차년도 연구총서와 마찬가지로, 이번 총서 시리즈도 중국편이 2권, 동남아편과 일본편이 각 3권으로 구성되었습니다. 제1차년도 연구가 동아시아의 성장을 회고하고 비판적으로 검토해 보았다면, 금번 연구는 동아시아 여러 나라들이 1990년대 들어 경험한 경기침체, 경제위기, 대안적 발전전략의 모색 등을 그 연구주제로 설정하였습니다. 1997년 태국에서 발원하여 인도네시아, 한국으로 확산되었던 금융위기는 이 3국을 넘어 동아시아 전역에 커다란 충격을 던져 주었습니다. 동남아연구팀은 이러한 위기의 전개과정과 그것이 낳은 경제적, 사회적, 정치적 결과를 분석하고 이를 극복하고자 각국이 추구하였던 해결책과 대안을 검토하고 있습니다. 일본의 장기불황은 동아시아의 경제위기보다 훨씬 앞선 것이었지만 이로 인해 불황이 한층 심화되고 극복이 지연됨으로써 이웃 국가들과 동병상련의 처지가 되었다고 말할 수 있습니다. 일본연구팀은 일본이 1990년대 이후 정치, 경제, 사회 분야에서 벌여 온 각종 개혁프로그램의 성과와 한계를 전문가의 잣대로 평가해 보았습니다. 마지막으로, 중국은 다른 동아시아 국가와 달리 불황의 늪에 빠지거나 위기의 물결에 휩싸이지 않고 지속적인 성장을 구가하고 경제발전에 매진해 온 나라입니다. 그럼에도 불구하고 동아시아의 경제위기는 중국에게 지금까지 추진해 온 발전전략과 사회경제정책을 재검토할 수 있는 좋은 계기를 제공하였다고 볼 수 있습니다. 저희 연구단의 중국연구팀은 중국이 동아시아의 위기를 타산지석으로 삼아 위기에 대비하고 대안을 모색하는 시도들을 소개하고 평가하였습니다. 제1차년도 총서에 실렸던 60편의 논문들이 "환상과 허구 속에 성장의 시대를 살아 온 사람들의 자아비판"이라고 한다면, 이 총서에 실린 60여 편의 논문들은 위기의 시대를 직접 경험한 전문가들이 자기성찰을 한 결과라고 할 수 있을 것입니다.

이 연구는 한국학술진흥재단이 제공한 2002년도 기초학문육성 인문사회분야지원 국내외지역연구(과제번호 2002-072-BL2058)의 연구비 지원으로 이루어졌습니다. 2002년 8월 1일부터 2004년 7월 31일까지 2년 동안 지속된 이 공동연구는 무려 26억 원에 달하는 거액의 연구비를 지원 받아 22명의 전임연구원들이 오로지 연구에 몰두하고, 40여 명의 공동연구원들이 공동연구와 현지조사의 소중한 기회를 가지며, 40여 명의 석, 박사과정 대학원생들이 학업과 훈련에 정진할 수 있도록 해 주었습니다. 지난 2년 동안 이렇게 엄청난 지원을 저희 연구단에게 해 준 한국학술진흥재단과 관계자 여러분께 진심으로 고맙다는 말씀을 드립니다. 또한 교정, 편집,

출판을 도맡아 깔끔하게 처리해 준 폴리테이아 여러분께도 감사의 마음을 표합니다. 마지막으로, 인문사회과학 분야에서 사상 최대의 공동연구 프로젝트로 기록될 동아시아연구단에서 심사평가위원장, 연구위원장, 운영위원 등의 임무를 맡아 이 컨소시엄을 함께 이끌어 준 서강대학교 이갑윤 교수, 강원대학교 박사명 교수, 서울대학교 오명석 교수, 서강대학교 전성흥 교수, 가톨릭대학교 김재철 교수, 세종연구소 진창수 박사, 서강대학교 동아연구소 이한우 박사와 함께 이 총서 출판의 기쁨을 나누고 싶습니다.

2005년 5월
〈동아시아연구단〉 연구책임자 겸
서강대학교 동아연구소 소장 신윤환 씀

동남아의 중산층, 시민운동, 지역사회   차례

ANDALUYONG
RESIGN !

이 논문들은 2002년 한국학술진흥재단의 지원에 의하여 연구되었음(KRF-2002-072-BL2058).

동남아시아 지도
하노이
필리핀
베트남
태국
방콕
마닐라
아체
끌란딴
뜨렝가누
쿠알라룸푸르
말레이시아
깔리만딴
뽀소
말루꾸
파푸아
자카르타
인도네시아
는 사례연구지역

동남아의 중산층, 시민운동, 지역사회　서론

서론

동남아의 중산층, 시민운동, 지역사회

❘ 김민정

오늘날 사회과학은 세계화라는 변화의 본질과 동력을 밝혀내고 그 향방을 점치려는 논의가 주도하고 있다. 비서구 사회에 대해 권위를 가지고 주장되어 오던 설명방식들, 예를 들어 전통과 단절하고 근대적 가치를 달성하기 위한 근대화 패러다임의 일관성, 국민 국가와 민족 공동체의 경계에 대한 당연시, 경제발전과 정치적 민주화 사이의 인과관계에 대한 확신 등은 이제 재성찰의 대상이 되었다.

근대적 발전 모델에서 동남아 지역은 이례적이고 예외적인 사례로 간주되어 왔다. 동남아 사회는 이중구조, 유연성, 모순과 애매성 등의 개념으로 설명되었으며, 이러한 특징은 불철저한 근대화, 공사 영역 구분이 실패한 징후로 해석되었다. 그러나 1997년의 경제위기는 비서구 아시아 사회, 특히 동남아 지역을 설명하고 예측하던 기존의 관점과 설명방식에 재고를 촉구하는 계기가 되었다.

이 책에서 다루고 있는 동남아 5개국 중 베트남을 제외한 4개국, 말레이시아와 인도네시아, 필리핀, 태국은 1993년 세계은행의 보고서에서 수행력이 우수한 신흥개발국(NIEs: newly industrialising economies)으로 분류되었던 국가이다(Abdul Rahman Embong 2001: 13). '동아시아의 4마리 용'이 부상한 이후 서구의 이목은 아시아의 급격한 경제발전에 집중되었으며, 1997년 아시아 경제위기의 발생은 그만큼 의외의 사건이었다. 아시아가 따르던 발전모델이 잘못된 것인지, 아니면 전지구적으로 새로운 변화의 단계에 돌입한 것인지, 경제발전과 사회변화에 대한 근본적인 질문이 제기되었다. 불과 몇 년 전 서구에서 아시아 경제성장의 주요 동력으로 간주되던 소위 "아시아적 가치"는 이제 정경유착과 보호주의, 내부자 거래, 친인척 기업 경영을 뒷받침하는 경제 위기의 내부적 요인으로 지목되었다. 다른 한편 마하티르처럼 아시아 내부에서는 세계경제의 불평등 구조, 특히 국제적 금융 투기꾼을 비난하는 목소리도 드높았다. 즉, 1997년 경제위기는 근대화 신화에 남겨진 미련을 확실히 포기하도록 하면서, 국가와 지역이 처해있는 특수한 사회문화적 맥락을 드러내는 방식으로 세계화의 압박감을 실감한 계기가 되었다.

이 책의 필자들은 경제위기를 전후하여 동남아 각국이 당면한 사회문제에 주목하고 있다. 동남아 지역은 서구의 식민지배, 독립과 국가건설, 권위주의 정권 하의 경제개발, 세계경제에 대한 종속성, 등과 같은 근대 보편의 역사 경험과 사회 변화 과정을 겪고 있다. 그러나 종교, 종족, 계급, 지역, 이데올로기 등과 관련하여 사회적 갈등이 나타나는 양상은 각기 특수하고 예외적이다. 즉 21세기로 들어선 동남아에서 근대로의 변화 과정, 경제발전과 정치민주화를 통합하려는 사회적 변화, 그 자체는 각 사회의 특수한 역사와 문화에 대한 이해를 요하는 갈등 해결 과정이기도 하다. 이에 필자들은 오늘날 동남아 사회의 쟁점적 주제들과 관련된 보편과 특수, 일관성과 예외성이라는 변화의 양면을 역동성의 관점에서 보고자 한다.

동남아에서 경제위기와 이에 대한 대응과정, 특히 민주화 과정에 대한 관점과 평가는 서구와 동남아 내부의 시각이 다소 차이를 보인다. 서구의 외부자적 분석은 동남아의 민주화 운동 자체가 제도적 민주화의 걸림돌이 되고 있다거나, 과거의 구 정치질서를 변화시키지 못하였다는 점을 강조하면서 결과적으로 실패했다는 평가를 내리고자 한다.[1] 반면 국내 지식인들은 비판적 시각을 견지하면서도 민주화를 위한 저항의 의의를 살리려는 경향을 띤다. 과거부터 동남아 사회를 설명하는 데 사용되어 오던 유연성, 이중성, 모순, 애매성과

---

1) 이러한 태도는 특히 필리핀과 인도네시아의 민주화 과정에서 주목된다. 앤더슨은 메가와티를 비롯한 인도네시아의 민족주의자들이 "부끄러움을 모르고" 인권을 왜곡하는 측면을 신랄하게 비판하며(Anderson 1999); 타임지는 필리핀의 피플 파워 2에 대해 "나쁜 민족적 습관"이라고 비꼬아 보도하였다(Reid 2001: 778).

같은 개념은 외부와 내부의 상반된 평가 모두가 다면체적 사실의 한 면임을 설명해 준다고 하겠다. 이 책의 필자들이 경제위기 전후 동남아 사회를 변화와 역동성의 관점으로 보고자 하는 것은 내부자의 관점에 더 가깝다고 할 수 있다.

오늘날 동남아 사회의 변화를 이해하기 위해 필자들이 주목하는 주제어는 중산층과 시민운동, 지역사회이다. 여러 학자들이 이미 지적하였듯이 중산층은 계급이나 계층, 문화 집단 그 무엇으로도 명확하게 정의하기 힘든 사회집단이다.[2] 서구의 경우 중산층은 자본주의가 발달하면서 등장하는 3차 산업 종사자인 "서비스 계급(service class)"을 의미한다. 보다 구체적으로는 전문직·관리직·행정직으로 구성된 계급을 지칭하는데, 이들은 신뢰에 기반하여 자율성을 가지고 특화된 또는 위임받은 업무를 수행한다는 점에서 양대 계급 중 고전적 "노동 계급(working class)"과 구분된다(Lockwood 1995: 1).

그러나 오늘날 중산층이라는 용어는 사회적 이해와 행동을 설명하는 범주로 사용하기에 부적합하다는 문제를 가진다. 중산층은 자본가와 명확히 구분되지 않는지 아니면 피고용자라는 점에서 자본가와 뚜렷이 구분되는지, 중산층은 특정 수준에서 응집력 있는 정체성을 가진 집단인지 아니면 단순한 잔여범주인지 등과 같이, 중산층의 경계와 정체성에 대한 문제가 심각하게 제기되고 있기 때문이다(Robison & Goodman 1996: 8-10).[3] 특히 오늘날 서구 사회에서는 직종과 기능에 기반한 계급적 위계가 허물어지면서, 경제적 기준보다는 교우나 이웃과 같은 개인 관계와 소비나 투표 등을 통해 드러나는 가치규범이 행위의 집합성을 설명하는 보다 중요한 차원으로 대두하고 있다(Lockwood 1995: 6-8).

---

2) 이 글에서 "중산층"은 middle class(es)의 번역어이다. "middle class(es)"는 보다 정확하게는 "중간 계급"으로 번역해야겠지만, 한국에서 이를 "중산층"이라고 번역하는 것은 "계급"이라는 사회과학 개념이 정치적으로 탄압되던 시기(1960년대)에 만들어졌기 때문이라고 한다(신광영 2004: 44).

3) 일례로 월급을 받는 전문기술직 종사자에 대해 풀란차스(Poulantzas)는 "신흥 쁘띠 부르조아"로, 밀즈(Mills)는 "신흥 중산층"으로, 에른라이히(Ehrenreichs)는 "전문-관리 계급"으로, 카르케디(Carchedi)는 "프롤레타리아"로, 라이트(Wright)는 "반(半)자율적 피고용자"로 분류한다(Robison & Goodman 1996: 10, 〈표 1〉).

중산층이 의식과 소비패턴에서 보이는 차별성과 함께 이들의 정치적 역할은 동남아는 물론 한국을 포함한 아시아에서 주목되는 현상이다. 그러나 중산층의 정치적 역할을 일관되게 평가하기는 힘들어 보인다. 권위주의적 정권 하에서 중산층은 경제적으로는 혜택받은 층이지만 정치적으로는 소외되어 정치의식이 강한 활동가 집단의 구성원이 되기도 한다. 그러나 다른 한편으로는 계층상승을 하고 있는 사회집단으로서 정치적 안정과 기존질서를 옹호하는 세력으로 보이기도 한다. 중산층의 정의나 분류 기준이 애매하고, 사회적 변화에 따라 새로운 하위 분파가 생기는 것을 고려한다면, 중산층의 정치적 역할은 그 속성상 다양하고, 이중적이며 비지속적이라고 파악할 수 있을 것이다.

한편으로 동남아에서 중산층은 세계적 의식과 소비수준을 국내로 도입하는 위치에서 국가의 변화를 추동하고 요구하는 역할을 담당한다. 다른 한편으로 이들은 이러한 과정 속에서 국가와 대립하면서 동시에 타협하는 이중적인 모습을 보여준다. 결과적으로 새로운 사회세력으로 부각되고 있는 동남아의 중산층은, 아파두라이가 간파하는 세계화의 속성처럼(아파두라이 2004), 경제체계의 전지구적 통합과 민주정치적 가치로의 수렴과정에서 중심세력인 듯 보이지만, 근대화와 현대성의 보편적 측면을 반박하는 현상과도 관련된다(김민정과 오명석의 논문).

동남아 중산층의 성장 및 이들의 정치적 역할과 밀접히 관련되는 부문은 최근 각국에서 급성장하고 있는 시민운동 영역이다. 다양한 정치체제와 근대사로 인해 동남아의 시민운동은 관변적 성격에서부터 저항적 성격에 이르기까지 다양하게 구성되며, 최근 들어 급격하게 성장하였다. 시민 영역의 확대는 전세계적 추세이기도 한데, 1990년대 동구권의 몰락이 국가의 일반적 약화와 시민사회의 활성화를 예고하는 계기가 되었다(이수훈 2000: 310). 특히 동남아에서는, 급변하는 세계경제구도와 자유주의 시장질서의 확대로 인해 국가와 시장의 관계가 보다 불안정해지고 있다. 이에 시민운동 영역은 국가와 시장 간의 새로운 균형세력으로서 또한 변화의 완충벽으로서 그 역할이 강조되고 있다(조흥국과 노영순 논문).

오늘날 시민운동의 영역은 단일화된 세계가 다중심적으로 작동하는 메카니즘을 파악하는 데 있어서도 중요하다. 동남아에서는 전반적으로 시민운동 단체의 수적 증대와 영역의 확대, 기반이 되는 사회세력의 다양화 등 같은 추세가 나타나고 있다. 세계화로 인한 경제적 피해와 같은 지역 공통의 문제뿐 아니라 각국의 민주화나 인권 문제와 관련하여서도, 동남아의 다양한 조직과 운동들은 국가와 민족의 경계를 넘는 네트워크를 형성하고 새로운 이데올로기를 창출하는 방향으로 나아가고 있다. 동남아의 시민운동 영역이 "탈민족적 세계 질서의 인큐베이터"로 작동하는 지에 대한 판단은 좀 더 두고 봐야 할 듯하나 (아파두라이 1996: 293), 시민사회 영역이 세계화와 국가의 변화를 지역에서 매개하는 역할을 담당하고 있다는 점은 지역사회와 국가의 관계 맺기, 지역사회의 정체성 형성이 새로운 국면에 접어들었음을 말해준다.

지방자치의 허용과 확대를 통한 지방화 추세는 지역 내의 보편적 경향인데, 이러한 과정 속에서 지방에 대한 국가의 통제 및 국가에 대한 지방의 대응은 보다 갈등적 양상을 띠는 새로운 국면으로 접어들었다. 정치경제 영역에서의 차별과 불평등은 흔히 종교와 인종적 표식을 통해 작동하며, 인권문제로 변신하여 세계의 이목을 끌게 된다(제대식의 논문). 인도네시아의 사례가 보여주듯이, 국가적 차원에서의 민주화 노력이 지역에 대한 국가의 탄압과 통제, 특정 지역민에 대한 인권유린에 대한 개선을 이끌어내지 못하고 있다는 점은 아이러니이다. 한편 말레이시아 국가는 말레이인 위주의 경제성장에 성공하였고 지역통합을 위해 꾸준한 노력을 기울였음에도 불구하고, 경제성장으로 인한 도농간의 격차로 인해 지방화가 더욱 강화되는 현상이 발생하였다(홍석준의 논문). 말레이시아에서 지방에 대한 국가의 통제나 국가에 대한 지방의 대응에서 이슬람과 같은 종교적 표식이나 상징이 중요하게 사용되고 있다는 점은 동남아의 정치경제적 변화를 이해하는 데 있어서 역사 문화적 요인이 중요함을 다시 한번 일깨워준다.

* * *

　이 책에서 김민정의 필리핀과 오명석의 말레이시아 사례는 민주화 운동을 통해 정부에 대한 저항 세력으로 대두하고 있는 동남아의 중산층 문제를 다룬다. 김민정은 2001년 1월 다시 한번 세간의 이목을 집중시킨 필리핀의 피플 파워(People Power) 2를 통해 중산층의 성격을 분석하고 사회변화의 의미를 질문한다. 필리핀에서 피플 파워 2는 경제위기에 뒤이어 발생한 에스트라다(Estrada) 대통령의 부패혐의와 탄핵운동을 둘러싼 정치적 혼란을 마무리하였다. 이는 15년전 마르코스(Marcos)의 장기 집권을 종식하고 아시아에서 반독재 시민운동의 모델이 되었던 중산층의 무혈혁명, 즉 피플 파워의 맥을 이은 것으로 인식되었다. 그러나 뒤이어 에스트라다를 지지하는 빈곤층이 일으킨 제3의, 또는 빈자들의 피플 파워로 인해 필리핀에서 거듭 발생한 중산층 무혈혁명의 성격과 계급성은 논쟁거리가 되고 있다. 이에 필자는 오랜 식민지배와 대외 종속적 경제구조, 권위주의적 통치하에서 성장한 필리핀의 중산층이 경제적 계급으로 정의되기 힘든 이유와, 이들이 정치적 세력으로 인식되는 상황, 그리고 이러한 중산층의 애매한 위상과 대중시위의 모순을 검토한다.

　피플 파워를 중산층 혁명이라고 말하는 것은 특정한 사회변화를 설명하기 위한 메타포의 성격이 강하지만, 필리핀의 중산층이 실체가 없는 담론상의 존재만은 아니다. 이들은 경제적 계급으로서 보다는 사회적 신분으로 인식되는 경향이 있으며, 내부구성이 다양하고, 마닐라에 집중되어 있고, 역사적으로는 다소 과잉으로 정치적 역할을 담당하여 왔다. 반독재와 반부패를 주창하는 시민운동 세력이기도 하면서 동시에 기존의 독재와 부패 정권 속에서 계층 상승을 이룬 내부세력이기도 하다. 피플 파워 역시 사회정의와 민주주의를 바로 세우려는 의지와 힘의 과시이기도 하지만, 법과 절차를 뛰어 넘은 반복된 집단행동이었기 때문에 법과 제도의 힘을 더욱 약화시키는 결과를 초래한 것이기도 하다.

필자는 필리핀 중산층의 애매한 위상과 피플 파워의 모순을 사회변화의 양면성, 또는 사회변화의 이중적 과정의 징후로 해석하고자 한다. 즉 이러한 특징을 통해 중산층 위주의 대규모 대중시위가 의미 있는 사회변화를 초래하지 못하였다는 결과적 판단을 하기 보다는, 이러한 특징들이 약한 국가의 한계를 보여주며, 동시에 그러한 한계 속에서 정치변동을 추진하는 사회세력의 보완적 힘을 보여준다고 분석한다.

오명석이 분석하는 경제위기 전후의 말레이시아 사례에서도 중산층의 정치적 역할은 주목된다. 말레이시아에서 경제위기는 정치위기로 확산되지는 않았지만, 말레이 중산층은 안와르의 석방과 복권을 요구하는 개혁(reformasi)운동을 통해 마하티르(Mahatir)에 대한 정치적 도전을 주도하였다. 안와르(Anwar)의 부인 완 아지자(Wan Azizah)를 당수로 하는 국민정의당(Parti Keadilan Nasional)은 1999년 선거에서 성공을 거두지 못하였고 2004년 선거에서는 몰락하는 바람에 개혁운동의 생명력은 소멸하였다. 그러나 말레이시아 역사상 처음으로 사회의 특정 집단이 정권에 대해 비판의 목소리를 내기 시작하였다는 사실은 중요한 사회변화가 발생하고 있음을 말해준다. 이에 필자는 개혁운동의 종족성과 지속가능성에 대해 질문하면서, 개혁운동을 둘러싼 담론과 문화적 측면을 드러내고자 한다. 1971년부터 시행된 신경제 정책은 '말레이' 중산층의 성장을 결과하였으며, 신말레이 또는 닥꽈(dakwah) 말레이로 불리는 이들은 흔히 이슬람 색채가 강하고 반서구적 지향성을 가지는 것으로 묘사된다. 그러나 말레이 신중산층은 서구 문화와 말레이 전통문화, 세속화와 이슬람, 도시 문화와 농촌문화 사이에서 모호한 성격을 띠고 있다. 필자는 종교로 특징되는 정체성의 주요 기반이 실은 말레이시아 근대화 과정의 핵심을 이루었던 종족 정치의 결과라는 점에 주목한다.

1998년 9월 20일 안와르가 주도했던 시위 장소가 독립광장과 국립 모스크 사이의 광장이라는 점, "개혁"과 함께 "알라는 위대하다"라는 구호가 시위에 함께 등장한 점 등은 이슬람이라는 종교적 요소가 정치개혁의 요구를 정당화하는 점을 보여준다. 그러나 탄압의 강화와 함께 시위의 현장은 주변의 상가와 쇼핑몰로 옮겨 진행되었다. 정부는 시위 참가자의 수를 줄이고 외국인의 사주로 시위가 발생하였다고 보도하였으며, 폭력적 방식으로 시위를 진압하였다. 말레이인에게 폭력을 행사한 정부의 공권력은 충격을 주었으며, 인터넷과 같은 대안 언론의 등장으로 정부의 언로 장악은 쉽지 않았다. 1999년 총선 이후 2001년 국가 안전법으로 구속된 개혁운동가들의 심문과 결과 발표에서 정부는 또 다시 종족 정치의 논리를 최대한 이용하였다.

안와르의 구속으로 인해 표면화된 개혁 운동에서 말레이 중산층이 주축을 이룬 것은 확실해 보이지만, 그동안 정부와 맞선 다양한 이슈의 NGO 운동으로 시민사회의 중심을 구성하고 있던 화인 중산층과 지식인의 선행적 역할을 무시할 수는 없다. 즉 개혁운동은 말레이와 화인 중산층 및 지식인 간의 이념적 연대가 형성되는 계기를 제공하였다고 볼 수 있다. 그러나 개혁운동의 주역인 중산층은 상당히 이질적이고 모순된 정치 지향성을 가지고 있으며 이러한 점은 2004년 여당 연합인 국민전선의 승리로도 확인된다. 이에 필자는 개혁운동의 경험은 향후 다양한 사회집단의 다양한 활동을 통해 사회 저변에 뿌리내리게 될 것으로 예측한다.

조흥국은 경제위기 전후로 태국에서 활발하게 전개된 시민사회운동의 발전과 변화 과정을 태국의 정치·경제적 상황 속에서 또한 정부와의 관계 속에서 분석한다. 1992년 문민정부의 수립이후 태국에서는 여전히 의회 민주주의의 정착이 미흡하고 부패문제가 심각하였지만, 중산층을 중심으로 한 헌법 개정요구와 부패청산 캠페인이 등장한다. 시민들의 정치적 참여와 개입의 움직임은 시민사회운동단체의 활동이 다변화되고 또 다양화되면서 보다 확산된다. 선진국에서 시민사회와 국가의 관계는 한쪽의 강화가 다른 한 쪽의 약화를 초래하는 견제관계에서, 민주적 국가운영을 공동 목표로 하는 협력관계로 변화하고 있다. 태국에서 시민사회운동은 쁘렘(Prem) 수상의 영향으로 1980년대 말부터 정부의 개발정책과 관련하여 발전하기 시작하였다.

농민을 주대상으로 하던 태국의 시민사회운동은 1990년대에 들어서면서, 고산족과 도시빈민, 노동여성 등 다양한 부류의 소외 집단으로 확산되며, 1992년 헌법 개정 요구 시위에 참여하는 등 대중적인 정치운동의 성격을 띠게 된다. 1992년 민주화 운동의 주역은 도시 중산층이었지만 추안(Chuan) 총리의 문민정부가 들어서면서 중산층들의 정치 참여 열정이 다소 식은 것과 달리 시민사회운동영역은 더욱 활발한 활동을 전개하고 있다. 저자가 주목하는 대표적인 사례는 1995년에 결성된 빈자연합(Assembly of the Poor)인데, 이는 토지와 산림, 댐을 둘러싼 자원사용과 개발 등의 문제를 포괄적으로 다루는 농민 중심 조직이다. 1997년 99일간 지속된 이들의 시위와 정부에 대한 승리는 시민사회에 대한 국가의 자세가 변화하는 전환점이 되었다. 1997년 신헌법 제정에는 시민사회의 요구와 이해관계가 크게 반영되었으며, 경제위기의 극복 과정 속에서 타이 국민들은 국가에 의존하는 대신 시민 상호간의 의존이 더욱 중요함을 배우게 되었다. 필자는 지난 수십 년간 태국에서 국가와 시민사회의 관계는 지속적으로 변화하여 왔으며, 그 변화의 방향은 대체로 국가의 약화와 시민사회의 강화라고 요약한다. 한편 근대주의적 중산층에 뿌리를 둔 도시기반의 시민운동과 농촌의 가난한 농민 계급에 뿌리를 둔 시민운동 간의 격차는 연대와 네트워크 확대를 통해 그 의미가 상실되고 있다고 평가한다.

노영순은 1986년 도이머이(doi moi) 이후 변화의 조짐을 보이고 있는 베트남의 시민사회 영역을 대중조직의 사례를 통해 분석하고 있다. 베트남에서 대중조직은 당-국가와 대중 사이를 연결해주는 제3의 정치조직이며, 당과의 관계에서 대중의 주체성이 작동하는 방식을 파악할 수 있도록 해주는 영역이다. 경제위기 직전에 개최된 1996년의 전국당대회에서 지난 10년간의 도이머이 정책은 성공적이었다고 평가되었으며, 아시아 경제위기로 인한 베트남의 피해는 상대적으로 크지 않았다. 1999년의 중앙당전체회의에서도 경제개혁보다는 정치문제가 주요 의제였다. 즉 베트남 공산당은 경제위기의 영향을 최소평가하면서, 폭넓은 개혁을 주장하는 국내외 세력으로부터 자신을 방어하고 부패 문제로 멀어진 대중의 신뢰를 회복하는 방식을 찾고 있었다.

총노동연단과 농민회를 위시한 베트남의 대중조직들은 과거에는 해방과 독립투쟁, 전쟁에 동원되었으며, 이후에는 정부의 사회주의 정책과 프로그램을 대중에게 전달하는 통로였다. 통일후 대중조직의 전국망은 쇠퇴하였다가 도이머이 이후 당에 의해 다시 활성화된다. 총노동연단의 경우 1989년 신노동 조합법이 마련되면서 과거와 달리 당으로부터 독립을 확보하고 노동자의 권리를 보호하는 방향으로 변화하고 있다. 도이머이 이후 생산조직은 탈집단화하고 가족농업이 등장하는 등 농촌의 변화가 가속화되면서 농민회는 시위라는 형식으로 의사표출을 하는 양상을 초래하였다. 예를 들어 1997년 타이 빈(Thai Binh)과 동 나이 지역에서는 토지매입 과정의 부정부패로 인해 대규모 시위가 발생하였다. 이는 중앙계획경제에서 시장지향 경제 체계로 옮겨가면서 생기는 문제를 해결하기 위한 하나의 방식으로 풀뿌리민주주의에 대한 법령을 제정하는 계기가 되었다.

오늘날 베트남의 사회에서 대중조직과 같은 시민단체는 변화의 주체로 여겨지지만, 당과 국가에 독립적인 정치세력이라고 볼 수는 없다. 단, 정치발전이나 개발을 위해 국가와 대중 간에 필요한 공간이 확보되고 있으며, 이 공간이 점차 확대되고 있음은 중요하다. 특히 1990년대 들어 개혁의 공간에서 발생하는 다양한 사회 정치적 문제에 대응한 것은 국가가 아니라 시민단체들이었고, 여기서의 활동가들은 과거 적극적 민족주의자들이던 공무원과 교수, 선생 등 지식인 집단이다. 이에 필자는 전체적으로 볼 때 도이머이 이후 당-국가의 대중기반에는 중대한 진전이 있었다고 평가하며, 베트남의 대중조직과 시민단체는 변화의 시기에 당-국가와 대중 사이의 쌍방적 통로로 작동하고 조정자의 역할을 담당하고 있다고 분석한다.

제대식은 수하르토(Suharto) 하야 이후 인도네시아 국가 통합의 뿌리가 흔들리는 현상을 주요 지역분쟁 사례를 통해 분석한다. 독립 이후의 인도네시아가 자바(Java) 위주로 개발되었고 자바인들이 다른 지역의 지방정부와 공공기관을 장악하였으며, 지역간 이주정책이 실시된 것은 오늘날 지역분쟁의 원인이라고 할 수 있다. 여기에 더하여 경제위기의 여파와 국민의 민주화 요구로 인한 정치위기는 그동안 잠재되었던 지역분쟁의 갈등요인을 표출시킨 계기가 되었다. 아체(Aceh), 파푸아(Papua), 말루꾸(Maluku), 뽀소(Poso), 삼바스(Sambas)와 삼삣(Sampit) 등은 그동안 지역분쟁의 핵심지역으로 국내외의 관심을 끌어 온 지역이다.

아체는 인도네시아의 국시인 빤짜실라(pancasila)를 거부하고 1999년 총선을 보이콧하는 등 분리독립 요구가 가장 거센 지역이다. 이로 인해 독립아체운동과 정부군과의 무력충돌은 아체 지역을 각종 인권문제를 야기하는 온상으로 만들었다. 2002년에는 스위스 인권단체의 중재로 평화협상이 시작되었으나 독립아체운동의 요구조건이 독립인 한 중재는 힘들어 보인다. 파푸아는 아체와 달리 수하르토 몰락 이후 민주화 분위기 속에서 독립을 주장하는 경우이다. 메가와티(Megawati) 정부는 주민숙원사업을 수용하는 방식으로 온건정책을 펴면서 독립 요구를 잠재웠고, 다른 한편으로는 파푸아 주를 분할하는 법령을 통과시키고자 하였다. 주의 분할에 대해서는 지역내부에서도 찬반이 엇갈리는 가운데 파푸아주의 독립 요구는 여전히 미해결의 상태로 남아있다. 말루꾸와 뽀소 지역은 분리독립 요구 지역은 아니며, 이주로 인한 종족갈등이 발생한 사례이다. 말루꾸는 과거 종교화합의 모델로 꼽히던 지역이었으나 불과 수년 사이에 최악의 유혈 종교분쟁 지역으로 전락하였다. 이곳에서는 진행된 기독교도와 이슬람간의 잔인한 싸움으로, 1999년 1월부터 2002년 12월까지 8천여 명이 사망하였다. 깔리만탄(Kalimantan)에 위치한 삼바스와 삼삣 지역은 이주민인 마두라(Madura)인이 원주민과 융합하지 못하여 종족 갈등이 불거져 나온 경우이다.

필자는 이러한 지역분쟁의 요인을 크게 세가지, 불평등한 경제개발, 기독교도와 이슬람의 대결로 집약되는 종교 갈등, 흔히 종교 갈등과 함께 나타나는 이주민과 원주민간의 종족 갈등으로 요약한다. 한편 지역분쟁의 성격을 분리독립을 주장하는 운동과 지역 수준의 종족갈등으로 나누어 제시한다. 2001년부터 시행되는 지방자치제는 지방정부의 권한을 강화하고 분쟁지역의 주민들의 불만을 잠재울 수 있는 제도적 장치가 될 수 있을 것이다. 그러나 필자는 다인종·다종족으로 구성된 인도네시아는 독립 후 하나의 국가로 통합되는 과정에서 각 지역사회의 논의를 거치지 않았다는 이유만으로도 분쟁이 발생할 가능성이 항존하고 있으며 평화정착을 낙관하기 힘들다고 분석한다.

홍석준은 말레이시아에서 지방의 문제는 도시와 지방간의 지리적 이분법 구도가 아니라 도시와 농촌, 화인과 말레이인, 보다 이슬람적인 말레이인과 보통 말레이인 등의 구분을 포함하는 매우 복합적인 양상을 띠고 나타난다는 점에 주목한다. 야당인 이슬람 정당 빠스(PAS: Parti Islam Se-Malaysia)가 1990년 이래 집권하고 있는 끌란딴(Kelantan) 주와 빠스가 1999년 총선에서 승리하였다가 2004년에는 다시 패배한 뜨렝가누(Trengganu) 주는 말레이시아 지방화의 복잡한 맥락을 보여주는 사례로 분석되고 있다.

말레이시아 역사에서 이슬람화(Islamisasi, Islamization)는 위로부터의 개종으로 진행되었고 이슬람은 정치적 권위의 상징이었으며 이슬람 '대전통(great tradition)'과 이슬람 이전의 '소전통(little tradition)'은 최근까지도 지역사회에서 공존하고 있다. 경제위기 이후 가속화된 농촌사회의 변화 중 하나는 마을과 국가의 수직적 연결이 강화되고 국가가 주도하는 농촌개발정책의 영향력이 확대되면서, 마을 내에서도 정당 소속감이 중요해지고, 연방정부와 주정부의 개발 전략이 서로 대립하는 일이 생기기 시작했다는 점이다. 이러한 과정 속에서 두 지역사회의 대응은 유사점과 차이점을 모두 보여준다. 경제위기 이후 말레이 신중산층이 주장한 '개혁'은 두 지역사회에도 영향을 미쳤으

머 이는 1999년 빠스의 승리를 부분적으로 설명해준다. 그런데 이미 오래전부터 이슬람을 통해 지역정체성을 강화하여 온 끌란딴에서는 '개혁'의 효과가 감소한 이후에도 일상생활의 이슬람화가 가속화되고 있다. 반면 뜨렝가누 주에서는 총선 이후 빠스의 이슬람화 정책이 반발을 야기하였으며 석유와 천연가스의 로얄티 지불 문제에 있어서는 2004년 총선 결과가 지방정부에 대한 연방정부의 우위를 입증한 것이 되었다.

앞서 오명석이 분석한 바와 같이 경제위기 전후 말레이시아 사회변화에서 중요하게 목도되는 바는 말레이 신 중산층의 성장이다. 홍석준은 이들을 통해 이슬람의 규범과 가치를 강조하는 이슬람화가 지속적으로 진행되고 있다는 점이 이슬람화를 둘러싼 지방화 과정과 관련되어 있음에 관심을 촉구한다. 즉 오늘날 말레이시아의 지방화는 국가적 차원의 종족정치, 이 속에서 성장한 중산층의 정치적 비판, 종교를 통한 정체성 구축이라는 말레이시아의 사회변화를 이해하는 단초를 제공한다.

이상과 같이 이 책에 실린 6개의 논문은 오늘날 동남아 사회의 변화와 역동성에 주목하면서 중산층과 시민운동, 그리고 지역사회의 문제를 분석하고 있다. 동남아는 여전히 빈부의 격차가 심하고 농민층의 비중이 높은 지역이다. 그러나 전반적으로 교육 수준이 높아졌고 새로운 서비스 부문 종사자나 전문·기술·행정직의 비중이 증가하면서 중산층이 성장하였다. 중산층의 성장 배경이나 구체적 직종, 분류 기준 등은 나라마다 차이가 나지만, 유학이나 여행, 이주노동 등 외국 경험자 층이, 또한 정보기술과 매체를 통해 외부사회와 의사소통하는 층이 증가하고 있다는 점은 공통된다. 이 지역에서 중산층은 여전히 구성중이면서 동시에 분화중이며, 소비와 의식을 선도하는 새로운 사회 집단의 역할을 하고 있다. 중산층의 대두와 성장, 사회적 역할의 변화는 동남아 국가가 처한 대내외적 상황의 변화를 대변하는 것이기도 하다.

오늘날 동남아 국가는 아시아 경제위기의 극복 노력, 부정부패 정권이나

권위주의, 인권탄압에 대한 저항, 사회주의 틀 내에서의 개방과 시장화, 중앙
정부에 대한 지역의 분리 독립 요구 등 변화의 소용돌이 속에 놓여있다. 이러한
소용돌이 속에서 각 사회의 중심잡기는 국가와 시민영역, 그리고 지역사회 간
역학관계의 변화를 통해 시도된다. 전반적으로 볼 때 국가의 권한은 분산되거
나 약화되고 있으며, 시민영역은 시장에 대한 견제력을 확대하는 듯이 보이고,
지방화는 국가와 다른 이해관계를 추구하기도 한다. 이러한 변화는 세계화라
는 외적조건에 대한 내부적 대응방식의 결과이다. 세계화와 관련된 시민영역
의 성장과 지방화는 국가의 권위와 행정력에 변화를 촉구하고 있으나, 이에
대한 동남아 국가의 변화를 예측하는 것은 쉽지 않아 보인다. 그러나 국가-시
민-지방 세 축의 역학관계가 만들어내는 지형 파악이 향후 동남아 사회의 이해
에서 중요하리란 점만은 확실해 보인다.

참고문헌

신광영. 2004. "중산층의 위기, 표준과 상승의 몰락: 왜 중산층의 위기가 우리 모
　　두의 위기인가." 『당대비평』 24: 42-56.

이수훈. 2000. "시민사회 발전의 이중적 과제." 도정일과 성경륭 외. 『새천년의 한
　　국인, 한국사회』. 서울: 나남.

아파두라이. 차원현 외 역. 2004. 『고삐풀린 현대성』. 서울: 현실문화연구.
　　(Appadurai, Arjun. 1996. *Modernity at Large: Cultural Dimensions of
　　Globalization*. Minneapolis: University of Minnesota Press.)

Abdul Rahman Embong. 2001. "Introduction." Abdul Rahman Embong, ed.
　　*Southeast Asian Middle Classes: Prospect for Social Change and
　　Democratisation*. Penerbit Universiti Kebangsaan Malaysia Bangi.

Anderson, Benedict R. O'G. 1999. "Indonesian Nationalism Today and in the

Future." *Indonesia* 67: 1-11.

Lockwood, David. 1995. "Making out the Middle Class(es)." Butler and Savage, eds. *Social Change and the Middle Classes*. London: UCL Press.

Reid, Ben. 2001. "The Philippine Democratic Uprising and the Contradictions of Neoliberalism: EDSA II." *Third World Quarterly* 22(5): 777-793.

Robison, Richard and S.G. Goodman 1996. "The New Rich in Asia: Economic Development, Social Status and Political Consciousness." Robison and Goodman, eds. *The New Rich in Asia: Mobile Phones, McDonalds and Middle-Class Revolution*. London: Routledge.

필리핀의 '피플 파워' 와 중산층　제1장

필리핀의 '피플 파워'와 중산층:
'변화 없는' 사회의 역동성

▌김민정

1. 들어가는 말

이 글은 지난 2001년 1월 제2의 피플 파워(people power)를 통해 다시 한번 중요한 정치적 세력으로 주목받은 필리핀 중산층의 성격과 역할에 대해 분석하고 '변화가 없어' 보이는 국가, 필리핀 사회 변화의 의미를 탐구해보고자 한다.

1997년 아시아의 경제위기는 태국, 말레이시아, 인도네시아와 비교할 때 필리핀에 상대적으로 큰 영향을 미쳤다고 보기 힘들다. 필리핀의 경우 1980년대 중반에 이미 극심한 경제위기를 경험하였고 이를 개선하기 위한 그간의 노력으로 인해 1997년 경제위기 발생 당시는 외채나 단기 외자에 대한 의존이 과거보다 상대적으로 낮은 편이었다(Villacorta and Batalla 2000; Rivera 2001). 또한 1980년대 중반 이후 급증한 이주노동자들의 외화 송금 덕분에 페소화의 평가절하로 인한 충격이 상쇄된 측면도 있다.

한편 경제위기 발생 직후 압도적인 지지 속에서 당선된 에스트라다(Estrada) 대통령에 대한 신뢰는 일 년을 넘기면서 급격히 하락하였고, 급기야는 탄핵을 요구하는 대규모 대중시위가 발생하였다. 경제위기 회복의 어려움은 정치적 과정에 영향을 주었겠지만, 에스트라다 탄핵과 관련된 필리핀의 정치 위기는 인도네시아와 달리 아시아 경제위기의 직접적 결과라기보다는 리더십의 실패로 평가된다. 경제위기에 뒤이은 필리핀의 정치위기는 제2의 피플 파워로 극복되었고, 세계의 이목을 끌었다. 에스트라다 대통령은 뇌물수수와 횡령혐의로 탄핵의 대상이 되었으며 이를 막으려는 상원의 판결은 100만에 가까운 대규모 대중 시위를 야기하였고 결국 대통령은 자진하여 사임하였다. 2001년 1월 16일부터 4일간 에드사(EDSA: Epifanio de los Santos) 거리에서 진행된 시위는 과거 1986년 마르코스(Marcos) 대통령을 물러나도록 한 "피플 파워"의 정신을 이은 것이라고 하여, "피플 파워 2" 또는 "에드사 II"라고 불린다. 국내외 언론에서 이 피플 파워의 세력은 흔히 "중산층"이라고 표현된다.[1]

아시아에서 반독재 시민운동의 대표적 성공사례가 된 필리핀의 "피플 파워"를 "중산층의 혁명"이라고 묘사할 때, 이는 참가자들의 경제적 계급의 성격에 대한 분석이라기보다는 혁명적 상황의 전반적 성격을 설명하려는 의도가 더 커 보인다. 피플 파워 1은 무혈 혁명이고, 마닐라에 국한되었으며, 기본 사회제도와 지배 체제를 파괴하지 않았다. 피플 파워 2 역시 대통령의 사임을 촉구하였다는 점에서 피플 파워 1과 비슷한 상황에서 발생하였고 비슷한 특징을 보여준 대규모 대중 시위였기 때문에 중산층 혁명이라는 표현이 사용되었다. 즉, 필리핀에서 중산층은 정치적 지향과 국가와의 관계 속에서 주목받아왔으며, 경제적 계급으로서 보다는 정치적 세력으로서 의미를 가지는 사회적 범주로 보인다.

실제로 많은 필리핀 연구자들은 필리핀 사회가 사회 신분상의 두 집단으로 나뉘어져 있어서 경제적 계급 개념으로 분석하는 것이 힘들다고 지적하며,[2] 특히 중산층의 개념을 사용하는 것에 대해 부정적이다. 학계에서 중산층은 자본주의의 발전과정 속에서 등장하는 새로운 계급, 즉 3차 산업에 종사하는 서비스 계급을 의미하며, 고용관계에서의 신뢰나 전문적 업무를 수행한다는 점에서 노동계급과 구분된다(Lockwood 1995: 1). 그러나 새로 출현한 계급으로서 중산층을 묶어내는 기준은 경제적 자원에 한정되어 있지 않다. 다양한 출처

---

1) Adriano(*Manila Times* Jan. 21, 2003), Ng(*Business World* Aug. 23-24, 2002), Sheehan(*Far Eastern Economic Review* Feb. 1, 2001), Mitchell(*Far Eastern Economic Review* Feb. 8, 2001) 등.

2) 필리핀의 사회적 불평등은 지주와 소작인, 자본가와 노동자와 같은 계급적 개념보다는 힘 있는 자와 힘없는 자(big people과 little people[Lynch 1959]), 가진 자와 못 가진 자(haves와 have-nots[Kerkvliet 1991]), 엘리트와 대중(bugis와 masa [Pinches 1991]) 등과 같은 사회적 신분의 함의가 담긴 개념을 통해 분석되고 있다.

와 규모의 자산, 자율성을 보장하는 전문직종, 일정한 소비수준을 감당할 수 있는 수입 규모, 어느 정도의 사회적 지위를 보장하는 교육수준 등의 다양한 요인들이 중산층으로서의 소비행태와 정치성향 등을 설명하는데 동원되기 때문이다. 다른 동남아 국가들도 그러하지만 특히 필리핀의 중산층은 자산가 층인 부르주아와 명확하게 구분하기 힘들다(Robison and Goodman 1996).

한편 피플 파워 2 이후에는 에스트라다를 지지했던 하층 빈민 계급이 참가하여 "빈자들의 피플 파워"라고도 불리는 "에드사 III"가 발생하였다. 과거 피플 파워 1에서 반독재라는 운동의 명분을 놓고 좌파와 중도파 사이의 이데올로기적 대립이 나타났다면, 피플 파워 2에서는 특정 대통령에 대한 지지와 반대를 통해 필리핀 사회의 계급 '간' 대립구조가 표면화된 것처럼 보인다. 이에 피플 파워 2의 세력을 중산층으로 묶어 부를 수 있는지, 그때의 중산층은 어떤 의미인지 답을 찾아보는 것은 피플 파워 1과 2 사이에 발생한 필리핀 사회의 변화과정을 이해하기 위해 중요한 작업이라고 할 수 있다.

이 글에서는 먼저 경제위기 이후의 필리핀 상황에 대해 에스트라다 대통령의 당선과 몰락 과정 그리고 피플 파워 2의 진행과정을 통해 정리해보고, 피플 파워 2를 피플 파워 1과 비교하면서 정치적 세력으로 중산층의 역할과 위치가 언급되는 맥락을 살펴본다. 이어 필리핀 사회에서 중산층이 대두하는 역사적 과정과 중산층의 특징을 정리하고, 필리핀 중산층을 둘러싼 다양한 시각과 사회조사에서 사용되는 중산층 개념을 통해 이들이 정치적 세력으로 간주될 수 있는지를 점검한다. 마지막으로 연이은 피플 파워가 보여주듯 역동성이 넘치는 필리핀 사회가 왜 항상 "변화 없는(changeless)" 땅으로 묘사되는지, 필리핀 사회변화의 의미를 재해석해보고자 한다.

2. 에스트라다의 등장과 퇴진, 그리고 EDSA II

1) 에스트라다의 등장

1998년 5월 에스트라다는 "가난한 사람들을 위한 에랍(Erap para sa Mahirap)"이라는 구호를 내걸고, 하층과 빈민의 전폭적 지지를 받아 대통령에 당선되었다. 총 득표율은 40%였는데, 특히 하층(E 계층)에서 47.7%를 또 유권자의 63%에 달하는 중하층(D 계층)에서도 40% 가량을 득표하였다. 보다 놀라운 것은 가톨릭 교회와 교육받은 집단이 그의 여성편력과 학력에 대해 노골적인 경멸과 비판을 퍼부었음에도 불구하고, 중층과 상층(ABC 계층)에서 로코(Roco)에 비해 3.1%만 뒤처지는 득표율로 2위를 차지하였다는 사실이다(Rivera 2001: 247-248에서 재인용).3)

에스트라다의 이력은 과거 어느 대통령과도 사뭇 다르다. 부유한 엘리트 가문 출신도 아니고 대학 중퇴의 학력이지만 대중 영화판에 뛰어들어 인기를 쌓았고, 이를 바탕으로 1968년 30세의 나이에 산 후안(San Juan) 시장으로 당선되면서 정계에 입문하였다. 이후 18년 동안 시장으로 복무하고 이어 상원의원과 부통령직을 거친 후 대통령에 당선되었다. 1998년 선거에서 하층과 빈민들은 정의를 위해 고군분투하는 영화 속 주인공 에스트라다가 독립 이후 지속되어 온 엘리트 민주주의에 종지부를 찍을 것으로 기대하면서 열렬한 지지를 보냈다. 다른 정치가들과 달리 그가 내건 친빈민 구호는 그가 출현했던 영화 이미지를 통해, 또한 선거 유세에서 필리핀어(Filipino)로 연설하거나 농민들과 함께 손으로 밥을 먹는 서민적 분위기를 연출함으로써 현실성을 갖추었다. 다른 한편, 정치엘리트 가문 출신이 아닌 중산층 진보 지식인들도 에스트라다에게 기대를 걸었는데, 특히 필리핀 국립대학 출신의 좌파, 활동가, 진보적 지식인들은 초기 내각에 적극 참여하였다.4) 이들은 에스트라다의 친빈민 구호

---

3) 여기서 사용된 ABCDE의 계층구분은 오늘날 필리핀의 마케팅 조사에서 사용되는 사회경제적 지위(SES: Social Economic Status) 분류를 따른 것이다. 이에 대한 구체적 내용은 이 글의 III장 2절을 참조할 것.

가 진보적 이상을 실현할 수 있는 기회를 제공할 것이라고 기대하였다. 즉 에스트라다의 당선은 영화배우로서의 대중적 인기에 의존한 것만큼이나, 아키노(Aquino) 이후 시도된 개혁 성과의 미흡함, 특히 전통적 정치 엘리트들이 복귀한 정치 현실에 대한 거부감에도 기인한다.

그러나 에스트라다는 취임하자마자 과거 자신이 신세를 진 친구 기업가와 정치인들을 요직에 앉히고 주로 이들과 사적인 분위기에서 정사를 논하였다. 또한 각료들에게 선심성 선물을 하고, 내연의 부인들에게 호화별장을 선물하는 등 물의를 일으켰다. 1999년이 되면서 에스트라다는 내각에 속해 있던 내부자로부터도 "전문성"과 "규율"이 부족하고, 정책 결정과정이 무질서하고 개인적이며 파편화되어 있다는 평을 듣게 되고(Rivera 2001: 249), 진보적인 지식인들은 곧 내각에서 주변적 위치로 내몰렸다.[5]

에스트라다의 정치적 위기는 그의 경제정책 수행능력이 전문 경영자 집단의 기대에 미치지 못한 것과도 밀접히 관련된다. 필리핀은 아시아 경제위기의 여파나 피해가 인도네시아나 태국에 비해 적은 편이었으며, 그의 취임 당시 필리핀은 서서히 경기가 회복되던 중이었다.[6] 그러나 에스트라다 집권 후인 1999년 GDP 성장률은 1986년 이후 최하인 -3.3%를 기록하였다(Paderanga 2001: 182). 한편 1997년 이후 필리핀의 산업구조는 농업과 공업 부문의 비중이 감소하고 서비스

---

4) 예를 들어, 농지개혁부(DAR: Department of Agrarian Reform) 장관으로 임명된 좌파 인물 호라시오 모랄레스 주니어(Horacio Molares, Jr.), 주택도시개발위원회(HUDC: Housing and Urban Development Coordinating Council) 위원장으로 임명된 까리나 콘스탄티노-다비드(Karina Constantino-David), 경제계획부 장관(Economic Planning Secretary)인 펠리페 메다야(Felipe Medalla), 예산관리부 장관(Budget Secretary)인 벤자민 디오크노(Benjamin Diokno) 등을 들 수 있다.
5) 입각 후 등을 돌린 에스트라다 내각 참여자들의 증언과 기록으로는 Constantino-David (2001), Laquian and Laquian(2002) 등을 참조할 것.
6) 아세안 대표국의 실질적 국내총생산(GDP) 성장률, 1986-2000(Paderanga, et al 2001: 182).

연도	필리핀	인도네시아	말레이시아	태국	싱가폴
1986–1990	4.7	6.3	6.9	10.4	8.2
1991–1995	2.2	7.8	8.7	8.6	8.6
1996–2000	3.5	1.7	4.9	0.5	6.3
1986–2000	3.5	5.2	6.8	6.5	7.7

부문이 확대되는 추세로 접어들었는데, 에스트라다의 임기 중인 1998년과 1999
년 사이 농업 부문의 성장률은 4.7%로 공업 부문 수치인 2.3%보다 월등히 높게
나타난다. 이러한 변화는 농업 부문에서의 고용창출과 관련된 것이 아니어서
부정적으로 해석된다(Paderanga 2001: 184). 2000년도 필리핀의 페소화와 주가
의 변화는 에스트라다의 정치위기가 아시아 경제위기와 별도로 진행되었으며,
금융계와 재계에서의 적신호가 대통령 탄핵 분위기 조성에 중요한 영향을 미쳤
다는 점을 보여준다. 2000년 1월 1달러당 40페소이던 환율과 2100 수준이던
필리핀 주가지수(Phisix)는 이후 지속적으로 하락하다가, 에스트라다의 실각을
초래한 결정적 사건인 싱손(Singson) 주지사의 기자회견이 있던 10월 9일에는
달러 당 49페소와 1,264로 급락한다(Suh and Lopez 2000).

에스트라다 집권 시기 필리핀의 경제 상황이 아시아 경제위기와 무관하다
고 할 수는 없겠으나 그의 경제정책이 긍정적 효과를 거의 가져오지 못한 것은
확실해 보인다. 그가 대대적으로 내세운 빈민 프로그램이 아무런 성과를 가져
오지 못한 점과 민다나오 분리주의자들에게 군사적 대응을 한 것도 대내외적
으로 공격을 받았다. 그러나 무엇보다도 에스트라다의 부정부패 정치 스캔들
이 터지면서 페소화와 주가가 급락한 것은 마카티 비즈니스 클럽(MBC: Makati
Business Club)으로7) 대변되는 재계 인사들이 그에게 등을 돌리고 탄핵 여론
에 힘을 실어주는 결정적 배경이 된다.

2) 에드사 II와 에스트라다의 퇴진

에스트라다 대통령의 사임은 1999년 8월 20일 마카티(Makati)의 아얄라
(Ayala) 가(街)에서 벌어진 시위에서 공개적으로 제기되었다.8) 코라손 아키노를

---

7) 마카티 비즈니스 클럽(MBC)은 필리핀의 경제와 사회에 대해 조사하고 논평하는 재계 인사의
   포럼으로 1981년에 결성되었으며, 2004년 현재 전 산업 분야의 450여개 대기업을 대표하는
   800여 명의 CEO급 인사들을 회원으로 두고 있다. 회원은 클럽에서 초빙하는 방식으로 충원된
   다(www.mbc.com.ph).
8) 이상의 상황은 필리핀의 대표적인 시민운동단체 연합인 바얀(Bayan: Bagong Alyansang
   Makabayan)의 총무간사 Casiño의 글(2001)을 참조하여 정리한 것이다.

위시한 시위 조직자는 반 에스트라다 구호를 내세우지 않았지만, 여기에 참가했던 필리핀의 여성단체 연합체인 가브리엘라(Gabriela)는 대통령의 사임을 요구하는 플랜카드를 사용하였다. 이후 9월 21일에는 가톨릭 교회 세력을 중심으로 젊은이와 학생세력, 인권 단체들, 농민단체연합(KMP: Kilungsan Magbubukid ng Pilipinas) 등이 모여 사임을 촉구하는 집회를 가졌다. 2000년 1월이 되면 대표적 일간지인 인콰이어러(*Philippine Daily Inquirer*) 첫 면에 "에스트라다 퇴진(Oust Erap)"이란 제호의 기사가 실린다. 4월 3일에는 상원의원인 깅오나(Teofisto Guingona)가 대통령의 사임을 촉구하고, 9월 21일에는 깅오나 의원과 함께 여러 하원의원들이 참여한 에스트라다 반대 시위가 조직된다.

이 즈음 에스트라다 대통령의 절친한 친구이던 싱손 주지사가 텔레비전 인터뷰에서 불법 도박인 웨뗑(jueteng)의[9] 이익금을 정기적으로 대통령에게 상납하였다고 폭로하였다(10월 9일).[10] 싱손의 폭로는 반 에스트라다 사태를 급진전시켰다. 곧 이어 신(Sin) 추기경은 대통령의 도덕성을 공개적으로 비난하였고, 글로리아 아로요(Gloria Arroyo) 부통령은 겸직하고 있던 사회복지발전부(Department of Social Welfare and Development) 장관직을 사임하였다(10월 11일). 위기감을 느낀 에스트라다 대통령은 라디오와 텔레비전을 통해 대국민 사과 방송을 하였지만(10월 14일), 금융권이 밀집해 있는 마카티 구역에서는 본격적인 대중 집회가 시작되었고, 하원의원 14명이 뇌물 수수와 부패 혐의로 대통령에 대한 탄핵심리를 접수시켰다(10월 18일).[11]

---

9) 웨뗑은 두 개의 공에 쓰인 1부터 37까지의 숫자를 맞추는 도박으로, 1페소를 걸면 400에서 1,000페소까지 딸 수 있다. 1800년대 말에 스페인으로부터 들어왔으며 필리핀 사회에서는 1900년대 초부터 성행하기 시작하였는데, 당시에는 중국 이민자들이 주로 돈을 걷고 경기를 진행하는 일을 담당하였다(*The Straits Times*, 2001년 1월 1일). 많은 지역에서 마을 수준에 뿌리를 내린 친숙한 게임이며 신중한 계산과 아는 사람들 간의 신뢰에 기반하고 있다. 오랜 동안 지역의 고리대금업자, 폭력조직, 불법 정치자금 등과 밀접하게 관련되어 불법화되었지만, 불법이 문제를 더 심각하게 만든다는 의견도 있다(*PCIJ* 1995).

10) 이하의 사건 진행과정은 참고문헌의 신문과 잡지 목록에 제시된 기사내용과 필리핀 텔레비전 ABS-CBN 프로그램인 "The Correspondents"의 특집 "Hatol ng Bayan: EDSA Dos, A Special Report by ABS-CBN"(2001년 1월, 60분)을 참조하여 정리한 것이다.

11) 필리핀의 대통령 탄핵 과정은 하원의장이 사건을 접수한 후 10일 안에 대법원에 제출하여 과반 수 이상의 서명을 얻으면 하원의 탄핵이 결정되고 그렇지 않을 경우에는 하원 재적의원 1/3

하원에서는 탄핵이 결정되었고(11월 13일), 상원의 탄핵 심리가 시작되었는데(12월 7일), 검사측이 에스트라다에게 부여한 죄명은 뇌물수수, 부정 이득과 부패, 공공 신뢰에 대한 배신, 헌법의 침해라는 4개 항목이었다. 2001년 새해가 되면서 이퀴터블(Equitable PCI) 은행의 부총재가 대통령이 가명으로 비밀계좌에 사인한 사실을 증언하자(2001년 1월 2일), 사태는 에스트라다에게 결정적으로 불리해졌다. 이 즈음 에드사 성당과 기타 지역에서는 다시 한번 피플 파워를 통해 대통령을 물러나게 하려는 시위가 대대적으로 조직되기 시작하였다(1월 12일). 대규모 대중 시위의 도화선에 불을 붙인 것은 10 대 11로 대통령의 가명계좌 기록 공개를 거부한 상원의 결정이다(1월 16일). 은행의 가명계좌 기록은 대통령의 뇌물 수수 여부를 판정할 수 있는 결정적 물증임에도 불구하고, 상원은 공개를 허용하지 않음으로써 탄핵심리의 과정을 간접적으로 저지한 것이다. 당시의 투표과정은 TV를 통해 생중계되고 의원들의 투표 결과 역시 공개되었다. 생방송 중 부결 결과에 기뻐 춤추는 오레따(Teresa Aquino-Oreta) 의원의 모습이 카메라에 잡혔고, 이 장면은 에스트라다를 반대하는 시청자들에게 심한 분노감을 안겨주었다. 투표 결과에 실망한 상원의장 피멘텔(Aquilino Pimentel)은 의장직을 사임하였고, 에드사 거리의 시위 참가자는 급증하여 1월 19일에는 백만 명을 돌파하였다. 사태의 흐름은 급진전하여 국군참모총장 레이예스(Reyes) 마저 에스트라다에 대한 군의 지지를 철회하자, 반 에스트라다 시위의 분위기는 절정에 달하였다(1월 19일). 밤새도록 귀가하지 않은 군중들은 다음 날 아침 대통령 궁을 향하는 멘디올라(Mendiola) 다리 위에 집결하였고, 혼란과 위기감이 극에 달한 다음날 정오에 대법원장은 에스트라다의 내각이 사임하더라도 아로요 부통령이 대통령직을 승계할 수 있다는 입장을 표명하였다. 이 발표가 난 지 2시간 후인 오후 2시에 에스트라다는 자진사퇴하였다(1월 20일). 이로써 1월 16일 화요일부터 1월 20일 토요일까지 4일에 걸쳐 전개되었던 에드사 II 대단원의 막은 일단락되었다. 에스트라

이상의 표결을 얻어야 한다. 하원에서 탄핵이 통과된 후에는 상원이 대법원장의 통솔 하에 심의하게 된다.

다가 사퇴한지 일주일 후 아로요 부통령은 대통령에 취임하였고(1월 28일), 대법원은 에스트라다 측의 제소에 대해 아로요의 대통령 취임이 합법이라는 판결을 내림으로써(3월 2일), 에스트라다의 대통령 사임과 관련된 법적 과정은 마무리 되었다.

그러나 4월 25일 옴부즈맨 특별검사에 의해 국고 횡령 혐의로 에스트라다 가 체포되자 이번에는 에스트라다를 지지하는 하층과 빈민들이 주도하는 시위 가 시작되었고, 이는 "가난한 사람들의 피플 파워(Poor People Power)" 또는 에드사 III로 불리었다.[12] 이들의 구호는 "에랍은 우리와 함께(Erap is with us)", "대통령 궁을 접수하자(Take Malacañang)" 등이었고, 이 시위를 이끈 사람은 아버지를 이어 산 후안 시장으로 당선된 에스트라다의 장남 징고이 (Jingoy)이다. 4월 29일 일요일 밤, 시위규모는 절정에 달하여 거의 백만에 달 하는 사람들이 모였다. 여기에는 에스트라다를 지지하는 종교단체인 이글레시 아 니 크리스또(Iglesia ni Christo)나 엘 샤다이(El Shaddai)의 조직이 동원되 었고[13] 에스트라다의 정당인 민중의 힘(PnM: Puwersa ng Masa) 소속 지역 정치인들이 참가하였다. 당시 지도부의 의견은 대통령 궁으로 가자는 측과 에 드사에 남자는 측으로 갈린 상태였다. 다음날 정부는 이글레시아와 엘 샤다이 의 지도부에 사람을 보내어 경고하였고, 두 조직이 빠지면서 군중의 수와 분위 기는 모두 격감하였다. 하지만 밤을 샌 군중들은 몇 달 전의 에드사 II처럼

---

12) 에드사 III의 진행과정에 대해서는 참고문헌에 제시된 신문과 잡지의 기사내용과 필리핀 국립대학 교 사회학과 교수인 란돌프 데이비드(Randolf David)의 관찰기를 참조하였다(David 2001).
13) 이글레시아 니 크리스또나 엘 샤다이는 1998년 선거 시에 에스트라다를 지지했던 종교조직이 다. 이글레시아는 펠릭스 마날로(Felix Manalo)가 1914년에 창설한 필리핀 토착 개신교 종파 이며 1970년대 이후 눈에 띠게 성장하고 있다(자체적으로는 메트로 마닐라에 2백만 명의 신도 가 있다고 주장한다). 엘 샤다이는 마이크 벨라르데(Mike Velarde)가 이끄는 카리스마파에 속 하는 가톨릭 평신도 조직이다(자체적으로는 메트로 마닐라에 6백만 명의 회원이 있다고 주장 한다). 노래와 춤, 환호성과 집단 기도, 치료 의례 등으로 진행되는 대규모 군중집회, 라디오와 텔레비전을 이용한 프로그램 등이 특징적이며 1990년대 이후 급성장하고 있다. 에스트라다는 엘 샤다이의 지도자인 "브라더(Brother) 마이크"를 자신의 정신적 지도자라고 공표한 바 있다. 이글레시아 니 크리스또에 대해서는 개신교 교파 소개 사이트인 http://www.letusreason.org/ Iglesia1.htm를, 엘 샤다이에 대해서는 관련 홈페이지 http://www.geocities.com/elshaddai_ dwxi_ppfi를 참조할 것.

마카티 지역으로 행진을 시작하여 근처 주택가의 부유층을 긴장시켰다. 아로요 대통령은 텔레비전에 나와 이들을 쿠데타 세력으로 규정하고 강경대응을 선포하였으며 군부의 분열을 노리는 정치인들을 비난하였다. 자신들이 지지하지 않는 대통령의 발언을 거만한 도전이라고 받아들인 4만 여명의 군중들은 대통령 궁으로 진군하기 시작하였다. 이들은 돌과 파이프, 폭발물 등을 이용하여 군경과 싸우면서 거의 대통령 궁의 정문까지 다다랐으며, 이런 식의 전투가 10시간 이상 지속되고 시위자 네 명이 사망하는 유혈 사태가 발생한 후에야 사태는 진정되었다.

에드사 III의 발생은 에드사 II에 대한 평가를 보다 복잡하게 만든 측면이 있다. 사실 에드사 II에 대한 필리핀 국내와 국외 언론 보도의 논조는 상당히 달랐다. 전반적으로 볼 때 필리핀 국내 언론은 에드사 II에 대해 올바른 정부(good government)와 민족(nationhood)의 정신을 찾기 위해 필요한 일이었다고 긍정적으로 평가하는 편이다.[14] 반면 서구 언론의 보도 태도는 곱지 않은 편이었는데, 타임(*Time*)지(紙)는 피플 파워 2를 "나쁜 민족적 습관(bad national habit)"이라고, 또 파이스턴 이코노믹 리뷰(*Far Eastern Economic Review*)지(紙)는 "부자들의 파워(rich people's power)"라고 비꼬면서, 필리핀 사회에서 발생한 대중 시위의 의미와 세력에 대해 상당히 비판적인 태도를 취하였다(Spaeth 2001; Sheehan 2001; Reid 2001: 778에서 재인용).

에드사 II 발생 일년 후가 되면, 에드사 II를 주도하였던 정치인들, 아로요 대통령과 아키노, 라모스(Ramos) 전 대통령 등은 피플 파워 방식의 정치적 의사표명을 비판하기 시작하며, 신 추기경은 에드사 성당에서의 정치 집회를 아예 금하였다.[15] 즉 필리핀에서 피플 파워 2의 주체가 누구이고, 그 정신은 무엇이며 어떻게 계승해야 하는지는 여전히 중요한 사회적 논쟁거리라고 할

---

14) 에드사 II가 진행되는 동안 이에 대한 부정적인 신문기사는 거의 보기 힘들다. 그러나 일주년이 되면 에드사 I과 비교하면서 그 의의를 살려야 한다는 기사내용이 등장하고, 이 주년이 되면 아로요 정부가 에드사의 정신을 살리지 못하고 있다는 비판적 기사들이 등장한다. 주로 참조한 필리핀의 국내 주요 일간지는 *Philippine Dauily Inquirer, Business World, The Philippine Star, Today* 등 이다. 자세한 기사 목록은 참고문헌 참조.
15) AFP(2002), Doronilla(2002b, 2002c) 등 참조.

수 있다. 다음에서는 에드사 I와의 비교를 통해 지난 15년간 중산층 무혈 민주 혁명의 성격은 어떻게 변화하였는지, 피플 파워 세력의 성격 변화는 필리핀의 사회변화에 대해 무엇을 말해주는지 분석해 보고자 한다.

〈사진 1〉 에스트라다가 도박꾼에 바람둥이에 낭비벽이 심하다고 비난하는 그림
출처: http://edsa-ii.penuel.org/photo_gallery.htm

〈사진 2〉 에스트라다를 이탈리아의 마피아 대부 에 빗댄 포스터

출처: http://www.geocities.com/sanlakasonline/pg/index.html

〈사진 3〉 상원투표 결과 후 기뻐하
며 춤추던 오레따 의원을 비난하는
피켓과 시위참가 젊은이들

출처: http://edsa-ii.penuel.org/photo_gallery.htm

〈사진 4〉 시위 분위기가 절정에 달한 1월 19일 에드사 거리의 상황

출처: http://members.optusnet.com.au/~luis06/edsa2.htm

<(사진 5) 마카티 외곽 철로변의 빈민구역 (필자촬영, 2004년 2월)>

3) 에드사 I과 II의 비교

필리핀 국내 언론에서 에드사 II는 발생 당시부터 에드사 I과 비교되었으며, 그 연속성이 강조되어왔다. 에드사 I는 1986년 2월 아시아에서는 최초로 대규모 대중 시위를 통해 장기 독재 대통령 마르코스(Marcos)를 사임하도록 만든 "피플 파워"의 원조이다. 그러나 시간이 흐르면서 두 사건 간의 차이가 강조되면서, 비교의 초점은 세계적으로 보기 드문 두 번의 피플 파워가 실질적인 제도 개선으로 이어지지 않은 필리핀의 상황을 진단하고 반성하는 쪽으로 논의가 진행되고 있다.

필리핀 국립대학 정치학과 교수의 논문(Hernandez 2001)과 필리핀 경제지 비즈니스 월드(*Business World*)의 기사(Ng 2002)에서 피플 파워 1과 2를 비교하는 내용을 통해 그 차이를 정리해보고자 한다.

<표 1> 에드사 I과 에드사 II의 공통점과 차이점 예시

	Hernandez (2001)	Ng (2002)
공통점	- 정치 위기시 발생, 민주주의 회복 - 교회, 특히 신 추기경의 영향 중요 - 시민의 자발적 참여 - 재빠른 조직, 평화로운 시위 - 군부의 지지철회 중요(II에서는 군부역할이 상대적으로 덜 중요)	- 선한 통치에 대한 갈망이 목적 - 신성한 힘이 개입한 흔적 존재 - 무혈봉기 - 군부가 전환점 제공(I에서는 시민이 군부지지, II에서는 시위의 판세가 드러난 후 군부가 이를 지지)
차이점	- I에서는 좌파 이탈, II에서는 보다 다양한 좌파 및 정치적 스펙트럼 포함됨 - II에서는 참여 연령 내려감	- II에서는 더 많은 개별적 참여 - I에서는 좌파 분열, II에서는 좌파가 중요한 역할 담당 - I에서는 신부와 수녀의 참여 높았으나, II에서는 신 추기경만이 핵심적 교회 인물 - II에서는 학생과 젊은 세대 참여 - II에서는 더 준비된 차기 여성 지도자 등장 - I에서는 로우 테크, II에서는 하이 테크 사용

두 저자 모두 두 번의 피플 파워에 대해 교회, 군부, 비정부조직, 학생층을 주요 참여 세력으로 지적한다. 에드사 I과 II 참여자의 다양한 구성은 피플 파워를 "중산층 혁명"으로 부르는 배경이 된다. 그러나 위에서 볼 수 있듯이, 에드사 I과 II에서 각 사회 세력의 참여 범위와 성격은 차이를 보인다. 에드사 I 당시는 인권탄압이 노골적으로 자행되던 권위주의 독재 시기였고, 신부와 수녀들이 시위대열의 앞에서 군대와 맞섰다면, 에드사 II에서는 신부 수녀들의 이러한 선도적 역할은 눈에 띄지 않았다. 그러나 에드사 II에서 신 추기경은 아키노 전 대통령과 아로요 부 대통령과 함께 시위의 향방을 좌우하는 핵심적 사회 인사의 위치를 지켰다. 신 추기경의 정치적 역할은 보다 표면화되었지만, 시위가 진행되면서, 예를 들면 2000년 10월과 달리 11월에는, 평신도들이 시민으로서 시위를 조직하고 주도하는 변화가 뚜렷해졌다. 특히 2001년 1월의 결정적인 4일 동안은 시민조직이 교회조직을 압도하였다고 평가된다(Carroll 2001: 245-249).

에드사 II에서 군부의 역할은 여전히 중요하였지만, 에드사 I처럼 무혈 혁명을 가능하게 한 결정적인 계기를 제공하지는 않았다. 오히려 참모총장은 대중의 향방을 보고 대통령에 대한 지지를 철회하였으며 대통령에게 퇴진을 설득하였다. 이러한 변화는 군대에 기반을 둔 권위주의적 통치의 기반이 약화되고 있음을 시사한다(Rivera 2001: 252). 그러나 이제 군대는 피플 파워에 협조한 공로로 비군사적 지위에 임명된 퇴역 장성들을 통해 영향력을 행사할 수 있게 되었다(Hernandez 2001: 73-74).

비정부조직의 행방 중 좌파의 참여에서도 중요한 변화가 나타난다. 에드사 I에서 좌파는 둘로 갈렸으며, 온건파만이 선거에 참여하고 아키노 정부를 구성하여 마르코스 독재를 종식하고자 하였다. 결과적으로 아키노 정부 시기에는 좌파 내의 분열과 내부 갈등이 심각하게 불거졌고 심지어는 좌파 내에서 암살이 자행되기도 하였다. 그러나 15년이 지난 상황에서 과거의 급진 좌파 조직들은 더 이상 혁명봉기를 주장하지 않으며 비정부조직으로 새로이 정체성을 갖추고 활동을 해왔다. 이에 에드사 II에서 좌파 조직은 초기 국면에서 선도적으로 시위를 조직하고 주도하였을 뿐 아니라, 신 추기경이나 아키노 전 대통령, 아로요 대통령의 반대에도 불구하고 마지막 날 대통령 궁으로의 시위를 주도하여 에스트라다의 사임을 얻어냈다(Casiño 2001).[16]

에드사 II는 다양한 시민운동과 비정부조직 단체가 중심이 되어 진행되었지만, 참가자의 다수는 특정 운동단체의 소속 없이 친구 집단이나 직장 동료끼리 자발적으로 온 사람들이었다. 에드사 I 시절과 달리 핸드폰과 인터넷의 사

---

16) 참가하였던 주요 시민단체 중 하나인 바얀(Bayan) 관계자의 말에 의하면, 대통령 궁으로의 행진은 이미 1월 17일에 참가 조직 협의회에서 결정되었는데, 다음날이 되자 신 추기경과 아키노 전 대통령은 별 다른 이유 없이 연기를 요청하였다고 한다. 그러나 1월 19일 군의 지지철회가 선포되자 참가 조직 관계자들은 멘디올라 다리로의 행진을 더 이상 늦출 수 없다고 판단하여 감행하고자 하였다. 그러나 마지막까지도 신 추기경과 아키노 전 대통령, 아로요 부 대통령은 대통령 궁으로의 행진을 반대하였고, 이에 2000년 10월 에스트라다의 퇴진 요구와 함께 아로요를 지지하기 위해 조직되었고 시위의 핵심 세력이던 콤삘 II(Kompil II: Kongreso ng Mamamayang Pilipino II)는 내분의 분위기에 놓였다. 결국엔 전체적인 입장의 통일 없이 개인의 선택으로 멘디올라로의 행진이 진행되었다(Casiño 2001: 261-262).

용은 특히 학생층과 중산층 참가의 폭을 더 넓히고 독려하였다. 핸드폰의 문자 메시지는 특정한 행동 지침을 재빠르게 다단계로 전파시켜 다양한 배경을 가진 익명의 사람들 간의 동시적 의사소통을 가능하게 하였다. 인터넷을 통한 소식망, 패러디, 조크 역시 정치적 관심과 참여의 범위를 넓히는 역할을 하였으며, 결과적으로 핸드폰을 소유하고 인터넷에 익숙한 도시 중산층 학생층들의 참여가 많았다(Pertierra et al. 2002).

한편 에드사 II에서는 텔레비전으로 대변되는 매스 미디어의 영향력도 간과할 수 없다. 에드사 I이 가톨릭 라디오 방송인 라디오 베리따스(Radio Veritas)에 주로 의존하던 것과 달리 에드사 II에서는 텔레비전에서 생중계된 상원의 표결과정, 부결에 기뻐하며 춤추는 상원의원을 포착한 방송 내용의 반복, 이후 진행된 에드사 시위에 대한 특별 방송 등, 텔레비전의 생생한 이미지와 사건 전달의 동시성은 여론을 형성하고 이끄는 중요한 역할을 하였다. 그러나 이러한 방송매체의 여론 주도는 다른 한편으로 에드사 II에 반감을 가지는 하층과 빈민층을 자극하여 에드사 III를 촉발한 원인이 되기도 한다.

요약하면 에드사 II는 에드사 I에 비해 덜 종교적이었고, 군부의 영향을 덜 받았으며, 급진적 비정부조직이 진행에서 핵심적인 역할을 하였고, 중산층 배경을 가진 학생들과 시민의 자발적 참여가 더 높았다고 할 수 있다. 또한 컴퓨터, 핸드폰, 텔레비전과 같은 매체가 여론 형성과 정치적 행동에 미치는 영향력은 크게 증가하였다. 즉 에드사 II는 15년 사이의 필리핀 사회 변화를 대변하며, 중산층과 시민사회의 성장은 그 변화의 중요한 측면으로 보인다. 그렇다면, 피플 파워를 통하여 부각된 필리핀의 중산층은 누구인가? 에드사 III 세력이나 외신이 비난하듯 이들을 필리핀의 '부자'라고 하기에는 거리에 모인 사람들의 수가 너무 많아 보인다. 필리핀 사회에서 중산층은 '부자들', 그리고 '빈자들'과 어떻게 구분되며 어떤 관계인가? 아래에서는 정의하기 힘든 필리핀 중산층에 대한 논의를 정리해보고자 한다.

3. 필리핀의 중산층은 누구인가?

1) 필리핀 중산층의 형성과 특징

'중산층'의 개념을 근대 자본주의 사회의 고전적 양대 계급, 즉 지주출신의 구 자본가나 노동자와는 다른 자원을 가지고 대두한 새로운 사회세력이라고 폭넓게 정의할 경우, 필리핀의 중산층 형성과정과 그 특징은 다음과 같이 정리해 볼 수 있다.

다른 동남아 국가와 비교하여 볼 때 필리핀의 중산층은 상대적으로 일찍 출현하였으며, 경제적 부보다는 고용이나 교육이 중산층을 특징짓는 중요한 기준으로 작동하였다. 필리핀에서는 스페인 식민지배 시기에 이미 지주계급 출신으로 스페인 유학을 다녀 온 집단이 존재하였으며, 이후 미국 지배시기에 시행된 대중교육은 계층 상승에 대한 기대감을 사회 전반에 널리 퍼뜨렸다. 즉 태국이나 인도네시아의 중산층과 말레이시아의 말레이 중산층이 독립 이후에 대두하고 급성장 한 것과 달리, 필리핀에서는 독립 이전에 이미 존재하던 중산층이 독립 이후 꾸준히 성장하였다(Crouch 1985: 30-31).

독립 직후 필리핀 사회의 정치적 힘은 메스티조(mestizo) 지주 가문에 배타적으로 속해있었으며, 이들을 통해 농산물 가공과 소규모 제조업이 발전하기 시작한다. 그러나 1950년대에 국가가 지원하는 수입대체산업의 기업가가 등장하면서 실질적으로 부르주아라 부를만한 새로운 중산층이 형성된다. 토지 소유와 밀접히 관련된 전통적인 구 엘리트와 달리, 이들은 미국 교육 체계의 산물이며 국가 관료제와 전문직종, 사기업의 발전, 산업 자체의 확장으로 생겨난 직종의 종사자들이다. 1960년대까지 지속되는 보호주의 분위기와 민족주의 지식인의 출현은 중산층이 정치에 적극적으로 개입하게 되는 계기를 제공하였다(Pinches 1996: 107-109).

필리핀에서는 1950-60년대에 이미 중산층의 기반을 가진 사람들이 다양한 이데올로기적 스펙트럼을 배경으로 정치적 개입을 하게 된다. 맑스와 모택동을 추종하는 공산당(1968년) 초기 회원 13명 중 10명은 중산층 출신이고, 의장이던 시손(Sison)은 지주 집안에 속하는 대학 교수였으며, 당의 핵심세력 역시 중산층 배경의 학생과 지식인이었다(Rivera 2001: 234). 한편 사회정의를 강조하는 가톨릭 쪽의 진보 집단 역시 중산층 전문가와 대학생들을 기반 세력으로 하고 있었다. 마지막으로 개혁적 자유주의 활동가라고 할 수 있는 전문직종이나 기업계 인사들의 집단이 존재하는데, 1951년에 미국의 후원 속에서 결성된 남프렐(NAMFREL: National Movement for Free Elections)은 그 대표적인 예이다(Rivera 2001: 235).

마르코스 정권은 구 엘리트 지주가문을 제압하기 위하여 새로운 부와 대안적 권력을 제시하면서 자신의 측근세력(cronies)을 구축하였는데, 이들은 과거와 구분되는 새로 등장한 중산층이라고 할 수 있다. 마르코스의 측근에는 코후앙코(Eduardo Cojuangco)나 베네딕토(Roberto Benedicto)와 같이 부유한 지주 가문 출신도 있지만, 다수는 상대적으로 낮은 계층의 출신이며 농산물 관련 산업, 건축, 선박, 은행, 부동산 등에 종사하면서 새로이 부를 축적한 사람들이었다. 이들은 자본주의 기업가(capitalist entrepreneur)가 아니라 이권 추구자(rent-seeker)라고 평가되기도 한다(Yoshihara 1988). 그러나 1970년대 새로운 국제 노동분업 질서의 확산으로 필리핀에서 제조업이 성장하고 외자의 투자바람이 불고, 새로 진출한 다국적 기업 아래 국내 하청기업이 생겨난 것은 새로운 수출지향 산업 부르주아의 출현을 의미한다. 이들의 정치적 영향력은 제한적이었고 마르코스 측근세력에 속하지 않는 중국계가 많았다(Pinches 1996: 110-113).

마르코스 정권 시기에는 이처럼 새로운 부유층이 중산층으로 등장하기도 하였지만, 반정부 세력의 핵심층 역시 중산층으로부터 구성되었다. 마르코스 이전에 이미 형성되기 시작한, 위에서 언급한 세 부류의 정치적 저항세력은 마르코스 시기에 그 활동이 본격화된다. 여기에 속하는 공산당 지도자, 인권변호사, 활동가 성향의 성직자, 작가, 기자, 학자, 학생 등은 중산층의 배경을 가지고 있다. 특히 1986년의 피플 파워에는 고급 옷을 입은 전문직과 사무직, 관리직 사람들이나 의원들이 시위에 참여하였으며 시위 자체가 마닐라의 상업 지구에서 행해지기도 하였기 때문에, 중산층 혁명으로 묘사되었다(Pinches 1996: 115). 실제로 전문 경영인 중 일부는 마카티 비즈니스 클럽을 조직하여 공개적으로 의사 표명을 하였고, 다른 이들은 익명으로 시위 자금을 제공하였다. 이에 더하여 남부 민다나오의 모로해방전선(MNLF: Moro National Liberation Front)이나 군부 내에서 생겨난 군부개혁운동(RAM: Reform the Armed Forces Movement) 역시 중산층 배경을 가지고 있으며, 이들도 피플 파워 세력의 일부를 구성한다.

이들의 중산층 배경은 다양한 사람들이 모여 반 마르코스 연대를 형성할 수 있는 유연성을 제공한다. 그러나 이러한 연대의 유연성에는 정치적으로 대립하는 세력들, 예를 들면 좌파와 군부가 하나의 정치 세력으로 묶이는 모순이 내포되어 있다(Rivera 2001: 237-39). 즉, 당시의 피플 파워가 중산층 혁명이라는 표현은 빈부를 떠나 다양한 이데올로기에 기반하여 반 마르코스를 표방하는 중산층 배경의 사람들(신부, 수녀, 학생, 사업가, 운동가, 군부, 정치인 등)이 거리 시위를 통해 정치적 의사 표명을 한 것으로 이해할 수 있다. 단, 중산층 배경이 아니면서 반 마르코스에 동의하는 구시대의 보수적 정치인이 포함된 것은 예외라고 할 수 있다(Rivera 2001: 239).

마르코스 몰락 이후 중산층은 더욱 확대되고 보다 이질적으로 구성되며, 구 지주 가문은 변화의 압력에 직면하게 된다. 아키노(Aquino) 정부 초기에는 7차례의 군부 쿠데타가 발생하고 우익 자경단이 창궐하였으며 좌익 내의 분열과 대립으로 불안정한 정세가 지속되었다. 이러한 위기국면 하에서 아키노 정부는 주요 사회변혁 프로그램을 철회하는 방식으로 정치적 안정을 달성하고자 하였으며 결국 마르코스 이전의 "엘리트 민주주의"로 복귀했다는 평가를 받는다(정영국 1994). 한편 라모스 대통령은 과거 마르코스 측근 자본주의에 반대하던 도시 기업가 집단과 구 지주 가문에 반발하는 군부 장교 집단의 지지를 받으면서 정치적 안정을 달성하였다. 라모스 정부는 경쟁을 통해 경제성장을 이루려는 정책적 기조를 고수하였고 기술과 투자가 부족한 부분, 예를 들면 텔레커뮤니케이션 영역 등에서 사적 독점을 막고자 하였다. 의류와 전자를 중심으로 한 제조업의 GNP 대비 비중도 크게 늘었지만 가장 큰 성장을 보인 시장은 부동산이었다(Pinches 1996: 118).

1990년대 중반 필리핀의 중산층은 수적으로 급증하였으며 부르주아가 아닌 전문직 종사자의 경우는 관료층을 벗어나 성장하는 등 내부적으로 보다 다양해졌다. 또한 1991년 통과된 지방정부법(LGC: Local Government Code)은 비정부조직과 중소 정당의 정치참여를 확대하였는데, 이는 교육받은 중산층의 정치적 의사를 반영하는 새로운 채널이 되고 있다. 한편 대학 교육의 배경을 가지고 이주 노동을 통해 부를 축적한 집단이나 최근 통일된 정치적 입장을 표명하는 가톨릭의 카리스마파(charismatic) 종교 운동 집단도 중산층을 구성하는 하위 집단으로 분류되기도 한다(Rivera 2001: 241-243).

필리핀 사회에서 새로운 부와 학력, 정치적 견해를 가진 사회집단의 출현과정을 위와 같이 정리해 볼 수는 있으나, 구체적인 숫자를 제시하는 것에는 여러 문제가 따른다. 우선 전체 인구 중 중산층의 비중은 여전히 적어 보인다. 직종 분류로 중산층의 수와 증가 추세를 추정해본다면, 1956년 전문직과 기술직, 행정직의 비율은 6.5%였으며 이 수치는 1987년까지 유지되다가 이후 조금 증가하여 1990년에는 7.4%가 된다(NSO 1989: 686; NSO 1995: 853). 한편 시장조사에서 사용하는 사회경제적 신분의 다섯 계층 분류법(ABCDE)에 의하면 1990년대 말 중산층(C계층)의 인구는 10-12%로 추정된다(Rivera 2001: 232). 중산층이라 할 만한 인구수가 적다는 사실은 필리핀의 계급 논의가 중산층에 관심을 보이지 않는 이유가 될 것이다. 그러나 수적으로 적은 비중에도 불구하고 중산층이 정치세력으로 주목받는 현상은 설명을 필요로 한다. 아래에서는 필리핀 사회의 계급 논의 속에서 중산층이 다루어지는 방식을 정리하고, 필리핀 중산층을 정의하고 측정하는 방식과 중산층의 특징에 대해 살펴보고자 한다.

2) 필리핀의 계급 연구와 중산층에 대한 접근

필리핀 중산층에 대한 기존 연구에서는 필리핀 사회에서 중산층의 존재를 인정할 수 있는가의 문제, 존재를 인정할 경우 무엇을 기준으로 어떻게 정의할 것이며, 수치와 성격을 어떻게 제시할 것인가 등에 대해 일치된 입장을 보이지 않는다. 이에 터너(Mark Turner)는 중산층과 관련된 필리핀의 계급 연구를 다음의 세 가지 방식으로 분류한다(Turner 1995: 88-93).

첫째는 필리핀 계급관계의 특징을 고전적인 두 계급(classical two classes)이 호혜적 이자(dyadic) 관계의 네트워크로 연결되어 있다고 보는 입장이다(Lynch 1959, 1975). 필리핀에서는 계급 '간'을 연결하는 후원주의 수직선이 강하게 작동하기 때문에 계급 '내' 연대라는 수평선은 취약하며, 결과적으로 두 계급 사이에 중간층이 대두할 가능성은 사라지거나 약화된다(Wurfel 1988: 61; Timberman 1991: 23). 필리핀 사회 내부의 인식도 이러한 입장을 어느 정도 뒷받침한다. 1993년도 전국조사에 의하면 필리핀이 두 계급으로 구성된 사회라고 생각한다는 응답은 21%이며, 특히 이러한 의견은 상층(27%)과 45세 이상의 연령층(26%)에서 평균보다 높게 나타났다(Turner 1995: 89).

두 번째는 맑스와 베버의 전통을 수정하여 계급 모델의 변형을 시도하는 다양한 입장이다. 여기에 속하는 학자들은 경제적 관계로서 계급을 상정하면서도 계급 개념 자체가 다양성과 모호성을 함축하고 있다는 점을 강조한다. 이에 생산뿐 아니라 교환과 소비 영역을 중산층 판별의 주요 기준으로 고려한다. 실제 분석에서는 연구 사례의 지역적 상황에 따라 다양한 종류의 계급 모델이 사용된다. 예를 들어, 북부 일로코스(Ilocos) 농촌 사회 분석에서 뻬르띠에라(Pertierra 1988)는 계급을 생산체계와 관련된 범주로만 사용한다. 반면 시알시타(Zialcita 1991)는 신분상의 위계 속에서만 중간층을 상정하고 계급의 의미에서 중간적 위치를 뜻하는 용어 사용은 피하고자 한다. 핀치(Pinches 1996)는 경제적 계급의 의미에서 중산층을 정의하는 것은 개념상 문제가 많다는 점을 인정하면서도 중간적 지위와 수입, 소비 패턴의 다양성을 통해 독립 이후 중산층은 증가하고 있고 내부적으로 다양화되고 있다는 점을 설명한다. 한편 루텐 (Rutten 1992)은 소규모 제조나 상업, 또는 이주노동을 통해 부를 축적하여 중산층으로 진입하는 경우를 분석한다.

세 번째는 계층화(stratification) 개념으로 필리핀 사회를 분석하는 것이다. 이 경우에는 세 개 이상의 층화된 분류체계를 사용하게 되므로 중산층은 본격적인 분석 범주 중 하나가 된다. 다수의 사회학자들은 이 모델을 사용하며, 마닐라에서 소도시에 이르기까지 다양한 사례에 대한 경험적 자료를 제시한다 (Cespedes and Gibbs 1972; Hunt at al. 1987; Bautista 1999; Rivera 2001). 여기서 가장 일반적으로 채택되는 모델은 직업을 주요 기준으로 상, 상중, 중, 중하, 하로 구분하는 것이다. 그러나 무엇을 기준으로 할 것인가에 이미 누구를 포함시킬 것인가가 내포되는 문제, 내부의 다양한 층을 고려할 때 중산층 경계 선의 위치를 결정하기 힘든 문제, 다른 분류 기준에 따라 하위(sub-) 계층들이 서로 중복되는 문제 등이 발생한다(Turner 1995: 90).

현재 필리핀에서 세 번째 의미의 중산층은 시장 조사나 설문조사를 위해 조작적으로 정의된다. 가장 많이 사용되는 분류체계는 영향력 있는 조사기관 인 사회기상국(SWS: Social Weather Stations)이나 풀스 아시아(Pulse Asia) 등이 사용하는 사회경제적 신분(SES: socio-economic status) 모델로, 필리핀 가구를 A - B - C - D - E 라는 5 계층으로 구분하는 것이다(Arroyo 1990). 5 계층의 구분 기준에는 필리핀 사회에서 특히 의미를 가지는 사회적 신분의 판별 조건이 중요하게 고려된다. 이는 가구별로 간접수입, 소비, 지위 지표를 고려한 분류이며, 선험적 기준이 아니라 스스로에 대한 물질적 보상이나 사회 적 지위 평가가 반영된 경험적 분류이다. 보다 구체적으로는 가옥의 견고성, 가옥의 보수 유지, 정원의 상태, 이웃의 유형, 가구주의 교육정도와 직업, 가내 시설 등이 기준으로 채택된다.[17] 1989년에는 전체 가구수의 7%가 C에 속하는

---

17) SWS의 분류법 소개는 Arroyo(1990)를, 구체적인 샘플 분석을 통해 직업 범주로서의 중산층 과 교차검토를 한 연구로는 Bautista(1999)를 참조할 것. 분류기준에 가옥의 견고성이나 정원 형태, 이웃의 유형, 가내시설 등이 포함된다는 사실은 필리핀 사회에서 부를 나타내는 독특한

중산층으로 분류되었는데(Turner 1995: 91), 1990년대 말이 되면 그 수는 10%를 넘는다(Rivera 2001: 232). 그러나 메트로 마닐라만의 수치를 보면 1993-1995년 즈음 30-40%가 C에 속하는 것으로 나타나(Bautista 1999: 9), 중산층의 전국적 분포가 마닐라에 집중되어 있음을 알 수 있다. 이러한 점은 필리핀 전체의 중산층 비중이 상당히 적음에도 불구하고 마닐라를 중심으로 발생한 두 번의 피플 파워가 중산층 주도인 것으로 해석되는 배경이 된다.

한편 바우티스타(Bautista)와 리베라(Rivera)는 중산층을 전문직과 행정직, 경영직에 종사하는 "신중산층"과 전통적인 소자본가(10인 미만 사업장이 고용주)인 "구 중산층", 그리고 상대적으로 저임금이며 자율성이 정도가 낮은 사무직인 "주변부 중산층"으로 구분한다(Bautista 1999; Rivera 2001: 232). 직종을 기준으로 나눈 이 세 그룹을 사회경제적 신분(SES) 모델과 교차 비교해보면, 신 중산층은 ABC에만 분포하지만, 주변부 중산층은 ABCDE 전 계층에서 나타난다.[18] 이는 필리핀 중산층을 정확한 기준을 가지고 구체적인 수치로 제시하기 힘들다는 점을, 즉 중산층은 다양한 경제적, 교육적, 또는 문화적 자원에 기반한 다양한 직업과 경제적 지위에 속한 사람들이라는 점을 보여준다. 이와 같은 내부 구성의 이질성은 대통령에 대한 찬반과 같이 명백한 정치적 의사표명에서 중산층이 중심이 되어 상층과 하층이 폭넓게 연대할 수 있는 배경이 된다.

방식이 반영된 것이다. 필리핀 사회에서 부유함은 좋은 집을 짓고 꾸미는 방식으로 드러내는 것이 중요하기 때문이다. 또한 (특히 마닐라의 경우) 이웃 유형에 대한 항목은 경제적 계층에 따라 살고 있는 주택단지가 구분되는 점을 반영한 것이다.

18) 중산층 직종 분류별 계층분포(%): 1997년 마닐라의 '중간층' 966가구에 대한 표본 조사 결과 (Bautista 1999: 8)

SES 분류	신 중산층 직종	구 중산층 직종	주변부 중산층 직종	합계
AB	20.1	4.4	3.3	11.2
C1	59.5	35.3	29.6	44.9
C2	20.4	56.7	48.7	38.8
D		3.2	13.8	4.0
E		0.4	4.6	1.1
% (표본수)	100(328)	100(252)	100(152)	100(732)

전반적으로 볼 때 필리핀의 중산층은 마닐라에 집중적으로 거주하는 교육받은 집단으로, 공무원 영역의 전문직을 통해 대두하기 시작하였다. 또한 민주적 선거제도와 자유로운 매스 미디어의 사용, 형식적으로 보장되는 법적 권리 등을 통해 내부의 주요 분파는 정치적 기술과 자신감을 고취시켜 나갔다(Rivera 2001: 232-233). "약한 국가"라는 필리핀 정치문화의 특징 역시 정치 운동과 조직에서 중산층이 리더십을 발휘하도록 하는 배경이 된다. 앞 절에서 제시하였듯이 필리핀 정치사에서 이들이 주도한 정치 운동과 조직은 맑시즘과 공산주의에서부터 보수주의, 급진적 기독교, 자유주의와 다원주의의 제설혼합적 입장, 민다나오의 이슬람 근본주의와 급진주의에 이르는 다양한 이데올로기의 영향을 받았다. 또한 최근 20년간 꾸준히 증가한 이주노동을 통해 새로운 부를 축적한 집단 역시 중산층의 하위 집단을 구성한다(Rivera 2001: 234).

중산층이 필리핀 사회에서 정치적 담론과 저항의 중심 세력을 형성하고 있다면, 이는 이들이 과거 토지 소유 가문과 이들의 정치적 힘에 대해 보다 독립적이고 비판적이 되어 가고 있기 때문에 가능한 일이다. 특히 마르코스 몰락 이후 수적으로 증가하고 정치적 영향력도 확대되고 있는 시민운동 또는 비정부조직은 중산층의 정치적 영향력을 간접적으로 보여주는 영역이기도 하다.[19] 그렇다면 중산층은 빈민층을 포함한 필리핀 사회 전반의 이익을 대변하는가, 아니면 이들의 정치적 지향은 하층과는 상충되는 것인가? 아래에서는 에드사 II와 III의 계급성을 비교해 보고, 중산층 주도로 대변되는 정치 의식과 정치 참여의 의미를 분석하고자 한다.

---

19) 중산층의 정치적 지향성이나 가치체계의 특징에 대해서는 Rivera(2001)를 참조할 것. 중산층과 비정부 조직 간의 관계, 그리고 1980년대 중반 이후 증대되는 이들의 정치적 영향력에 대해서는 Clarke(1993)을 참조할 것.

4. 에드사 II와 III의 계급성

　필리핀 사회의 설명에 중산층의 개념이 사용되기 시작한 것은 1986년 피플 파워 이후이다.[20] 그러나 1986년의 피플 파워를 중산층 혁명으로 설명할 때, 그 의미는 상당히 애매한 것이었다. 한편으로 피플 파워는 소풍 같은 시위 분위기 속에서 종교적 상징으로 가득 찬, 마닐라의 중산층이 주도한 정치 혁명으로 묘사되기도 하고(Cruz 1989; Turner 1995: 94의 인용), 다른 한편으로는 부르주아(부자)와 대중이라는 양대 계급의 대립구도 속에서 후자가 주도권을 갖지 못한 미완의 사회혁명으로 설명되기도 하였다(드 라 토레 1987: 183-186).[21]

　15년이 지난 에드사 II 전후에 여론조사기관 풀스 아시아(Pulse Asia)가 시행한 설문조사는 에스트라다를 둘러싼 지지자와 반대자의 계급적 차이가 뚜렷할 뿐 아니라, 나이, 교육, 거주지역에 따른 차이가 나타남을 보여준다. 뇌물 스캔들이 터지기 이전인 2000년 7월 중순 상층인 AB 계층에서 에스트라다를 신뢰하는 정도의 수치는 이미 -17%였지만, 중산층인 C 계층에서는 8%, 중하층인 D에서는 22%, 하층인 E에서는 36%였다. 스캔들이 발생한 2000년 10월 말부터 전 계층에서 에스트라다에 대한 신뢰의 정도는 하락하기 시작하는데 에드사 II를 겪고 난 2001년 2월이 되면 급강하하여 각기 -74%, -55%, -28%, -10%를 기록한다. 에스트라다에 대한 신뢰의 정도가 하락하는 것은 같으나 계층 간의 차이는 상당하다(Bautista 2001: 17). 동 기간 내 직업별로 에스트라다를 신뢰하는 정도를 보면, 자본가와 지주층에서 신뢰 정도가 가장 낮으며 하락 폭은 크고, 소 부르조아 층에서는 상승과 하강의 기복이 심하게 나타나며, 노동 계급과 실업 층에서는 신뢰 정도가 가장 높고 하락 폭도 적다(Bautista

---

20) 피플 파워 이전에 중산층의 개념으로 필리핀 사회를 설명하는 연구는 찾아보기 힘들다. 세스페데스(Cespedes and Gibbs 1972)의 연구처럼 제목에 중산층이 포함된 연구라 하더라도 실제 내용은 사회 전반의 계급변화 속에서 중산층을 설명하는 것이 아니라 전통적 가치체계가 근대로 변화하는 현상을 제시하고 있다.

21) 이에 진보 지식인 그룹에서는 피플 파워를 '좌' 파가 빠지고 '오른' 팔과 '머리'만 있는 "왼 팔 없는 조산아"라고 표현하기도 한다(공제욱 외 1987: 제3부).

2001: 18). C, D, E 계층 내 연령별, 학력별 구분을 보면, 30세 이상인 층에서 그리고 대학교육 이하의 층에서 에스트라다에 대한 신뢰정도가 더 높게 나타나며 신뢰 정도의 하락율도 낮다(Bautista 2001: 18-19). 한편 거주지역 별로 구분하여 보면 D 계층에서는 마닐라 거주자의 신뢰 정도가 가장 높았다가 최하로 하락하지만, E 계층에서는 마닐라 거주자의 신뢰 정도는 거의 하락하지 않는다(Bautista 2001: 20). 즉, 에스트라다를 신뢰하지 않고 에드사 II를 지지한 층은 중상층의 젊고 대학교육 이상을 받은 집단이라고 할 수 있으며, 에스트라다의 지지층은 하층이고 상대적으로 나이가 많고 덜 교육받은 마닐라 거주자라고 할 수 있다.

에드사 II 이후 SWS에서 시행한 전국조사는 계층별 의견의 차이를 보여줄 뿐만 아니라 에드사 II에 대한 지지, 아로요 대통령의 승인, 에스트라다의 혐의에 대한 믿음 등이 같은 의미를 가지는 것이 아니며, 중하층의 경우 특히 혼돈스런 판단을 하고 있다는 점을 보여준다(〈표 2〉 참조). 2001년 2월 7일 전국조사에서는 "에스트라다의 혐의를 밝힐 수 있는 증거채택을 거부한 상원의 결정은 부당하다"는 의견이 다수(72%)이지만, "에스트라다의 혐의를 믿는다"는 의견 비율은 상대적으로 적으며(40%), 대신 모르겠다는 응답이 높게(33%) 나타난다. 특히 사건 진행의 각 국면에 대한 의견은 계층별로 뚜렷한 차이를 보인다. "에드사 II를 통해 에스트라다를 축출한 것이 정당한가"라는 질문에는 전체 응답자의 61%가 그렇다, 20%가 아니다 라고 답하여 그 차이는 +41이었다. 그러나 ABC 계층에서는 그 차이가 +52로 평균보다 훨씬 더 높으며, D에서는 +44, E에서는 +25로 낮은 계층으로 갈수록 차이의 폭은 상당히 감소한다. 한편 "에스트라다가 탄핵 사유에 대해 유죄인지 아닌지 밝히기 위하여 재판에 회부해야만 하는가 아니면 그래서는 안 되는가"라는 질문에는 전체의 66%가 회부해야 한다, 33%가 회부해서는 안 된다고 답하였다. 여기서도 재판 회부를 반대한 ABC 계층은 23%에 불과하나, D는 29%, E는 47%로 계층 간 의견차이가 크게 나타난다. 한편 에스트라다에 대한 재판이 끝난 후인 2001년 11월 3-21일

조사에서는 전체 응답자의 40%가 에스트라다의 부패혐의를 믿는다고 답하였지만, ABC 계층에서는 69%, D에서는 39%, E에서는 32%가 믿는다고 답하여 양 계층의 답변율은 두 배 이상 차이가 난다(Arroyo 2003).

〈표 2〉 에드사 II에 대한 설문조사 내용의 계층별 차이
(SWS의 2002년 조사, Arroyo 2003에서 재구성)

질문 계층	에드사에 발생 사실을 알고 있다(%)	2001년 1월 16일의 상원 결정은 부당하다(%)	에스트라다를 물러나게 한 에드사 II는 정당(%) – 부당(%): 답변율 차이	사임한 에스트라다를 재판에 회부한 것은 부당하다 (%)	에스트라다의 혐의에 대해 ... (%)		
					믿는다	믿지 않는다	모르겠다
ABC	99	73	52	23	69	12	19
D	88	75	44	29	39	27	34
E	68	65	25	47	32	37	31
전체	84	72	41(61%-20%)	33	40	28	33

　국민 전체가 애매한 태도를 보이면서도 계층별 의견의 차이가 가장 부각되는 항목은 "에스트라다의 혐의 내용을 믿는가" 하는 점이다. 특히 E 계층이 상원의 결정을 부당하다고 생각하는 것은 ABC 계층과는 정반대로 에스트라다에 대한 혐의를 믿지 않기 때문일 가능성이 크다. 또한 D와 E층에서 다수를 차지하는 "모르겠다"라는 응답에는 다른 정치인들도 부패하였을 것이라는 정치에 대한 전반적 불신 속에서 에스트라다의 유죄 여부가 중요하지 않다는 견해가 반영되어 있을 것이다. 이러한 점은 향후 발생한 에드사 III를 에스트라다의 지지자에 의해 조직되고 돈으로 동원된 빈민들의 시위라고 일축하기 힘든 부분이다. 에드사 II와 III에서 나타난 계층 간의 대립된 견해는 사회경제적 지위나 라이프 스타일의 차이를 넘어선 세계관의 차이, 옳고 그름에 대한 가치관의 차이를 반영한다. 그렇다면 에드사 II가 대외적으로 내세운 민주주의에 대한 이상과 청렴한 정치지도자에 대한 바램을 중하층 집단은 왜 공유하지 못하는 것일까?

　에드사 II의 주요 주도 세력 중 하나인 일간지 인콰이어러(*Philippine Daily Inquirer*)의 편집위원이자 평론가인 도로닐라(Amando Doronila)는, 에드사

III가 고조된 2001년 4월 30일 신문 논평에서 반 에스트라다 엘리트 지식인의 불편한 입장을 드러낸다. 그는 폭동을 일으키기 위해 룸펜 프로레타리아인 도시 하층 계급에서 충원된 사람들이 에드사 III의 구성세력이라고 표현하면서, 이들이 주체적 행위자가 아닐 뿐만 아니라 돈으로 고용된 폭력배라고 폄하한다. 그는 에스트라다가 실제로는 엘리트 출신이고 엘리트적 삶을 살면서 빈민들을 속인다고 비난함으로써 에드사 III의 지지자들을 분별력 없이 속는 사람들로 대상화한다. 결론적으로 "필리핀 사회에서 가난한 사람들은 언제나 실패자였다 …… 이제 이들은 자신들에게 이득이 되지 않을 주장을 위해서 충격 완충장치나 하찮은 소모품으로 사용되고 있다"고 주장한다(Doronila 2001).

그러나 문제의 핵심은 에스트라다가 빈곤층의 이해관계를 대변하지 않는 것이 아니라, 계엄령 정권이나 피플 파워 정부, 경제회복을 달성한 군 출신 대통령 그 누구도 빈곤층의 정치경제적 이해를 대변하지 않았다는 것이다. 또한, 에스트라다가 빈곤층을 속인 것이 문제의 핵심이 아니라, 여지껏 아무도 빈곤층이 '속을 만한' 정치적 약속을 하지 않았으며 그러려고도 하지 않았다는 점일 것이다. 아테네오 대학의 학장인 아받(Henedina Razon-Abad)은 "에드사 I 이후 어떤 지도자도 빈곤층의 삶에 변화를 가져오지 못하였는데, 이것이 바로 에랍(Erap: 에스트라다에 대한 애칭)이 대통령으로 당선된 이유"이며, 바로 같은 이유에서 "일부 중산층은 에랍의 친구이자 영화배우인 FPJ(Fernando Poe, Jr.)가 다음 대통령이 될지 모른다고 두려워 한다"는 점을 지적한다(Luib 2003). 유사하게 필리핀 국립대학의 정치학과 교수인 멘도사(Amado Mendoza) 역시 에드사 I 이후 생활이 변화하지 않았기 때문에 의식도 변화하지 않았다고 지적한다. "부자나 권력가는 (빈곤층에 대해) 보다 냉소적이 되었는데 왜냐하면 민주주의를 사용하여 자신들의 필요와 이해관계를 보호할 수 있다는 점을 알았기 때문이다……반대로 빈곤층은 민주주의가 자신들의 운명을 개선해주지 않았으므로 표를 돈으로 바꾸는 것을 받아들인다(Luib 2003)."

　그렇다면 에드사 II에 참여한 시민사회세력이 반영하는 가치와 사회정의는 결국 정치 엘리트들의 이해관계를 대변하는 것인가? 오늘날 필리핀의 중산층은 신흥 부자를 꿈꾸며 빈자들에게는 불리한 사회변화를 바라는가? 무엇보다 의아스러운 점은 필리핀의 연속되는 피플 파워는, 이러한 정치변화의 역동성은 사회가 변화하지 않았음을 역설적으로 말해주는 것일까? 필리핀 하층이나 도시빈민의 정치 의식은 그동안 필리핀의 불평등한 경제 구조가 심화되어왔다는 점을 반영한다. 이 과정 속에서 변화에 대한 중산층과 하층의 기대감은 다른 방식으로 충족되거나 충족되지 않고 있다.

　흔히 에드사 II는 에드사 I을 계승한 무혈의 중산층 민주주의 혁명으로, 에드사 III는 여전히 "구 정치"의 체계에 집착하고 의존하는 빈민층의 위기감과 의식에 대한 표출로 해석된다(Bautista 2001: 33). 그러나 아부에바(Abueva 2001)의 표현처럼 에드사 II가 "선거 민주주의"에서 "실질적 민주주의"의 달성을 향해가는 과정 중의 사건이라고 할 때, 에스트라다에 대한 반대와 지지를 통한 에드사 II와 III 세력의 대립은 실질적 민주주의로의 이행에 따른 난관과 사회 내부의 이견을 보여준다. 다수의 국민이 가난한 상태에서 건강한 민주주의의 달성은 불가능해 보이며, 민주주의에 대한 중산층의 요구는 빈곤층을 대변하기 위한 것이 아니라는 점은 분명하다.

　필리핀의 중산층은 아시아 지역 내 또는 서구 사회와 비교해 볼 때 수입과 투자의 수준은 낮지만 소비 수준은 높은 것이 특징적이며, 교육에 대한 투자와 근면함을 통해 계층상으로 상승 이동하고 있는 집단이다(Bautista 1999). 앞서도 언급하였듯이 필리핀의 중산층은 다양한 직종과 자원에 기반하고 있기 때문에 직업이나 수입으로 구분하기 힘들지만, 특정한 가치지향성을 통해 하나의 집단으로 포착된다. 일례로 중산층은 근면 성실, 교육에의 투자, 재산소유권, 안정적 가족생활, 존경심, 추진력, 자신감, 적당한 안락함 등 근대화 과정이 지향하는 가치를 중시하고 내면화한 집단이다(Turner 1995: 96). 다른 한편, 중산층의 위치에 있는 자신의 견해가 필리핀 사회 전체를 대변한다고 생각하면서 민족주의를 표방하지만, 생활양식과 사회관계의 가치 등 문화적 측면에서 명백하게 서구 지향적이라는 역설을 보여준다(Turner 1995: 96). 즉, 중산층은 계층 상승을 기대하면서 스스로가 빈민을 위해 바람직한 의견을 낼 수 있다고 생각하는 모호한 계층 의식을 가지고 있다. 결과적으로 중산층의 이상과 기대는 더욱 많은 사회 복지와 공공 지원을 필요로 하는 빈민층의 요구를 대변할 수 없으며 오히려 배치된다고도 할 수 있다.

에드사 III에서 에스트라다를 지지한 도시빈민의 결집은 아키노 시절 이멜다를 옹호하기 위해 모였던 수혜자 집단 군중과 달리 계급적 불만을 띤 집단이라고 할 수 있다. 에드사 III의 군중이 교통편과 식사를 제공받았다거나 일당을 받았다는 사실은 군중의 계층성을 재확인 시켜주는 근거가 될 수는 있겠지만 에스트라다를 지지하면서 엘리트 중산층에게 반감을 품고 있다는 사실을 부인할 수 있는 근거는 될 수 없다. 에드사 II에 대한 에드사 III의 반대가 전통적 후원관계를 지지하는 복고적 반응인지, 아니면 경제적 하층의 정치적 의사 표명이라는 새로운 계급적 현상인지 판단하는 것이 문제인데, 에드사 III를 피플파워 1과 2를 모방한 빈곤층의 정치적 의사표시로 보지 않을 이유는 없어 보인다.

경제적 불평등은 그 자체로 계급적 대립을 낳는 것이 아니라, 무엇이 올바르고 정당한지, 사람들의 관계는 어떠해야 하는지와 같은 가치관의 차이를 통해 사회적 갈등을 야기한다. 에드사 II가 내세운 민주와 정의의 실현에 대한 요구는 중산층의 계층 상승에 대한 희망과 기대를 뒷받침하는 것이다. 에드사 III가 발생하였다는 사실은 필리핀의 하층이 민주와 정의의 가치를 몰라서라기보다는 그들이 처한 상황 속에서 민주와 정의의 가치를 판단하기 때문일 것이다. 전통적 후원관계가 해체되고 산업구조는 바뀌었지만 사회복지나 경제적 재분배 체계가 부재한 상황 속에서, 하층이 바라는 것은 민주와 정의를 수호하는 목소리가 아니라 자신들의 빈곤한 상황을 알아차리고 관심을 표명하는 민감한 제스츄어인 듯 하다.

피플 파워라는 대중 시위 방식으로 법을 초월하는 정치변화를 요구하고 이것이 반복적으로 성공하였다는 사실이 필리핀 사회가 변화하지 않았다는 증거가 될 수는 없다. 에드사 II의 세력에는 그동안 새로 성장하고 다변화한 중산층의 존재가 반영되어 있으며 이들이 표방하는 반부패의 가치는 과거에 비해 구체적이고 실질적인 내용을 표방한다는 점에서 필리핀 사회의 변화는 감지된다. 에드사 III 역시 과거와 달리 사회변화의 대열에 뒤쳐진 자신들 삶의 여건에 대해 분노를 표하는 하층의 존재를 보여주고 있다는 점에서 필리핀 사회 변화의 일면을 대변한다.

5. 맺는 말: 피플 파워의 역설

중산층을 자본주의 경제발전을 통해 등장하는 새로운 중간 계급 집단이라고 할 때, 1957년 세계은행이 필리핀을 극동 지역에서 일본 다음의 위치에 있다고 보고한 것(*Australian* Nov. 29, 1993: 12; Pinches 1996: 105에서 재인용), 그리고 30년이 지난 1980년대 말 필리핀은 아시아에서 유일하게 경제발전이 실패한 사례로 지적되고 있다는 점은 주목할 만하다. 필리핀의 새로운 중산층은 독립 이후 아시아 내에서 두각을 보인 경제발전 과정 속에서 증가하였으며, 고질적인 경제 불안정을 초래한 권위주의 정권의 퇴진 운동에서 중심 세력이 되었다. 그러나 필리핀은 역동적인 정치과정에도 불구하고 "변화가 없는" 땅으로, 소위 피플 파워를 기반으로 성립된 정부가 "고질적인 엘리트 정치"의 복귀로 평가되는 아이러니를 보여준다.

필리핀 정치변화의 아이러니는 필리핀 중산층이 경제적으로는 애매한 성격이며 정치적으로는 모순된 역할을 수행한다는 점이다. 필리핀 중산층은 경제적 계급이라기보다는 사회적 신분으로서 인식되는 경향이 있으며, 내부구성이 다양하고, 마닐라에 집중되어 있고, 역사적으로는 다소 과잉으로 정치적 역할을 담당하여 왔다. 이들은 반독재와 반부패를 주창하는 시민운동 세력이

기도 하지만, 기존의 독재와 부패 정권 속에서 계층 상승을 이룬 내부 세력이기도 하다. 한편 중산층이 주도한 것으로 묘사되는 피플 파워는 사회정의와 민주주의를 바로 세우려는 의지와 힘을 과시한 것이기도 하지만 법과 절차를 뛰어넘은 집단적 정치행동이기에 법과 제도의 힘을 더욱 약화시켰다고 비판받기도 한다.

필리핀 중산층 내부 구성의 모호함과 이들이 지향하는 가치 간의 모순은 약한 국가의 한계를 보여주는 것이며, 동시에 그러한 한계 속에서 정치 변동을 추진하는 사회세력의 보완적 힘을 보여준다. 리드(Reid 2001)가 분석하듯이, 서구 중심의 신자유주의적 가치, 즉 시장 효율성과 조응하는 민주적 통치 질서를 제도적으로 달성할 수 없는 제3세계적 상황에서 필리핀의 피플 파워는, 에드사 III까지 포함하여, 사회 경제적 변형을 추진하는 유일한 방법이라고 할 수 있다. 신자유주의적 발전 명제에 기반을 둔 서구의 시각에서 본다면, 피플 파워와 같은 사회적 '역동성'은 뜨라뽀(trapo: 전통적 정치가)의 지배로 끊임없이 복귀하는 '변화 없는' 사회가 지속되는 메카니즘으로 읽힐 뿐이다. 그러나 시장경제의 성장과 민주와 평등의 가치에 대한 동시적 추구가 불가능한 필리핀의 역사적 상황과 정치경제 구조에 대한 내부자의 시각과 입장을 고려할 필요가 있다. 이에 향후 필리핀 중산층의 위치와 역할에 대한 분석은 다양한 사회 구성 세력 간의 정치경제적 이해관계가 조응하고, 대립하고, 또 분화하는 내부적 과정에 주목할 것을 요청한다.

한편 에드사 II에서 관심을 끈 현상 중 하나는 인터넷과 핸드폰 등과 같이 동시 다발적으로 네트워크의 형성을 가능하게 하는 신기술 매체의 소유와 사용, 이를 통한 행동지침의 전파력이 실로 중요한 역할을 한 것이다. 즉 새로운 의사소통 기술의 개발과 사용, 전파는 이에 대한 접근 가능성이 높은 중산층을 중심으로 한 시민의식과 정치적 의사표명이 확대될 수 있는 가능성을 뒷받침한다. 또한 국가 경제에 중요한 역할을 담당하는 이주 노동자들은 보다 적극적으로 국내의 정치문제에 관심을 보이고 의견을 개진하며(Rivera 2001: 253),

2004년 선거부터는 투표권을 행사할 수 있게 되었다. 이러한 정보화 기술의 진전, 세계화의 진행, 초국가적 집단의 성장 등과 같은 변화의 방향 역시 중산층의 구성과 정치적 역할이 새로운 방식으로 전개될 수 있는 여지를 보여준다. 이에 향후 필리핀의 중산층 연구는 새로운 의사소통 기술과 방식의 의미와 효과, 국가경계를 넘나드는 시민 의식과 정치적 행위의 가능성과 한계에도 관심을 촉구한다.

참고문헌

공제욱 외. 1987. 『필리핀 2월 혁명: 마르코스 독재정권의 붕괴와 민족민주운동』. 서울: 민중사.

드 라 토레. 1987. "코리정부와 민족민중운동의 과제." 공제욱 외. 『필리핀 2월 혁명: 마르코스 독재정권의 붕괴와 민족민주운동』. 서울: 민중사.

정영국. 1994. "필리핀 민주화의 전개와 한계: '엘리트 민주주의'의 복원." 김성주 외. 『동남아의 정치변동』. 서울: 오름.

Abueva, Jose V. 2001. "A Crisis of Political Leadership: From 'Electoral Democracy' to 'Substantive Democracy'." Amando Doronila, ed. *Between Fires: Fifteen Perspectives on the Estrada Crisis*. Makati: Inquirer Books.

Arroyo, Dennis M. 1990. "The Usefulness of the ABCDE Market Research System." *Social Weather Bulletin 90-11/12*: 1-16.

Bautista, Maria Cynthia Rose Banzon. 1999. "Images of the Middle Classes in Metro Manila." *Public Policy* 3(4): 1-36.

__________. 2001. "People Power 2: 'The Revenge of the Elite on the Masses'?" Amando Doronila, ed. *Between Fires: Fifteen Perspectives on the Estrada Crisis*. Makati: Inquirer Books.

Butler, Tim and Mike Savage, eds. *Social Change and the Middle Classes*. London: UCL Press.

Carroll, John J., S.J. 2001. "Civil Society, the Churches, and the Ouster of Erap." Amando Doronila, ed. *Between Fires: Fifteen Perspectives on the Estrada Crisis*. Makati: Inquirer Books.

Casiño, Teodoro A. 2001. "View from the Streets: Different Folks, Different Strokes." Amando Doronila, ed. *Between Fires: Fifteen Perspectives on the Estrada Crisis*. Makati: Inquirer Books.

Cespedes, C. and Gibbs, E. 1972. "The New Middle Class in the Philippines: A Case Study of Culture Change." *Asian Survey 12*: 879-896.

Clarke, Gerard. 1993. "People Power? Non-governmental Organizations and Philippine Politics Since 1986." *Philippine Quarterly of Culture & Society 21*: 231-256.

Constantino-David, Karina. 2001. "Surviving Erap." Amando Doronila, ed. *Between Fires: Fifteen Perspectives on the Estrada Crisis*. Makati: Inquirer Books.

Constantino, Renato. 1975. *A History of the Philippines*. New York: Monthly Review Press.

Crouch, Harold. 1985. *Economic Change, Social Structure and the Political System in Southeast Asia: Philippine Development Compared with the Other ASEAN Countries*. Singapore: Institute of Southeast Asian Studies.

Cruz, I. R. 1989. "People Power Kuno." W. V. Villacorta et al., eds. *Manila: History, People and Culture*. Manila: De La Salle University Press.

David, Randolf. 2001. "A Diary of Disenchantment." *Between Fires: Fifteen Perspectives on the Estrada Crisis*. Makati: Inquirer Books.

Hernandez, Carolina G. 2001. "Reflections on the Role of the Military in People Power 2." Amando Doronila, ed. *Between Fires: Fifteen Perspectives on the Estrada Crisis*. Makati: Inquirer Books.

Hunt, C.L. et al. 1987. *Sociology in the Philippines Setting: A Modular Approach*. Q.C.: Phoenix.

Kerkvliet, Benedict. 1990. *Everyday Politics in the Philippines: Class and Status Relations in a Central Luzon Village*. Berkeley: University of

California Press.

Laquian, Aprodicio A. and Elianor R. Laquian. 2002. *The Erap Tragedy: Tales from the Snake Pit*. Manila: Anvil.

Lim, Joseph Y. 2000. "The East Asian Crisis and Gender Employment: The Philippine Case." AUN & KASEAS. *Economic Crisis in Southeast Asia and Korea: Its Economic, Social, Political and Cultural Impacts* (Conference on the Economic Crisis in Southeast Asia and Korea, Bangok, Feb. 2000). Seoul: Jontong gua Hyundae.

Lockwood, David. 1995. "Making out the Middle Class(es)." T. Butler and M. Savage, eds. *Social Change and the Middle Classes*. London: UCL Press.

Lynch, F. 1959. *Social Class in a Bikol Town*. Chicago: University of Chicago.

Lynch, F. 1975. "Big People and Little People: Social Class in the Rural Philippines." M.R. Hollnsteiner, ed. *Society, Culture and the Filipino, Vol II*. Q.C.: Institute of Philippine Culture.

Masataka Kimura. 1995. "Rise and Fall of Bandila: A Study of a Middle Force Alliance and the Urban Middle Class in Philippine Politics." *Pilipinas 24*: 1-31.

NSO (National Statistics Office). 1989, 1995. *Philippine Yearbook*. Manila.

Paderanga, Cayetano W., Jr., Atienza, C., Co, F., and F.B. Villarante. 2001. "The Erap Economy." Amando Doronila, ed. *Between Fires: Fifteen Perspectives on the Estrada Crisis*. Makati: Inquirer Books.

Pertierra, R. 1988. *Religion, Politics and Rationality in a Philippine Community*. Q.C.: Ateneo de Manila Press.

Pertierra, R. et al. 2002. *Txt-ing Selves: Cellphones and Philippine Modernity*. Manila: De La Salle University Press, Inc.

Pinches, M. 1991. "The Working-class Experience of Shame, Inequality and People Power in Tatalon, Manila." B.J. Kerkvliet and R.B. Mojares, eds. *From Marcos to Aquino: Local Perspectives in Political Transition in the Philippines*. Q.C.: Ateneo de Manila University Press.

Pinches, M. 1996. "The Philippines' New Rich: Capitalist Transformation Amidst Economic Gloom." R. Robinson and D. Goodman, eds. *The New Rich in Asia: Mobile Phones, McDonalds and Middle Class*

Revolution. London: Routledge.

Reid, Ben. 2001. "The Philippine Democratic Uprising and the Contradictions of Neoliberalism: EDSA II." *Third World Quarterly 22(5)*: 777-793.

Rivera, Temario C. 2001. "The Middle Classes and Democratisation in the Philippines: From the Asian Crisis to the Outster of Estrada." A.R. Embong, ed. *Southeast Asian Middle Classes: Perspects for Social Change and Democratisation*. Bandgi, Selangor: Penerbit Universiti Kebangsaan Malaysia.

Robison, Richard and S.G. Goodman David. 1996. "The New Rich in Asia: Economic Development, Social Status and Political Consciousness." R. Robison and D.S.G. Goodman, eds. *The New Rich in Asia: Mobile Phones, McDonald's and Middle-Class Revolution*. London: Routledge.

Rutten, R. 1992. "Provincial Entrepreneurs in Philippine Crafts." *Philippine Studies 40(4)*: 480-500.

Rynveld, Sally. 1996. "Collaboration or Conflict?: Views of the Changing Role of Non-Government Organizations and NGO-Government Relations in the Philippines. *Pilipinas 27*: 93-109.

Timberman. D.G. 1991. *A Changeless Land: Continuity and Change in Philippine Politics*. Singapore: Institute of Southeast Asian Studies.

Turner, Mark M. 1995. "Imaging the Middle Class in the Philippines." *Pilipinas 25*: 87-101.

Villacorta, Wilfrido V. and Eric Batalla. 2000. "The Political Dimensions of the Philippine Response to the Financial Crisis." A.R. Embong and J. Rudolph, eds. *Southeast Asia into the Twenty First Century Crisis and Beyond*. Bangi, Selangor: Penerbit Universiti Kebangsaan Malaysia.

Wurfel, D. 1988. *Filipino Politics: Development and Decay*. Q.C.: Ateneo de Manila Press.

Yoshihara Kunio. 1988. *The Rise of Ersatz Capitalism in South-East Asia*. Q.C.: Ateneo de Manila University Press.

Zanini, Gianni. 1999. *Philippines: From Crisis to Opportunity: Country Assistance Review*. Washington, D.C.: World Bank.

Zialcita, F.N. 1991. "Perspectives on Legitimacy in Ilocos Norte." B.J.

Kerkvliet and R. Mojares, eds. *From Marcos to Aquino: Local Perspectives on Political Transition in the Philippines*. Q.C.: Ateneo de Manila University.

신문, 잡지, TV

ABS-CBN. 2001. "Hatol ng Bayan: EDSA Dos, A Special Report by ABS-CBN." "The Correspondents"의 특집 프로그램. 2001년 1월 (60분).

Adriano, Fermin D. 2003. "Re-visiting EDSA 2." *Manila Times*. Jan. 21.

AFP. 2002. "Too much People Power Bad, Say Ex-Presidents." *Philippine Daily Inquierer*. Feb. 25.

Araneta, Sandy. 2001. "People Power II, a Period of 'liberation'." *The Philippine Star*. Jan. 22.

Arroyo, Dennis M. 2003. "Edsa II: How acceptable was Gloria?" *Philippine Daily Inquierer*. Jan. 19.

Bundang, Augusto R. 2003. "Why we forgot EDSA." *Business World*. Feb. 28 - Mar. 1.

Cal, Ruben B. 2002. "EDSA 2: AFP had to act swiftly to avoid a civil war." *Manila Times*. Jan 20.

Casiño, Teddy. 2001. "Who's afraid of People Power?" *Business World*. Aug. 10-11.

Doronila, Amando. 2001. "Country Sitting on Edge of Civil War." *Philippine Daily Inquierer*. Apr. 30.

__________. 2002a. "Can a synthetic People Power replication work?" *Philippine Daily Inquierer*. Jan. 16.

__________. 2002b. "Beyond Edsa and People Power." *Philippine Daily Inquierer* Feb. 22.

__________. 2002c. "GMA: Edsa II beneficiary not its reincarnation." *Philippine Daily Inquierer*. Jul. 15.

Esguerra, Christian and Agnes Donato. 2003. "Don't lose hope, Edsa II forces told." *Philippine Daily Inquierer*. Jan. 20.

Estabillo, Matthew and Sonny Mirasol. 2001. "People Power on television."

Philippine Stars. Jan. 20.

Gonzales, Stella. 2000. "Experts alarmed Edsa II gains 'being squandered'." *Philippine Daily Inquierer*. Jul. 4.

Guevarra, Argee. 2002. "Spirit of EDSA Dos." *Business World*. Jul. 17.

Landler, Mark. 2001. "Bloodless Edsa 2 did not come change." *Today*. Feb. 10.

Luib, Romul T. 2003. "Where to after EDSA I." *Philippine Daily Inquierer*. Feb. 21-22.

Marfil, Martin. 2002. "3 ranking officers disagreed on Edsa." *Philippine Daily Inquierer*. Mar. 20.

Maramba, Asuncion David. 2003. "'Pa-Edsa-Edsa-pa'." *Philippine Daily Inquierer*. Mar. 1.

Mitchell, Mark. 2001. "Shut Out of People Power." *Far Eastern Economic Review*. Feb. 8.

Ng, Jennfer A. 2002. "People Power." *Business World*. Aug. 23-24.

Romero, Paolo. 2003. "Reyes: No regrest over EDSA II." *Philippine Stars*. Jan. 19.

Sheehan, D. 2001. "More Power to the Powerful." *Far Eastern Economic Review*. Feb. 1.

Spaeth, A. 2001. "Oops, We did it Agian." *Time* 157(4).

Suh, Sangwon and Lopez, Antonio. 2000. "Unbowed under Fire." *Asiaweek* 26(42).

Sun, Vivian A. 2000. "Keeping the spirit of EDSA alive." *Business World*. Feb. 25-26.

Villaviray, Johnna. 2003. "Why EDSA 2 promises are unkept." *Manila Times*. Jan. 24.

Australian. Nov. 29, 1993.

The Straits Times. Jan. 1, 2001.

PCIJ(Philippine Center for Investigative Journalism). 1995. "Juteng is Embedded in Local Culture." www.pcij.org/stories/1995/juteng3. html.

PDI(Philippine Daily Inquierer). 2002. "Too much people power bad, say ex-Presidents." Feb. 25.

PDI(Philippine Daily Inquierer). 2002. "When 'people power' is not a coup." May 20.

www.mbc.com.ph   Makati Business Club 홈페이지.

www.pcij.org   Philippine Center for Investigative Journalism 홈페이지.

www.letusreason.org/Iglesia1.htm   Iglesia ni Christo 소개 사이트(하와이의 선교조직 Let us Reason 홈페이지 내).

www.geocites.com/elshaddai_dwxi_ppfi   El Shaddai 홈페이지.

말레이 중산층과 개혁(Reformasi)운동

제2장

말레이 중산층과 개혁(Reformasi)운동

❙오명석

1. 서론

1997년 동남아에 들이닥친 경제위기는 특히 태국, 인도네시아, 말레이시아 3국에서 가장 심각한 파장을 불러 일으켰다. 경제위기 직후 태국과 인도네시아에서는 집권세력이 교체되는 급격한 정치변화가 발생한 것에 반해, 말레이시아에서는 마하티르(Mahathir) 수상 체제가 유지됨으로써 일견 경제위기가 정치위기로 확대되지 않은 것으로 비쳐진다. 하지만 1981년에 수상이 되었던 마하티르는 그의 통치 기간 중 가장 심각한 정치적 도전을 받았으며 국내의 정치상황도 큰 변화를 보였다.

경제위기 이후 말레이시아의 정치상황에 가장 큰 영향을 미친 변수는 개혁 (reformasi)운동이다. 개혁운동은 1998년 9월에 마하티르 수상의 후계자로 주목되어 왔던 안와르(Anwar Ibrahim)가 부수상직에서 사임당하고 부패와 동성애 혐의로 구속된 것이 직접적인 계기가 되어 촉발되었다. 개혁운동은 일차적으로는 안와르의 석방과 복권을 요구하는 것이지만, 이 문제를 넘어서서 보다 광범위한 정치개혁과 경제개혁을 요구하는 내용을 담고 있다. 개혁운동은 말레이가 대거 참여한 대규모의 거리 시위를 촉발하였고, 안와르의 부인인 완 아지자(Wan Azizah)를 당수로 하는 국민정의당(Parti Keadilan Nasional) 설립의 계기가 되었다. 국민정의당은 야당이면서 지금까지 서로 극단적으로 대립하고 있던 말레이계 이슬람 정당인 빠스(PAS: Parti Islam Se-Malaysia)와 화인계 정당인 민주행동당(Democratic Action Party)을 개혁이란 공동의 구호 아래 결집하는데 중요한 중개자 역할을 수행하였다. 이들 3개 정당에 의한 '대안적 전선(Barisan Alternatif)'의 결성은 말레이시아 정치사에서 처음으로 야당에 속한 말레이-무슬림 정당과 화인계 정당이 정당연합체를 구성한 중요한 사건으로, 말레이계 정당인 암노(United Malays National Organization)가 주도하는 다종족적 여당연합체인 '국민전선(Barisan Nasional)'은 1999년의 총선에서 독립 이후 가장 심각한 정치적 도전을 맞았다.

하지만, 1999년 총선에서 개혁운동세력이 중심이 되어 설립하였던 국민정의당은 기대에 못 미치는 결과를 낳았고, 총선에서 세력을 확장하는데 가장 성공하였던 빠스는 그 후 이슬람국가의 수립이라는 원래의 정당 목표를 다시 강조하고 나서고 이에 반발한 민주행동당이 대안적 전선에서 탈퇴함으로써, 개혁운동이 촉발하였던 말레이시아 정치개혁의 가능성은 약화되었다. 2004년의 총선에서는 빠스와 국민정의당이 몰락하고 국민전선이 압승을 거둠으로써 정치운동으로서 개혁운동의 생명력은 소멸하였다고 평가할 수 있는 상황에 이르렀다.

하지만, 개혁운동이 말레이시아 사회에 던진 파장은 결코 무시할 수 없다. 독립 후 말레이시아의 정치과정은 종족간 이해관계에 의해 결정되는 경향을 아주 강하게 띄고 있었는데, 개혁운동은 이러한 종족정치의 굴레를 넘어설 수 있는 '신정치(New Politics)'의 가능성을 열었다는 점에 주목할 필요가 있다 (Loh Kok Wah 2001; Hwang In-Won 2003). 또한 1970년대 중반 이후 말레이시아 정치가 의회 민주주의의 형식은 유지하면서도 점차 모든 부문에서 정부의 통제력이 크게 강화되는 권위주의적 성향을 띠면서 상대적으로 시민사회의 목소리는 억압되어 왔는데(Crouch 1992: 21-22), 개혁운동은 시민운동이 활성화되는 계기를 마련했다고 평가할 수 있다. 특히 정부에 비판적인 이슬람 세력을 제외하고 대체로 정부 여당에 동조하고 그 지지세력이었던 말레이가 개혁운동을 통해 적극적으로 정부에 대한 비판적 의견과 행동을 보였다는 점은 새로운 현상이었다.

개혁운동과 관련해서 이 글에서 제기하고자 하는 문제는 개혁운동은 다종족적 시민운동이었는가, 개혁운동에서 말레이 중산층이 주도적인 세력이었는 가, 개혁운동은 소멸하였는가 아니면 변형된 형태로 확산되고 있는가 하는 것 이다. 개혁운동의 정치적 측면에 대한 연구는 이미 상당히 많이 이루어졌기 때문에, 이 글에서는 거리 시위, 인터넷, 개혁운동가에 대한 구속과 심문과정에 대한 분석을 통해 개혁운동을 둘러싼 담론과 문화적 측면을 드러내는데 주력 하고자 한다. 분석의 주된 자료로 삼은 것은 시위 현장에 대한 목격담, 구속되 었던 개혁운동가들이 자신이 받았던 심문과정에 대해 기술한 회고담, 그리고 필자가 2004년 2월에 쿠알라룸푸르에서 관찰하고 면접한 사례들이다. 필자가 이들 자료에 주목하는 이유는 거리 시위와 인터넷은 개혁운동의 이념이 구체 적으로 실천되고 유통되는 핵심적인 수단이었으며, 구속과 심문은 개혁운동을 억압하는 중요한 수단이었기 때문이다. 이 과정에 참여하였던 사람들의 목격 담과 회고담은 '생생한 체험'으로서의 개혁운동의 모습을 보여준다고 할 수 있다.

2. 말레이 중산층의 성격

개혁운동 과정에 대한 구체적인 분석에 들어가기에 앞서, 먼저 말레이 중 산층의 형성과정과 성격에 대해 살펴보고자 한다. 그 이유는 개혁운동의 전개 과정에서 말레이 중산층의 역할이 크다는 점이 일반적으로 지적되어 왔고, 이 글에서 다룬 자료에서도 말레이 중산층에 대한 언급이 자주 나타나고 있기 때문이다. 말레이 중산층의 성격을 대략적으로나마 파악하는 것이 개혁운동에 서 이들이 취한 태도와 행동을 이해하는데 도움이 될 수 있을 것이다.

이 글에서는 의도적으로 말레이시아 중산층과 말레이 중산층이라는 표현 을 구분해서 사용하고자 한다. 말레이시아 중산층은 말레이시아라는 국가 전 체를 단위로 해서 계급적 지위를 상정한 개념인 반면에, 말레이 중산층은 말레 이라는 종족집단을 단위로 해서 계급적 지위를 상정한 개념이다. 말레이시아는 말레이, 화인(중국인), 인도인 등으로 구성된 다종족 사회이며,[1] 종족집단의 구분이 인구학적, 정치적, 경제적, 문화적인 측면에서 매우 중요한 요소로 작용하고 있기 때문에, 중산층 논의에서도 종족집단을 구별해서 살펴보는 것이 필요하다. 여기서는 말레이시아 중산층의 구성을 염두에 두면서 말레이 중산층에 초점을 맞추어 설명하도록 하겠다.

중산층을 어떻게 규정하느냐 하는 것은 매우 어려운 문제인데, 말레이시아의 중산층에 대한 기존의 학술적 연구에서 일반적으로 채택하고 있는 방식은 인구센서스 상의 직업 분류를 기준으로 해서 중산층을 정의하는 것이다. 말레이시아 통계청은 ILO의 국제표준직업분류에 근거해서 직업 범주를 구분하고 10년마다 간행하는 인구센서스에 직업 통계를 포함시키고 있다. 직업 범주는 크게 7개의 대분류로 나누어지는데, 그것은 "행정관료와 관리자", "전문가와 기술자", "사무직 종사자", "판매직 종사자", "서비스업 종사자", "농업 종사자", "생산직 근로자"이다. 일반적으로 앞의 네 범주는 중산층에 해당하는 것으로 간주되고 서비스업 종사자의 포함 여부에 대해서는 의견이 갈라지고 있다(Crouch 1996: 181; Abdul Rahman Embong 2002: 32-33). 이 중 "행정관료와 관리자", "전문가와 기술자"는 상위 중산층, "사무직 종사자", "판매직 종사자"는 하위 중산층으로 구분하기도 한다. 동일한 직업 범주 내에서도 소득과 학력, 업무의 성격에 있어서 판이한 차이가 존재하기 때문에, 이와 같은 구분은 계급구조를 파악하는데 하나의 추정치를 제공하는 정도로 인식할 필요가 있다.

영국의 말레이시아 지배가 초래한 사회구조적 결과의 하나는 말레이 중산층이 거의 형성되지 않았다는 것이다. 식민지 지배기간[2] 동안에 대부분의 말

---

1) 1998년도 말레이시아 전체 인구 이천 오십만 명 중 말레이는 51.2%, 화인은 26.9%, 인도인은 7.7%, 기타 부미뿌뜨라(비말레이 토착민)는 10.9%를 차지하였다(Information Malaysia 2002: 79).

2) 영국은 19세기 초에 싱가포르, 말라카, 페낭으로 구성된 "해협정착지(Straits Settlement)"를 식민지 거점 지역으로 확보하였고, 1874년 이후 말레이시아 반도 내륙 지역에 대한 영토적 지배를 확장하여 나갔으며, 1957년에 이르러서 영국의 식민지배가 종결되었다.

레이는 농촌에 거주하는 농어민으로 남아 있었으며, 귀족 출신으로 영어교육을 받은 일부 말레이만 식민관료 엘리트층에 포섭됨으로써 말레이 사회 전체를 볼 때 중산층의 형성이 매우 취약하였다. 식민시대의 중산층(장인, 소상인, 중소기업경영자, 일반 관리직)은 대체로 이민자 집단인 화인(중국인), 그리고 일부 인도인이 차지하였다.

이러한 구조적 문제는 1957년 독립 이후 말레이계 정당이 집권한 말레이시아 정부가 해결하여야 할 중요한 과제로 인식되었다. 하지만, 이와 관련한 정책이 본격적으로 수립되고 실천에 옮겨지게 된 것은 1969년에 말레이와 화인간의 심각한 종족 폭동이 발생하고 그 결과 1971년에 신경제정책(New Economic Policy)이 채택되면서부터이다. 신경제정책은 말레이의 경제적 지위 향상을 목표로 한 부미뿌뜨라(bumiputra: 땅의 아들, 즉 원주민이라는 뜻) 경제정책으로, 가장 중요한 정책적 목표는 말레이 기업가와 말레이 중산층을 육성함으로써 종족간의 경제적 불평등을 해소하려는 것이다. 특히, 대학 입학 정원에 적용시킨 종족별 할당제는 말레이 대학 졸업자의 수를 크게 늘림으로써 이들이 중산층으로 진입하는데 결정적인 영향을 미쳤다.

말레이시아 전체로 볼 때 총 고용인구에서 중산층의 구성비율은 1970년의 20%에서 1990년에 32.6%로 증가하였다. 같은 기간 동안에 각 종족별 고용인구 중에서 중산층이 차지하는 비율의 변화를 살펴보면, 부미뿌뜨라(말레이와 비말레이 토착민을 포함한 집단)는 12.9%에서 27%로 두 배 이상 성장하였고, 화인은 28.6%에서 43.2%로, 인도인은 23.4%에서 27.3%로 성장하고 있어서, 말레이를 포함한 부미뿌뜨라 중산층의 성장이 다른 종족집단에 비해 더 빠르게 진행되었음을 알 수 있다(Crouch 1996: 183-185). 1990년 말레이시아 중산층 직업 고용인구 중에서 부미뿌뜨라가 차지하는 비율이 48.1%로 중산층의 약 절반 정도에 해당하며, 이 계층에서 화인과의 상대적 격차가 과거에 비해 현저히 줄어들었다고 할 수 있다.

말레이 중산층의 성장은 한편으로는 지난 수십 년 간 진행된 빠른 산업화의 영향이면서, 다른 한편으로는 말레이를 우대한 신경제정책의 결과이다. 특히, 1970년대 말레이 중산층의 성장은 정부와 국영기업체에 말레이가 대거 고용된 것에 크게 힘입었다. 1980년대 중엽 이후에는 민영화 정책이 도입되었지만, 신경제정책 하에서 말레이 기업에 대한 정부의 지원과 특혜는 지속되었기 때문에 이 시기에도 말레이 중산층의 성장에 국가가 크게 기여했다고 할 수 있다. 하지만, 과거와 같이 말레이 중산층이 주로 공적 부문에 국한된 것이 아니고 민간 부문에도 활발하게 진출해 있으며, 전문직과 관리직과 같은 상위 중산층에서도 뚜렷한 신장세를 보였다.[3]

　　현재 말레이시아에서 말레이 중산층은 정치, 경제, 문화의 측면에서 중요한 영향력을 미치는 집단으로 성장했다고 할 수 있다. 하지만 이들의 내부 구성, 정치적 태도, 생활양식과 가치관에 대해서는 구체적인 연구가 매우 부족한 상태이다.[4] 말레이시아에서 말레이 중산층과 관련된 공적 담론으로 주목할 만한 것은 "신말레이론"과 "닥꽈 말레이론"이다. 신말레이(Melayu Baru)란 개념은 1991년 집권 여당인 암노 총회에서 마하티르 수상이 처음 제시한 것으로 기업가적 태도와 이슬람적 가치를 내면화 한 "현대적 무슬림"을 의미한다. 여기서 이슬람적 가치로 지적된 것은 검소, 규율, 신용, 근면과 같은 것으로 자본주의적 윤리와 이슬람 윤리간의 공통점이 강조되었다. 마하티르의 신말레이론에서 말레이 농민, 귀족이나 노동자층은 신말레이가 될 수 있는 후보로 고려되지 않았으며, 주로 말레이 기업가와 말레이 중산층을 염두에 두고 이들이 갖추어야 할 가치관과 태도를 제시한 것이다(Khoo Boo Teik 1995:

---

3) 2000년 전체 고용인구 중에서 "전문가와 기술자"가 11.0%, "행정과 관리자"가 4.2%를 차지하고 있는데, 이 중 "전문가와 기술자" 범주에서 말레이가 63.2%, 화인이 25.9%를 차지하며, "행정과 관리자" 범주에서 말레이가 36.5%, 화인이 53.0%를 차지하였다(Abdul Rahman Embong 2002: 56). "전문가와 기술자" 범주에서 말레이가 화인을 크게 압도하는 이유 중의 하나는 주로 말레이를 고용하는 학교 교사와 간호원이 이 범주에 포함되어 있기 때문이다. 민간 기업의 관리자가 포함되는 "행정과 관리자" 범주에서는 여전히 화인이 말레이를 능가하고 있으나, 1970년에 말레이의 비율이 24.1%였던 것과 비교하면 이 영역에서도 말레이가 괄목할 만한 신장을 보였으며 그러한 추세가 꾸준히 진행되어 왔다.

4) 말레이 신중산층의 사회적 배경과 생활양식에 대한 실증적 연구로는 압둘 라만의 박사학위 논문이 선구자적인 연구작업이었다고 할 수 있다(Abdul Rahman Embong 2002).

336-338). 게으르고, 의존적이며, 전통에 얽매여 있는 것으로 흔히 묘사되어 왔던 말레이에 대한 정형화된 관념을 탈피해서(Mahathir 1970), 말레이 사회의 근대화를 주도할 존재로 신말레이 상을 제시하고 이를 정부기관과 대중매체를 통해 적극적으로 선전하였다.

한편, 1970년대 이후 말레이 대학생과 지식인을 중심으로 활발하게 전개되기 시작한 이슬람 부흥운동(닥꽈, dakwah)은 정부의 정책을 서구지향적이고 세속적이라고 비판하고, "총체적 삶의 양식으로서의 이슬람"이라는 구호 아래 이슬람 사회의 구현을 주장하고 나섰다. 이들은 코란에서 제시한 이슬람적 가치와 규율을 내면화하고 이를 철저하게 실천에 옮기는 진정한 무슬림으로 다시 태어나야 한다는 점을 강조함으로써 새로운 말레이-무슬림 정체성의 확립을 추구하였다(오명석 1998: 537). 이슬람 부흥운동에 참여하였던 젊은 말레이 대학생들이 그 후 중산층으로 많이 진출하였기 때문에 "닥꽈 말레이"는 말레이 중산층의 이념적 지향성을 지칭하는 중요한 표현의 하나가 되었다.

말레이 중산층에 대한 공적 담론에서 신말레이론이든 닥꽈 말레이론이든 이슬람적 요소가 강조되고 있는 것은 근대화론에서 중산층의 성장이 사회의 세속화 과정을 촉진시킬 것으로 예상하고 있는 것과는 대조를 이룬다. 말레이 중산층을 모두 철저하게 이슬람적 가치로 무장하고 세속적, 상업적, 서구적 문화에 반대하는 집단으로 일반화하는 것은 현실과 부합하지 않지만, 이들이 말레이시아 사회의 이슬람화에 주도적인 역할을 하였다는 것을 부정할 수는 없다. 말레이 중산층이 이슬람 의식에 더 예민하게 반응하였던 것은 말레이시아 사회의 종족관계, 특히 말레이와 화인간의 경쟁적 관계가 존재하는 사회적 맥락과 깊은 관련이 있다. 서구적 문화가 지배적이고 화인이 인구의 다수를 점하는 도시 환경에 새롭게 진출한 농촌 출신의 젊은 말레이들은 문화적 위기감을 겪었으며, 또한 중산층의 직업을 둘러싸고 말레이와 화인간에 더 치열한 경쟁이 발생함으로써, 이들은 이슬람에서 보다 확고한 문화적 정체성의 기반을 찾고 이를 통해 화인과 자신들을 구분 짓고자 하는 경향을 보인 것이다.

영국 식민지 시대의 말레이 "구중산층"은 영어교육을 받은 소수의 말레이 귀족계급 출신이었던 것에 반해, 독립 이후 특히 1970년대 이후에 등장하는 말레이 "신중산층"은 평민 출신이며 말레이어 교육을 받은 사람들로부터 주로 충원되었으며 그 과정에서 국가의 지원에 크게 의존하였다는 점에서 차이가 있다. 또한 이들은 현재는 도시에 거주하고 있지만 자기 자신이 농촌에서 태어났거나 자신의 부모가 농촌 출신이란 점에서 농촌과의 연계가 강한 편이며, 이들 세대에 이르러 처음으로 중산층에 진입한 "제1세대 중산층"에 해당한다 (Abdul Rahman Embong 2002: 60-61). 아직 명확하게 계급 문화가 자리잡지 못한 상태에서 말레이 신중산층의 문화적 성향은 서구적 문화/말레이 전통문화, 세속적 문화/이슬람, 도시문화/농촌문화 사이에서 모호한 성격을 띠고 있다.

3. 거리 시위

1997년의 경제위기 이후 이를 수습하는 정부 정책을 둘러싸고 마하티르 수상과 그의 후계자로 주목되어 왔던 안와르 부수상간에 알력이 나타나기 시작하였고, 1998년 초에는 안와르가 정부의 부패와 정실주의의 만연을 인도네시아의 수하르토 대통령 하야 원인과 빗대어 비판하고 나섬으로써, 마하티르에 대한 정치적 도전이 본격적으로 시작된 것이 아니냐는 의혹을 불러 일으켰다. 그러한 상황에서 1998년 9월 2일 안와르는 부수상직에서 갑자기 사임당하고, 다음 날 긴급 소집된 암노 최고간부회의에서 안와르를 당에서 추방하는 결정이 이루어졌다. 이에 대한 항변으로 안와르는 9월 12일 쁘르마똥 빠우(Permatung Pauh)에서 전국적인 개혁(reformasi)운동의 개시를 선언하고, 9월 20일에는 쿠알라룸푸르에서 대규모 집회를 주도하였다. 그 날 저녁 안와르는 자기 집에서 국가안전법(Internal Security Act)에 의해 체포되었으며, 그 후 부패와 동성애 혐의로 기소되었다. 안와르의 체포 이후 쿠알라룸푸르를 중심으로 대규모 거리 시위가 몇 달 동안 지속적으로 발생하였다.

안와르는 1970년대 닥쯔 운동의 중심 세력이었던 "말레이시아 무슬림 청년운동(ABIM: Angkatan Belia Islam)"을 이끌었던 카리스마적 존재로 말레이 대학생과 지식인, 그리고 말레이 중산층으로부터 상당한 지지를 받아온 인물이다. 1980년대 초 마하티르 내각에 참여한 뒤 정부의 이슬람 정책을 입안하고 시행하는데 주도적 역할을 한 것으로 알려진 안와르가 간통과 동성애라는 혐의로 구속되었다는 것은 안와르가 지니고 있던 종교적 신망을 훼손시키는 것으로 그의 추종자들에게 충격적인 일로 받아들여졌고 그러한 혐의의 신뢰성에 대해 큰 의혹을 불러 일으켰다.

1969년 총선 직후 말레이와 화인간에 심각한 유혈사태가 발생한 이후 말레이시아에서 대규모 거리 시위는 거의 발생하지 않았기 때문에 안와르의 구속이 촉발한 대규모 거리 시위는 말레이에게 매우 놀랍고 새로운 경험으로 받아들여졌다. 정부와 주류 언론은 1969년의 종족 폭동에 대한 기억을 되살리고, 또한 경제 위기 이후 최근 인도네시아에서 원주민들이 화인을 집단적으로 학살하는 사건이 발생하였던 것을 환기시키면서, 현재 벌어지고 있는 거리 시위가 종족간 유혈 사태로 비화될 수 있다는 우려를 퍼뜨리는데 주력하였다. 거리 시위가 과연 폭력적인 성격을 띠었는지, 폭력의 행사가 있었다면 그것이 시위에 참여한 사람에 의해 행해진 것인지 아니면 이를 진압하는 경찰에 의해 행해진 것인지, 거리 시위는 종족간 혐오를 증폭시키는 방향으로 진행되었는지 여부를 둘러싸고, 정부와 주류 언론, 그리고 이 시기에 대안적 대중매체로 각광을 받기 시작한 인터넷 사이에 치열한 공방이 이루어졌다. 이 절에서는 거리 시위의 현장 목격담을 자신이 만든 인터넷 사이트에 일기 형태로 올렸던 사브리의 기록을 중심으로 거리 시위에 나타난 문화적 측면을 분석해 보고자 한다(Sabri Zain 2000).

먼저 시위가 벌어졌던 공간의 의미에 대해 살펴보자. 1998년 9월 20일 안와르가 참석한 대규모 거리 집회가 열렸던 곳은 쿠알라룸푸르 시내에 있는 독립광장(Merdeka Square)과 국립 모스크 사이의 공간이었다. 독립광장은 말레이시아의 초대 수상인 압둘 라만(Tengku Abdul Rahman)이 말레이시아의 독립을 선언하였던 역사적 장소이고, 또한 1974년 발링(Baling) 농민의 시위를 정부가 폭력적으로 진압한 것에 대해 항의하기 위해 안와르의 주도 하에 "말레이시아 무슬림 청년운동"이 시위를 벌였던 장소이기도 하다. 독립광장과 국립 모스크는 각각 말레이시아 국가와 이슬람을 상징하는 공간으로 이 곳을 집회의 장소로 선택한 것은 이 모임이 추구하는 목표와 이념을 표현하고 있다. 이날 안와르의 부인인 완 아지자가 독립광장에서 행한 연설에서 "국가의 자유와 신성함을 우리의 마지막 피 한 방울까지 흘려 방어하기 위해 이 곳에 모였다"라고 발언한 대목은(Sabri Zain 2000: 5-6) 독립광장이 국가 독립의 역사적 기억을 담지하는 신성한 장소였다는 점에서 더 의미심장한 것이었다. 또한, 시위대의 집결 장소로, 경찰의 탄압에 쫓긴 시위대의 피난처로 국립 모스크가 선택되었고 시위 중에 "Reformasi"와 더불어 "알라는 위대하다(Allahuakbar)"는 구호가 자주 등장함으로써 이번 시위에 말레이가 주도적으로 참여하면서 이슬람적 색채가 뚜렷이 나타나고 있음을 보여준다.

독립광장과 국립 모스크 사이의 공간은 쿠알라룸푸르 기차역, 중앙우체국, 중앙시장(Central Market), 이슬람 센터가 모여 있는 곳으로 1880년대 이후 영국이 쿠알라룸푸르 도시를 본격적으로 개발하면서 식민권력의 중심지가 되었던 장소이다. 독립 직후에도 행정과 상업의 중심지였는데, 그 후 주요 행정관청이 쁘딸링 자야(Petaling Jaya)로 이전하고, 부낏 빈땅(Bukit Bintang), KL Central과 같은 새로운 도심지가 개발됨으로써 과거의 위상은 상당히 약화되었다. 그럼에도 불구하고 시위대가 이 지역을 집회의 장소로 선택한 것은 이 공간이 정치권력의 중심지로서 갖고 있던 역사적 상징성을 활용하고자 한 것으로 해석할 수 있다.

시위대에 대한 경찰의 탄압이 강화되면서, 시위의 현장은 독립광장 근처의 중앙시장과 쁘르따마 쇼핑몰 사이의 Jalan TAR(Tengku Abdul Rahman)로 옮겨갔다. 이 지역은 소규모의 의류상점과 음식점이 밀집되어 있는 구 상가 거리이며, 인도인, 화인, 말레이의 상권이 함께 발전하여 다종족적, 다문화적 분위기가 강하게 풍기는 공간이다(Ziauddin Sardar 2000: 93-95). 거미줄 같이 형성된 샛길과 뒷골목, 쇼핑몰과 식당 등은 시위대가 경찰의 진압을 피하기에 유리한 지형을 갖춘 곳이기도 하다. 사브리의 글에서는 시위 현장에 참가하는 것을 "쇼핑 간다(go shopping)"라고 표현하고 있으며, 경찰에게 쫓기게 될 경우에는 마치 쇼핑을 나온 사람처럼 가장하거나 식당에 들어가는 방식으로 경찰에 붙잡히는 것을 피하고 있다. 시위에 참여하는 사람들에게 Jalan TAR에 간다는 것이 시위에 나간다는 것의 은유적 표현으로 통용되었다. 거리 시위가 활발하게 이루어졌던 1998년 말에 토요일 오후 Jalan TAR는 특별한 예고가 없어도 사람들이 모였다가 기습적인 시위가 이루어지는 장소로 인식되었고, 이를 예상한 경찰이 골목마다 삼엄한 경비를 서는 시위의 공간으로 자리잡았다.

거리 시위에는 어느 정도 규모의 사람들이 모였고, 어떤 사람들이 참여하였을까? 이에 대해서 한편으로 정부와 주류 언론, 다른 한편으로 인터넷 등의 대안적 언론 사이에 극명한 차이와 대립이 나타나고 있다. 정부와 주류 언론은 시위 발생 자체에 대해 침묵하거나 이를 인정할 경우에도 시위에 참여한 사람의 숫자를 축소하고 간략하게 보도하는 방식을 취하였다. 반면, 인터넷 뉴스미디어와 이슬람 정당인 빠스가 발행하는 당기관지 하라까(Harakah)는 시위 상황을 보다 상세하게 보도함으로써, 주류 언론의 보도로부터 정확한 정보를 얻을 수 없었던 사람들의 높은 관심을 끌게 되었다. 예를 들어, 안와르가 참석했던 9월 20일 시위에 대해 인터넷 목격자 진술은 약 10만 명을 예측하였는데, 신문은 5,000명 정도로 보도하였다. 어떤 사람들이 시위에 참여하는가를 둘러싸고는 더 첨예한 대립이 보인다. 정부의 한 장관은 이 시위에 참여한 사람이 대부분 "외국인"이라고 언급하였고, 주요 말레이어 신문인 "우뚜산 말레이시아(Utusan Malaysia)"는 시위에 참여한 수백 명의 무슬림 여성에 상당한 숫자의 "창녀"들이 포함되었다고 보도하였다(Sabri Zain 2000: 32). 시위대의 성격에 대한 정부와 주류 언론의 태도에서 일관적으로 강조되는 것은 이들은 도덕적으로 문란한 집단이며 반말레이시아적인 외국인에 의해 사주받은 집단이라는 것이다. 이는 안와르를 미국 CIA의 끄나풀이며, 동성애자라고 몰아붙인 정부의 태도와 일맥 상통하는 것이다. 반서구적 정서와 이슬람적 도덕성을 활용해서 안와르의 지지지와 시위 집단에 대해 부정적인 이미지를 심어주고자 한 것이다.

반면, 대안적 매체에서는 시위 집단에 말레이 뿐 아니라 화인과 인도인이 참여함으로써 범종족적인 시위 양상을 보였고, 다양한 계층과 연령의 사람들이 참여하는 범시민적 운동임을 강조하였다. 1998년 10월 10일의 시위 현장에 대한 사브리의 다음과 같은 현장 목격담은 이를 잘 보여주고 있다: "내가 Jalan TAR에 도착했을 때 수천 명이 보도에 줄을 서서 구호를 외치고, 노래하고, 웃고, 박수를 치고 있었다. 남자, 여자, 아이들, 학생, 부부와 연인들, 중년의 가정 주부, 나이든 연금수혜자, 베일을 쓴 무슬림 여성, 가죽 재킷 차림의 록커들"(Sabri Zain 2000: 13). 이들 옆을 지나가는 자동차와 오토바이들은 "Re-for-ma-si"의 운율에 맞추어 경적을 울리고, 화인과 인도인들이 시위대의 구호에 맞추어 주먹을 불끈 쥔 손을 높이 들기도 하였다. 사브리는 시위 현장이 축제와 코뮤니타스(communitas)의 흥분과 열광에 사로잡혀 있음을 기술하고 있다.

시위 집단에 대한 보다 '객관적'인 보도에 의하면 이들은 대부분 말레이이며 화인과 인도인의 참여는 상대적으로 저조하였고, 말레이 중산층과 학생이 주도하였다는 것이다. 이러한 관찰이 틀린 것은 아니지만, 적어도 시위 초기에 화인과 인도인의 지지가 있었고, 전문직 종사자, 샐러리맨, 노동자와 실업자를 포함한 다양한 계층과 연령 집단이 참가하였다는 사실에도 주목할 필요가 있다(Farish Noor 1999: 11). 그 이유는 정부와 주류 언론에서는 한편으로 시위가 갖는 다종족적 측면을 완전히 부정하고 현재의 시위를 말레이 집단만의 것으로 종족화시켜 그것이 반화인 폭동으로 비화될 수 있다는 점을 부각함으로써 화인의 참여를 차단시키고자 하였으며, 다른 한편으로는 외국의 사주를 받은 무책임하고 과격한 소수의 말레이가 시위를 부추기고 있다는 점을 강조함으로써 말레이 사회 내부로부터도 시위 집단을 분리시키고자 하였기 때문이다. 시위 집단의 종족적, 계층적 구성과 관련한 평가의 차이는 개혁운동의 성격과 의의를 둘러싼 담론적 경합에서 핵심적인 부분을 차지하였다.

시위 현장에서 사용된 구호는 시위의 이념과 성격을 이해하는데 하나의 준거점이 될 수 있을 것이다: "개혁(Reformasi)", "정의(Keadilan)", "마하티르는 사임하라", "안와르를 살리자", "알라는 위대하다". 마하티르의 사임과 안와르의 복권이 시위대가 구체적으로 정부에 요구하는 핵심적인 사항이라고 한다면, '개혁'의 구호는 말레이시아 사회의 총체적 변화를 요구하는 보다 근본적인 요구 사항이라고 할 수 있다. Reformasi란 구호는 시위대가 가장 열광적으로 반응하는 '주술적'인 언어였다고 할 수 있다. Reformasi란 표현은 수하르또 대통령을 권좌에서 내려오게 한 인도네시아 시민운동의 구호였으며, 이를 안와르가 부수상직 사퇴 직후에 행한 쁘르마뚱 빠우 연설에서 말레이시아의 시민운동의 이념으로 채택하면서 유행하기 시작하였다. 이 연설에서 안와르는 개혁운동의 이념으로 권력 남용을 방지하는 법적 정의의 수립, 성장과 분배를 동시에 성취하고 부패를 말소하는 경제적 정의의 실현, 민주적 수단에 의한 국민 권력의 신성화, 문화적 개방주의를 내세우고, 종교적 배경의 차이를 넘어서서 말레이시아의 모든 시민이 참여하는 시민운동임을 천명하였다 (Farish Noor 1999: 16-17). 시위 구호로서 Reformasi는 말레이시아 사회가 이제 변하여야 한다는 국민들의 열망을 집약적으로 표현하는 것으로 받아들여졌으며, 민주, 정의, 자유와 같은 보편적인 가치를 통해 말레이시아 사회의 종족적, 종교적 균열을 극복하는 이념적 접착제로 인식되었다. 이러한 Reformasi의 이념은 이후 빠스, 민주행동당, 국민정의당, 말레이시아 인민당과 같이 다양한 종족적, 종교적, 이념적 배경을 갖는 정당들이 참가하여 "대안적 전선"이라는 연합정당을 결성하는데 구심점이 되었다.

안와르의 지지자들, 이슬람 원리주의자들, 화인 시민운동가들, 시위에 방관적이거나 부정적인 사람들이 개혁의 의미를 받아들이는 방식에는 분명히 차이가 있었다고 할 수 있다. 개혁의 이념은 추상적인 수준에서 제기되었고, 구체적 내용과 실천 방안에 대한 분명한 합의가 결여되어 있었다. 말레이시아에서 독립 이후 종족간 이해관계가 가장 첨예하게 충돌하는 쟁점으로 남아 있는 부미뿌뜨라 특별권리와[5] 이슬람의 지위 문제에 대해서 개혁운동은 대체로 침묵하고 있다. 패리쉬는 Reformasi란 구호는 모호하고 애매한 개념으로 "비어 있는 지표"였으며, 바로 그러한 성격 때문에 다양한 입장과 전략들이 들어붙을 수 있어서 정치적으로 효과적인 담론이 될 수 있었음을 지적하고 있다(Farish Noor 1999: 6). 필자는 패리쉬의 분석이 개혁운동에 내재된 혼성적 담론의 효과에 대한 날카로운 지적이며, 이후 개혁운동이 이념적 입장의 차이, 특히 이슬람에 대한 입장 차이에 의해 분열의 양상을 보이게 되는 현상을 예측하고 있다는 점을 인정하지만, 시위에 참여한 사람들에게 개혁이란 구호가 모호하고 공허한 개념으로 받아들여졌을까 하는 점에 대해서는 동의하기 힘들다. 부패와 정실주의의 만연, 안와르에 대한 '부당한' 법적 처리 과정, 그리고 시위 현장에서 경험하는 공권력의 폭력성은 개혁이 단지 추상적인 이념의 문제가 아니라 현실 문제와 직결되어 있는 것으로 인식하게 만들지 않았을까?

거리 시위의 진행 과정에서 '테러와 공포'의 문화가 시위 참여자 뿐 아니라 그 소식을 접하는 사람들에게 깊이 각인되었다. 시위 초기에는 비교적 관용적 태도를 보였던 공권력은 시위의 규모가 커지고 지속적으로 발생하게 되자 폭력적인 진압의 방식을 취하였다. 시위대가 돌, 화염병과 같은 폭력적 수단을 전혀 쓰지 않았음에도 불구하고, 경찰과 연방예비군은 최류탄, 산성 물대포,

---

5) 부미뿌뜨라 특별권리는 1957년에 제정된 독립헌법 조문에 포함되었는데, 원주민으로서 말레이가 특별한 지위와 권리를 갖고 있음을 법률적으로 인정한 것이다. 말레이의 특별한 지위와 권리는 공식종교를 이슬람으로, 공용어를 말레이어로 정한다는 것과 말레이에게 공무원 고용, 장학금, 직업훈련, 사업면허 등에서 특혜를 주는 정책에 반영되었다. 1971년에 시작된 신경제정책도 이러한 부미뿌뜨라 특별권리에 근거해서 그것을 보다 체계적으로 확대 적용시킨 것이라고 할 수 있다.

곤봉을 사용하여 시위대를 진압하고 무차별적으로 체포하기 시작하였다(Sabri Zain 2000: 24-29). 정부가 말레이 시위 참여자에게 폭력을 사용한다는 것은 말레이인들에게 매우 충격적인 일로 받아들여졌다. 또한 안와르가 사회안전법에 의해 구속된 후 처음 공개석상에 나왔을 때 그의 눈 주위가 검게 멍들어 있어서 고문이 가해졌다는 의혹이 널리 퍼졌다. 말레이의 보호자로 자처해 왔던 정부가 말레이에게 폭력을 행사하는 것은 말레이의 문화적 규범에서 크게 벗어난 처사로 정부에 대한 분노를 일으키는 것이었다. 이러한 일련의 사태로 인해 마하티르(Mahathir) 수상은 "마하잘림(Maha-Zalim: 매우 잔인한 사람이라는 뜻)"이라고 불리어지기까지 하였다(Farish Noor 2002: 144).

공권력의 폭력성은 독립 이후 말레이시아의 역사에서 사실 새로운 것은 아니다. 1950년대 비상계엄기에 공산당 활동을 무력으로 진압하였으며, 공산당과의 연계를 끊기 위해 화인 농민들을 "신농촌(New Village)"으로 강제 이주시키고 외부와의 교류를 단절시켰으며, 그리고 반정부인사를 국가안전법에 의해 재판 없이 장기 구금하는 사건은 꾸준히 발생하여왔다. 하지만, 이러한 정부의 조치는 주로 화인을 상대로 행사된 것이었기 때문에, 이번과 같이 그 대상이 말레이가 되었다는 사실은 말레이에게 충격적인 일로 받아들여졌고 공권력의 폭력성을 새삼 깨닫게 되는 계기가 되었다.

4. 인터넷과 대안 언론

말레이시아 정부는 2001년 4월 10일에서 4월 26일 사이에 10명의 개혁운동가를 사회안전법으로 구속하였다. 구속된 사람 중에는 국민정의당 임원과 인터넷 기고가들이 포함되었다. Raja Petra Kamaruddin은 안와르의 석방을 요구하는 웹사이트인 freeAnwar.com의 웹마스터이며, Hishamuddin Rais는 말레이시아의 대표적 인터넷 뉴스포탈인 Malaysiakini.com의 칼럼니스트이다. 다른 구속자들도 대부분 개혁운동을 보도한 인터넷 사이트를 통해 널리 이름이 알려진 인물들이었다. 개혁운동이 일시적 현상에 불과할 것이라는 예측에도 불구하고 상당한 기간 지속성을 유지할 수 있었던 이유에는 인터넷의 역할이 매우 중요하였으며(Anil Netto 2001: 14), 정부에서도 이 문제를 심각하게 생각하였음을 위의 구속 사례가 보여주고 있다.

인터넷은 90년대 초에 아시아에 처음으로 등장하였는데, 말레이시아에서 인터넷이 주요한 정보교환의 매체로 각광을 받기 시작한 것은 안와르의 구속과 개혁운동의 전개와 매우 밀접한 관계가 있다. 말레이시아에서 주류 언론매체는 철저하게 정부의 통제 하에 있으며, 여기에 실리는 정치적 기사들은 정부의 견해를 반영하거나, 단순히 정부의 보도문을 그대로 반복하는 수준이며, 정부에 비판적인 시민집단이나 야당의 견해는 제대로 실리지 않거나 왜곡되기 십상이다(Chin 2003: 130). 집권 여당인 암노는 TV 3 채널과 Utusan Malaysia, New Straits Times, 남양상보(南洋商報) 등의 주요 일간지를 소유하고 있으며, 암노의 주 파트너 정당인 "말레이시아 화인협회(Malaysian Chinese Association)"가 Star지를 소유하고 있어서, 이들 주류 언론매체가 친정부적인 성향을 띨 수밖에 없는 구조적 성격을 갖고 있다. 또한 종족관계나 인권을 포함한 정치적으로 "예민한 이슈"의 보도에 대해 매우 엄격한 검열이 시행되고 있으며, 출판법과 선동방지법을 통해 신문과 잡지의 출판면허권을 취소시키거나 갱신을 허용하는 통제가 가해지고 있다. 이러한 여건 하에서 말레이시아 언론은 정부의 비위를 거슬리지 않기 위한 자체 검열의 경향을 강하게 보이고 있다.

안와르 구속과 거리 시위에 대한 주류 언론의 일방적인 보도 태도는 이들에 대한 말레이의 불만을 크게 고조시켰으며, 보다 구체적이고 정확한 정보, 그리고 비판적 견해를 원하는 사람들에게 인터넷이 새로운 대안적 매체로 등장하였다. 1998년 9월 이후의 거리 시위에 대한 사브리의 현장목격담은 사이버 공간에서 컬트적 지위를 차지하였고, 그 내용이 팩스와 이메일을 통해 널리 유포됨으로써, 시위 현장의 분위기가 몇 시간 내에 많은 사람들에게 전달되는 인터넷의 위력이 발휘되었다(Anil Netto 2001: 15). 인터넷이 아니고 문자매체이긴 하지만, 빠스에서 발행하는 당 기관지인 하라까(Harakah)가 안와르의 구속 사태와 이에 반대하는 대규모 시민시위를 상세하게 보도함으로써 한때 판매 부수가 7만부에서 30만부로 급증하였는데, 이는 말레이시아에서 가장 많은 구독자를 가진 신문인 Utusan Malaysia의 판매 부수에 버금가는 것이었다(*Far East Economic Review*, 1998년 10월 10일, 19쪽). 말레이 도시 중산층은 빠스를 보수적인 이슬람 정당으로 인식해서 거리를 두는 경향이 있었는데, 하라까의 판매가 도시 말레이를 중심으로 크게 증가한 것은 안와르의 구속이 초래한 새로운 변화였다(하라까의 편집자, 2001년 8월, 필자와의 면접).

　　1999년 이후 인터넷 상에 정치적 견해나 기사를 담은 웹사이트가 우후죽순처럼 만들어졌는데, 그 중에 곧 없어지고 만 것도 많지만, 2001년 당시 활동 중인 주요한 웹사이트를 범주별로 나누면 다음과 같다. 즉, 1) 개혁운동(Reformasi) 관련 웹사이트: Laman Reformasi, freeAnwar.com, Mahafiraun 2) 독립적인 뉴스 웹사이트: Malaysiakini.com, AgendaMalaysia. Saksi, Sangkancil 3) 빠스, 국민정의당, 민주행동당, 말레이시아 인민당과 같은 야당의 웹사이트 4) NGO 웹사이트: Aliran, Suaram (Anil Netto 2001: 15). 이들 웹사이트는 지향하는 목표와 구체적 활동에 있어서는 차이가 있으나, 대체로 말레이시아의 현실에 대한 비판적 견해를 실었으며, 개혁운동에 대해 큰 관심을 보였다는 점에서는 공통적이었다. 주류 언론과는 기사 내용이나 이를 다루는 논조에서 차이가 있었을 뿐 아니라, 독자들간에 토론의 장을 마련하여 다양한 의견이 교환되는 기회를 제공했다는 점에서도 구별된다. 즉, 이들 인터넷 사이트는 정부의 강력한 통제 아래 놓여 있는 의사소통 통로에 숨통을 트는 역할을 하였다. 특히, 종족간 이해가 첨예하게 대립하는 의견은 공식 언론에서 국가 안전을 이유로 철저하게 배제하는데, 인터넷 사이트는 이러한 강요된 침묵을 깨는데 일조하였다. 아래에 인용한 글은 인터넷에 실렸던 것으로 어떤 내용의 의사소통이 인터넷 상에서 가능한지를 보여주는 예이다.[6] 거리 시위가 한창 진행 중이던

때에, 말레이, 화인, 인도인 친구가 커피숍에 앉아서 시위에 대해 얘기를 나누
는 상황을 희화적으로 묘사하고 있다:

Leong(화인): 왜 너희들 말레이는 반란을 원하나?

Mazalan(말레이): 뭐? 지금의 시위는 말레이 반란이 아니야. 말레이시아
　　　반란이지. 너도 알다시피 화인과 인도인도 시위에 참가하고 있잖아.

Nagalingam(인도인): 별로 많지 않지. 대부분 말레이들이지.

Mazlan: 그래, 그게 문제지. 화인과 인도인들은 왜 나오지 않는거야?

Nagalingam: 우리는 먼저 어떻게 되나 두고 보자는 거지.

Mazlan: 항상 그런 식이지. 누가 이기는지 두고 보았다가 이기는 편에 붙겠
　　　다는 속셈이지.

Leong: 아 그건 너무 하는 말 아니야.

Mazlan: 맞지 뭘 그래. 너희 화인들도 마찬가지지?

Leong: 아니라니까. 우리는 시끄러운 일을 원치 않는 것 뿐이야.

Mazlan: 왜?

Leong: 왜냐면 시끄러우면 사업하는데 안 좋거든. 사람들이 놀라서 떠나버
　　　리지 않겠니.

　　위의 대화는 개혁운동에 대한 말레이, 화인, 인도인간의 태도 차이와 서로
에 대해 갖고 있는 고정관념들을 반영하고 있지만, 이러한 논의 자체가 억압되
어 있고 정부의 평가만이 일방적으로 주입되는 상황에서, 서로의 차이와 편견
을 희화적으로 드러내준다는 자체가 편견을 대상화하고 극복할 수 있는 가능
성을 열어주는 것이기도 하다.

　　말레이시아에서 인터넷이 대안적 언론매체로서 어떤 위치를 차지하고 있
는지를 Malaysiakini.com의 사례를 통해 보다 자세히 살펴보도록 하자. 말레이

---

6) 이 글은 다시 빠스의 기관지인 하라까에 게재되었다(Harakah 1998년 11월 23일, 19쪽). 여기
　서는 그 부분을 따온 것이다.

시아 구독자를 대상으로 한 진정한 온라인 신문은 1999년부터 나타나기 시작했는데, Malaysiakini가 최초로 만들어졌으며 가장 인기가 높은 인터넷 뉴스포탈이다. 이 웹사이트를 만든 사람은 스티븐 간(Steven Gan)과 Premesh Chandra로서 이들은 1980년대에 호주의 뉴사우스 웨일즈 대학 재학 중에 암노 정부에 대해 비판적인 학생운동을 한 지도자였다. 두 사람은 귀국 후에 주류 언론에서 기자생활을 한 경험이 있지만, NGO의 활동에도 꾸준히 참여하고 있었다. 이들이 Malaysiakini를 만들게 된 직접적인 계기는 안와르의 구속과 개혁운동이었으며, 아세안 국가에서의 언론 자유를 증진시키기 위해 설립된 "동남아시아 언론인 동맹(Southeast Asian Press Alliance)"으로부터 미화 10만 달러의 재정지원을 받고 여기에 사재를 보태 웹사이트를 구축하였다(Chin 2003: 131). 그 후 주류 언론에서 일했지만 개혁적 성향을 지녔던 저널리스트들이 참여하였다.

Malaysiakini는 공정하고 독립적인 언론매체라는 이미지를 형성했을 뿐 아니라, 다른 개혁운동 웹사이트와는 달리 매일 매일 최신 기사를 제공함으로써 독자층이 급격히 증가하였다. 개혁운동 집단과 야당은 그들의 웹사이트를 Malaysiakini에 연결시켜 놓고 있으며, 그 곳에 실린 기사들을 뽑아서 자신들의 뉴스레터와 잡지에 재수록하기도 하였다. 2000년 중엽에 Malaysiakini의 방문자는 1일 평균 10만 명에 달했으며, 안와르의 부패 소송 선고 공판일에는 32만 명이 방문하는 기록을 세우기도 하였다(Tong Yee Siong 2004: 283). 인터넷 신문의 활성화에 영향을 받아 주류 언론의 판매 부수는 1998년에서 2000년 사이에 큰 감소를 보여 New Straits Times는 34%, Utusan Malaysia는 27%가 감소하였다(Chin 2003: 131). 창립자인 스티븐 간(Steven Gan)에 의하면 Malaysiakini 독자층의 90% 이상이 전문직이나 상위 관리직에 근무하는 사람이며, 영어를 구사할 수 있는 중산층이상의 계층에 속한다(Gan 2002, Chin 2003: 132에서 재인용). Malaysiakini의 자체 조사에 의하면 독자층에서 남성이 88%로 여성에 비해 압도적으로 많고, 연령별로는 18세-25세 사이가 12%, 26-40세 사이가 47%를 차지해서 청년과 장년층의 비중이 높은 것으로 나타났다(Tong Yee Siong 2004: 304). 한편, 1996년에 쿠알라 룸푸르 교외 지역에 사는 말레이를 대상으로 실시된 설문지 조사에 의하면, 개인 컴퓨터 소유 비율이 응답자 중 중산층에서 67.6%, 노동자층에서 16.0%로 계층별 차이가 확연하게 나타나고 있다(Abdul Rahman Embong 2002: 104). 이 조사 이후 개인 컴퓨터 보유율이 크게 증가했을 것이지만, TV나 냉장고와 같은 필수 가전 제품에 비해 컴퓨터 보유율에 있어서 계층별 차이가 상대적으로 클 것으로 예상된다. 이러한 통계 지표들은 인터넷과 같은 대안 매체가 젊은 층과 중산층 이상에서 더 강력한 영향력을 발휘할 수 있음을 시사한다.

대안 매체의 인기는 언론의 통제를 권력유지의 중요한 수단으로 삼아왔던 정부의 입장에서는 심각한 위협으로 받아들여졌다. 인터넷에 대해서 기존의 언론 매체에서와 같은 강력한 통제 정책을 적용할 수 없었는데, 그 가장 중요한 이유는 정부가 초고속통신망(Multi-Media Super Corridor)의 구축을 국가의 주요 전략 사업으로 채택하고, 외자 유치를 위해 인터넷에 대한 검열이 없을 것이라는 공약을 내세웠기 때문이다. 하지만, Malaysiakini에 대해 간접적이거나 직접적인 정부의 간섭이 행해지고 있는 것이 현실이다. 공식 기자증을 가질 수 없는 Malaysiakini 레포터에 대해 기자 회견장 출입을 금지시키고, 마하티르가 1997년 경제위기의 주범으로 지목하였던 소로스(George Soros)가 Malaysiakini에 비밀리에 재정 지원을 하고 있다는 발표를 하여 소위 "외국인 음모론"에 의해 부정적인 이미지를 심고자 하였다(Chin 2003: 136). 2003년 1월에는 Malaysiakini에 실린 글이 종족간 증오감을 불러일으킨다는 이유로 경찰이 사무실에 침입하여 15대의 컴퓨터를 압수하고 일시적으로 뉴스 방송을 중단시켰으며, 5명의 편집자를 경찰에 소환하여 심문을 하였다(Tong Yee Siong 2004: 307-308). 최근에는 인터넷 내용에 대한 검열을 허용하는 법률 제정이 논의되고 있는데, 포르노 등 유해한 사이트에 대한 검열과 함께 허위사실 유포, 명예훼손 등을 이유로 정치적 기사나 독자들의 편지에 대해 법적 통제를 가함으로써 인터넷 상의 언론 자유가 제한될 가능성이 높아지고 있다. 이러한 정부 통제의 강화와 함께 Malaysiakini를 포함한 인터넷 뉴스 미디어가 공통적으로 겪고 있는 재정적 어려움도 이들이 대안적 매체로 확고하게 자리잡는데 큰 난관으로 남아 있다.

5. 정치적 심문

1999년의 총선에서 집권 여당연합체인 국민전선이 총 193석의 연방의회 의석수 중에서 143석을 차지하는 승리를 거두었지만, 암노의 의석수는 94석에서 72석으로 크게 줄어들었으며, 말레이 투표자의 절반 정도가 야당인 빠스나 국민정의당에 투표한 것으로 분석되었다(Funston 2000: 51). 총선 이후에 치러진 루나스(Lunas) 보궐 선거에서는 그 지역이 마하티르 수상의 고향인 끄다(Kedah)주의 선거구이고 지난 40년 간 암노가 한번도 패배한 적이 없는 곳이었는데, 국민정의당 후보가 당선됨으로써 암노 지도부에 큰 충격을 주었다. 안와르의 구속 이후 암노에 대한 말레이의 지지가 현격히 줄어들고 있는 상황을 암노 내부에서도 심각하게 받아들이는 분위기가 조성되었는데, 이에 대한 암노의 대응은 마하티르를 중심으로 당 내부의 위계와 통합을 강화시키는 한편(Hwang In-Won 2003: 308-309), 개혁운동에 대해 자갈을 물리는 방법이었다. 국가안전법에 의한 반정부 운동가의 구속, 언론과 표현의 자유에 대한 검열의 강화가 후자의 예이다.

2001년 4월에 10명의 개혁운동 활동가들이 국가안전법에 의해 구속되었고, 같은 해 8월에는 10명이 무슬림 테러리스트 집단(Mujahideen Group of Malaysia)의 소속원이라고 하여 구속되었다. 전자가 국민정의당이나 NGO 활동가인 반면, 후자는 거의 대부분 빠스의 성원이며 그 중에는 끌란딴(Kelantan)주의 주지사이며 빠스의 정신적 지도자인 압둘 아지즈(Nik Abdul Aziz)의 아들이 주동자로 포함되었다. 2001년 9월 11일의 뉴욕 테러, 2002년 10월 12일의 발리 테러는 '극단주의' 이슬람주의자에 대한 정부의 탄압이 정당하고 필요하다는 여론을 불러일으키는데 크게 일조하였다. 빠스와 무슬림 테러집단 사이의 연계에 대한 분명한 증거는 제시되지 않았지만, 빠스를 "탈레반"화 하려는(Khoo Boo Teik 2003: 164) 정부의 선전은 뉴욕 테러 이후 더 힘을 얻었다고 할 수 있다. 여기서는 2001년 4월에 구속된 개혁운동 활동가들이 심문 과정에서 겪었던 경험을 중심으로 해서 개혁운동에 대한 경찰과 정부의 태도를 엿보도록 하겠다.

구속된 열 사람 중 Ezam Mohd Nor, Tian Chua, Gobalakrishnan, Ustaz Badrulamin Bahron, Abdul Ghani Haroon, Lokman Noor Adam의 6명은 국민정의당의 간부이며, Saari Sungib은 근본주의적 이슬람 단체인 JIM(Jemaah Islaah Malaysia)의 전 회장, Baharuddin Ismail은 인권 NGO인 "말레이시아 국민의 소리(Suaram)"의 활동가, Raja Petra Kamarudin은 freeAnwar.com의 웹마스터, Hishamuddin Rais는 영화제작자이면서 Malaysiakini의 칼럼니스트로서 이들은 NGO나 인터넷 매체에 관련된 사람들이다. 이들은 화염병과 사제 폭탄을 사용하는 대중 시위를 계획함으로써 국가안전에 위협이 된다는 이유로 전격 구속되었지만, 이들이 후에 자신들이 겪었던 심문 과정에 대해 자술한 회고담에 의하면 심문관들이 이 문제를 거론하는 경우는 없었고 안와르와의 관계, 국민정의당이나 NGO의 활동과 재정에 관한 것, 루나스 보궐선거에서의 선거전략, 개혁운동가들 사이의 인맥이나 외국 인권단체와의 관련, Reformasi 관련 웹사이트의 웹마스터 정체, 개혁운동과 대중 집회에서의 역할에 대해 집중적인 추궁을 받았다(Raja Petra 2001). 이들은 구속 후 대체로 60일 동안 외부와의 교류가 거의 단절된 채(가족의 방문과 인권단체인 Suhakam 임원의 방문이 간수의 집회 하에 1-2 차례 허용된 것에 그침), 창문이 없고, 담요나 베개도 없는 나무 침상과 24시간 전등불이 커져 있는 좁고 무덥고 더러운 독방에서 지내야 했으며, 이들의 유일한 외출 시간인 심문관과의 면접은 하루 종일 계속되기도 하였다. 이들이 심문관으로부터 지속적으로 주입받거나 고백을 강요받은 내용은 구속자의 진술에서 공통되게 나타나는데, 안와르가 미국 CIA의

끄나풀이며 동성애자라는 것, 같이 구속된 동료들 중에는 여성편력자, 공산주의자, CIA의 기관원이 있다는 것, 국민정의당에는 사회주의자와 공산주의자가 침투해 있으며 그 실체는 화인이 권력을 잡기 위한 발판으로 반말레이적이고 반이슬람적인 정당이라는 것, 빠스의 울라마(ulama: 이슬람 율법학자)는 기회주의자이며 지도자 중 상당수가 섹스 스캔들에 연루되어 있다는 것이었다(Raja Petra 2001a: 24, 38, 59). 한편, 구속자 중 유일한 화인인 Tian Chua의 심문은 화인 경찰이 맡았는데, 그는 심문에 협조를 하지 않으면 자기보다 훨씬 가혹한 말레이 심문관에게 넘길 것이라는 위협을 하였고, 안와르가 집권하면 그를 지지하는 구 암노(ex-UMNO) 말레이들이 이익을 독차지하고 화인들은 배제당할 것이라고 설득하였다(Raja Petra 2001a: 46-47). 현 말레이시아 국왕의 사촌이며 그 자신 왕족인 Raja Petra가 구속에서 풀려나기 위해 경찰에 제출했던 자술서는 심문 과정에서 종족성이 어떤 식으로 활용되고 있는지를 잘 보여주고 있다.

> 나는 항상 서양의 전통 속에서 성장하였다. 초등학교 시절에는 서양 아이들을 위한 학교인 Alice Smith School을 다녔다. 나는 학교에서 Peter란 이름으로 불려졌다. 나의 아버지는 말레이 왕족이지만, 나는 영국인으로 태어났괴어머니가 영국인, 영국인으로 키워졌다……나는 20대 중반 이전까지는 말레이어를 제대로 사용한 적이 없다. 1974년에 뜨렝가누주로 이주해서 그 곳의 지역사회에 동화되기 전까지는 말레이적인 삶을 경멸했었다. 나는 영국적 정체성을 포기한 적은 없다. 이제 언론의 자유를 허용하기에는 말레이시아에서의 종족간 균형이 너무나 미묘하다는 것을 깨닫게 되었다……자기 자신을 표현하는 것이 허용되어야 하겠지만, 언론 자유의 경계를 넘어서서 폭동을 유발하는 지점에 들어서는 것은 관용될 수 없다고 생각한다. 말레이시아는 그것을 허용하기에는 너무나 많은 인종 폭동의 역사를 갖고 있다(Raja Petra 2001b: 73).

Raja Petra는 말레이 왕족 출신이면서도 자신이 영국인으로 성장해왔기 때문에 말레인으로서의 정체성을 갖지 못했고, 따라서 정부에 대한 자신의 비판은 말레이시아의 종족 현실을 모르는 '외국인'의 무책임하고 순진한 태도에서 기인한 것이었음을 '고백'함으로써 면죄부를 구한 것이다. 이 자술서는 담당 경찰이 몇 차례 검열을 해서 그들이 받아들일 수 있는 수준으로 수정을 해서 쓰여진 것이었으며, Raja Petra는 출감 후에 곧 자신이 겪었던 강압적인 심문과 정에 대한 책을 출판하여 그 자술서의 내용이 자신의 진심이 아님을 밝혔다.

구속되었던 사람들이 후에 작성한 회고담에서 분명하게 드러나는 것은 심문관들이 "개혁운동을 종족화(ethnicizing Reformasi)"하려는 의도를 일관되게 표출하였다는 것이다. 이러한 의도는 주류 언론에서 개혁운동을 다루는 방식과도 일맥상통하고 있다. 말레이 구속자에게는 개혁운동이 외국(서양)의 사주를 받고 있으며, 그 속에 화인을 위한 의도가 숨겨져 있으며, 개혁운동의 지도자들은 공산주의자이거나 도덕적으로 문란한 사람들이라는 점을 강조함으로써, 개혁운동은 반말레이적이고 반이슬람적이라는 이미지를 심고자 하였다. 반면 화인 구속자에게는 개혁운동이 말레이 국수주의자와 극단적 무슬림에 의해 주도되고 있다는 점을 강조함으로써 반화인적인 운동으로 선전하였다. 개혁운동의 성격에 대한 심문관의 이러한 모순된 주장은 개혁운동을 종족화함으로써 그 내부에 분열을 가져오려는 의도에서 비롯된 것이다. 개혁운동에서 말레이가 주도적인 역할을 하였지만 그 이념과 실천의 양상에서 다종족적인 시민운동으로서의 씨앗을 내포하고 있는데, 정부는 그러한 가능성을 짓밟기 위해 종족적 정서에 호소하고 위협하는 전략을 채택하고 있는 것이다. 심문관의 언술 속에서 개혁운동은 극단적인 종족주의 운동이나 시민운동으로 위장된 종족주의 운동으로 규정되었다. 이 방법은 정부가 지금까지 반정부 운동을 탄압할 때 사용한 오래된 방식이며, 종족관계가 첨예한 대립의 양상을 보이는 말레이시아에서 대중적 효과가 큰 방식이기도 하다. 정부는 국가 정책의 목표로 국민통합과 종족간 화합의 필요성을 주장하면서, 상황에 따라서는 종족간 적대감을 권력의 유지에 활용함으로써 종족갈등을 부추기는 양면성을 보여왔는데, 개혁운동을 다루는 정부의 방식은 후자의 측면을 드러내고 있다고 할 수 있다.

6. 시민운동, 중산층과 종족성

　개혁운동은 다종족적 시민운동인가? 중산층은 개혁운동의 중심세력인가? 개혁운동은 현재 실종되었는가, 잠수하였는가, 아니면 변형된 형태로 확산되고 있는 것인가? 이러한 질문은 개혁운동의 성격과 이 운동이 말레이시아의 사회, 문화와 정치에 미치는 영향을 이해하는데 핵심적인 질문이며, 입장에 따라서 상당히 다른 견해가 존재하는 논쟁적인 지점이다. 앞에서 살펴본 거리 시위와 정치적 심문에 대한 분석에서 정부와 주류 언론이 개혁운동을 종족화시키려 한다는 점을 지적하였는데, 이에 반해 개혁운동에 동조하는 지식인들은 이 운동이 그 이념적 지향성과 실천 방식에 있어서 다종족적 성격을 띠고 있으며, 지금까지 말레이시아 정치를 지배하여 왔던 집단주의 정치(communal politics) 또는 종족 정치의 굴레로부터 벗어나는 새로운 시민 정치의 장을 연 것으로 평가한다(Loh Kok Wah 2001: 11; Maznah Mohamad 2001: 8; Khoo Boo Teik 2003: 164; Hwang In-Won 2003: 314). 개혁운동이 단지 안와르의 석방이란 문제를 넘어서서 자유, 정의, 민주라는 보편적인 이념 아래 말레이시아 사회의 총체적인 변혁을 요구한다는 것, 이슬람 정당과 화인 정당이 연대한 "대안적 전선"의 결성을 성사시켰다는 것은 말레이시아 역사에서 매우 중요한 계기를 마련한 것으로 평가한다. 한편, 개혁운동의 근본 취지에는 동조하지만 그것의 구체적인 전개 과정에 대해서는 비판적인 견해를 갖는 입장도 존재하는데, 개혁운동 내부에 이슬람적 담론과 비이슬람적 담론 사이의 균열이 해소되지 않은 채 공존하고 있으며(Farish Noor 1999), 개혁운동이 너무 성급하게 정당 정치 차원으로 진입하여 다시 종족 정치의 함정에 빠져 들어가게 됨으로써 시민운동이 갖는 건강한 활력을 크게 상실했다는 것이다(Marissa Deli 2003).

　필자는 개혁운동이 내세우는 다종족적 시민운동의 이념은 단순한 허구적 외피에 불과하며 그 실체는 극단적인 종족 이기주의에 있다는 정부나 주류 언론의 평가에는 동조하지 않지만, 실제 개혁운동이 실천되는 과정에서 다종족적 시민운동으로 정형화하기에는 미흡한 측면이 존재한다고 생각한다. 1999년의 총선 이후 대안적 전선 내부에서 빠스와 민주행동당이 이슬람 국가의 수립이라는 정책 목표와 관련해서 갈등을 겪고 결국 민주행동당이 대안적 전선으로부터 탈퇴하게 되는 정당 정치의 역학 문제는 차지하고라도, 시민운동의 차원에서도 말레이와 화인간의 단절이 엿보인다.

사소한 사례이기는 하지만 이는 필자가 2004년 2월에 참가하였던 두 개의 모임에서 받았던 인상이기도 하다. 하나는 말레이시아의 선거 풍토를 신랄하게 풍자한 연극 공연인 "선거일(Election Day)"을 관람 갔을 때의 경험이다. 희곡 대본은 말레이 작가가 쓰고, 연출과 배우는 인도인이 맡고, 무대장식은 화인이 담당하였으며, 연극 대사는 영어가 사용된 다종족적 무대였다. 하지만 관람객의 다수는 화인이었고, 인도인과 서양인도 꽤 눈에 띄는 데 반해, 말레이인은 극히 소수였다. 희곡 대본 상의 주인공은 말레이인, 화인, 인도인으로 이들을 통해 말레이시아 정치에 대한 각 종족집단의 상이한 태도가 희화적으로 그려져 있는 내용이었으며, 현재의 정치 상황과 직결된 것이었음에도 불구하고 관객 중에 말레이의 부재는 뚜렷하였다. 다른 하나는 "말레이시아 전국 작가 협회(PENA: Persatuan Penulis Nasional Malaysia)"에 소속된 청년작가국에서 주최한 세미나에 참가했던 경험이다. 이 세미나의 주제는 "음악의 세계화와 청년문화"였는데 연사로 인류학 교수와 언더그라운드 록 뮤지션들이 참가하여 말레이시아에서 대중음악의 현실과 미래에 대한 열띤 토론이 이루어졌다. 이들 연사들은 모두 말레이였으며, 청중으로 참석한 사람들은 작가, 음악, 방송에 종사하는 말레이였고, 언어도 말레이어로 진행되었으며, 화인 참석자는 한 명도 없었다. 이 세미나에서 표현의 자유, 검열과 같은 개혁운동의 중요한 이슈가 논의되었지만, 화인의 부재가 뚜렷하였다.

이러한 현상은 말레이시아에서 오랫동안 진행되어 온 말레이와 화인간의 사회적 거리가 시민운동의 과정에서도 쉽사리 극복되기 어렵다는 것을 보여주는 것으로 생각된다. 이들의 일상적 교제가 주로 자기 종족집단에 속한 사람들과 맺어져 왔기 때문에 그러한 경계를 넘는다는 것이 정서적으로도 쉽지 않은 일이다. 쿠알라룸푸르 교외의 부유한 거주지에 사는 말레이 상위 중산층(관리 직이나 전문직 종사자)의 생활방식에 대한 조사에 의하면, 지역 내에 있는 모 스크와 수라우(surau: 작은 기도소)를 중심으로 한 활동이 활발하며, 이웃 말레 이 가정의 애경사에 적극적으로 참여하고 부조하고 있었으며, 응답자의 3/4 정도가 이 곳을 말레이 "깜뽕(kampong: 농촌마을이라는 뜻)"처럼 여기고 있 었다(Abdul Rahman Embong 2002: 134-137). 이들의 절반 정도가 지난 2년 사이에 해외여행을 다녀온 경험이 있고, 2/3 정도가 영어 시사잡지를 자주 읽 는 편이며, TV 프로그램에서 인도 드라마나 중국 드라마도 종종 시청하는 등 문화적 취향에 있어서 상당히 코스모폴리탄적인 데에도 불구하고(Abdul Rahman Embong 2002: 118, 122, 144), 이들의 일상적인 사회적 교류는 말레 이를 중심으로 이루어지고 있으며, 화인과 비교적 친밀한 교류를 갖는 사람은 1/3에 못 미쳤다.7) 이들 응답자가 관리직이나 전문직을 가진 사람들로서 직업 상 화인과의 접촉이 상당히 잦으며, 또한 대학 이상의 고학력 소지자로 영어 구사 능력도 높고, 또한 이들의 거주지가 말레이와 화인이 섞여 사는 부유한 지역임을 고려할 때, 다른 하위 중산층이나 노동자층 또는 농민층에 비해서 종족간 교류의 기회를 보다 많이 가질 수 있을 것으로 예상할 수 있지만, 이 조사 결과는 이들 상위 말레이 계층에서도 말레이와 화인간의 사회적 거리가 뚜렷이 존재하고 있음을 보여준다.8) 위에서 예를 든 연극 공연과 세미나는 중산층이나 지식인이 주로 참여하는 공간이며, 그 내용이 개혁운동의 이념과 부합하는 것임에도 불구하고 그 참여자에 있어서 종족간 분화가 뚜렷이 나타

---

7) 친밀함의 정도를 규정하기는 어려운 문제이지만, 여기서는 조사항목에서 화인 친구를 10명 이
   상 갖는다고 대답했거나, 지난 1년 간 화인 친구 집에 2회 이상 방문한 사람은 화인과 비교적
   친밀한 관계에 있는 것으로 파악했다. 응답자 중에 화인 친구가 전혀 없다고 대답한 사람이
   22.2%, 지난 1년 간 한번도 화인 집에 방문한 적이 없다고 대답한 사람이 28.7%를 차지하였다
   (Abdul Rahman Embong 2002: 145).
8) 이 조사결과를 말레이와 화인간의 교류가 전혀 없는 것이 아님을 보여주는 것으로 해석할 수도
   있을 것이다. 하지만, 말레이와 화인간에 뚜렷한 사회적 거리가 있음은 분명하게 나타나고 있
   다.

났다는 것은 이들의 일상적 삶의 모습을 반영한 것으로 볼 수 있다. 다종족적인 교류나 협력이 가장 활발하게 이루어지는 것은 개혁운동을 주도하는 최고 지도부 차원에서이며, 일반 지지자 층에서는 그들의 활동이 여전히 자신이 속한 종족집단에 국한되는 경향이 상당히 강하다고 말할 수 있을 것이다. 개혁운동이 이념과 실천의 모든 측면에서 진정한 다종족적 시민운동으로 발전하기 위해서는 일상적 경험에 뿌리박은 종족간 단절의 골을 극복해야 하는 어려운 과제가 현실적으로 남아 있다.

개혁운동의 전개 과정에서 말레이 중산층은 과연 주도적인 역할을 하였을까? 이에 대한 명확한 평가를 하기는 무척 어려운 일이지만, 말레이 중산층이 개혁운동에 적극적으로 동참했다고 추정할 수 있는 몇 가지 징조를 들 수 있다. 개혁운동이 촉발하는데 안와르의 구속이 결정적인 계기가 되었다는 것은 모든 연구자가 동의하는 부분인데, 안와르의 중요한 지지 기반이 이슬람 의식이 강한 말레이 중산층이었다는 점을 고려하면 개혁운동과 말레이 중산층간의 연관성에 대한 단초를 찾을 수 있다. 앞에서 언급한 쿠알라룸푸르 교외에 거주하는 말레이 상위 중산층에 대한 조사에서 1995년도의 총선 때 응답자의 86.7%가 암노에 투표했고 12.2%가 야당에 투표했다고 대답했던 것에 반해(Abdul Rahman Embong 2002: 155), 1999년에 같은 지역에서 재조사를 하였을 때는 응답자의 12.4%만이 암노에 투표할 것이라고 응답하고 16.9%는 야당에, 67.3%는 어느 당에 투표할 것인지 말할 수 없다고 응답하였다(Abdul Rahman Embong 2001: 97). 이 결과는 안와르 구속을 전후로 해서 암노를 지지해 왔던 도시 말레이 중산층의 정치적 태도에 급격한 변화가 있음을 보여준다. 말레이 중산층이 화인계 야당인 민주행동당에 투표할 확률은 매우 낮다고 할 때 이들의 상당수가 빠스나 국민정의당의 지지로 바뀔 가능성을 예상할 수 있다.

안와르의 부인인 완 아지즈가 당수가 된 국민정의당은 공식적으로는 다종족정당을 표방하였지만 안와르를 지지하는 도시 말레이 중산층을 자신들의 중요한 정치적 기반으로 인식하고 있었다(Maznah Mohamad 2001: 7). 한편,

이슬람에 대한 강한 열정을 갖는 말레이 중산층에서는 안와르가 암노에서 제거되자 빠스에서 이슬람적 대안을 찾는 경향이 나타났다. 말레이 도시 중산층은 빠스를 울라마가 지배하는 보수적인 이슬람 정당, 농촌 스타일의 정당이라는 부정적인 이미지를 갖고 있었는데,9) 1998년 이후 도시 거주의 말레이 중산층과 지식인이 대거 빠스에 가입하는 현상이 나타났으며, 빠스의 당 기관지인 하라까의 판매가 도시 말레이를 중심으로 급증하였다. 이 시기에 빠스는 안와르의 구속 과정에 있어서 부당한 권력 행사, 정부와 기업의 정실주의와 부패를 이슬람적 정의의 관점에서 적극적으로 비판하고 개혁운동에 대한 지지를 표명함으로써 말레이 중산층과 안와르 지지자를 끌어안으려는 시도를 하였다(오명석 2001: 75). 개인 컴퓨터의 보유와 인터넷 사용에 있어서 중산층이 하위 계층에 비해 상대적으로 많이 앞서 있다는 점을 고려할 때, 개혁운동의 확산과 유지에서 인터넷이 중요한 역할을 했다는 점 역시 개혁운동과 중산층간의 긴밀한 연관관계를 암시하는 대목이다. 인터넷 사이트 상의 정치적 토론장에 말레이가 적극적으로 참여하고 인터넷 뉴스미디어 독자가 급증한 것은 안와르 구속 이후 나타난 새로운 현상이었다.10) 하지만, 개혁운동의 주체를 말레이 중산층과 동일시하는 것은 현실을 지나치게 단순하게 바라보는 것일 수 있다. 시위 현장에 대한 목격자의 기록에서 노동자나 실업자의 참여가 기술되어 있긴 하지만, 실제 이들이 개혁운동의 진행 과정에서 어떤 역할을 했는지에 대해서는 별로 알려져 있지 못하다. 그 이유는 이들이 운동조직의 운영에서 주도적인 위치를 갖지 못하고 있기 때문인데, 그것만으로 이들이 개혁운동에 대해서 무관심하거나 이방인으로 머물러 있었다고 보기는 어려울 것이다. 화인 중산층

---

9) 국영 텔레비전의 이슬람 관련 대담 프로그램의 사회자로 상당한 대중적 인기를 얻고 있던 하산(Hasan Ali)이 빠스에 가입하면서 빠스의 당 기관지인 하라까와 가진 인터뷰에서 언급한 내용으로, 그는 기술관료, 전문직 종사자, 서구식 교육을 받은 지식인을 끌어들이기 위해서는 빠스의 개혁이 필요하다고 제안하였다(Harakah 1999년 1월 11일자, 20-21쪽).

10) 인터넷 사이버 공간은 직접적인 대면을 피할 수 있기 때문에 말레이, 화인, 인도인들이 자신들의 의견을 자유롭게 교환할 수 있는 새로운 장으로 활용되고 있다. 하지만, 인터넷의 웹 사이트도 말레이어와 영어를 사용하는 웹 사이트로 구분되어 있으며, 전자에는 주로 말레이들이 참여하고, 후자에 참여하는 사람은 다종족적인 구성을 보이고 있다.

은 개혁운동을 안와르 구속과 관련된 것이며 따라서 말레이 내부의 문제로 인식함으로써 거리를 두는 경향이 있음을 부정하기는 힘들다. 하지만, 일부 진보적인 화인 중산층과 지식인이 개혁운동과 맺는 관계에 주목할 필요가 있다. 말레이시아 사회에서 인권, 환경, 노동, 소비 문제, 여성 문제 등과 관련해서 다양한 NGO가 활동해 왔는데, 그 주체가 주로 화인 중산층과 지식인에 국한되는 경향을 보여왔다. 그런데, 개혁운동에 참여한 말레이 중산층과 지식인이 NGO가 제기해 왔던 사회적 이슈에도 깊은 관심을 표명함으로써 이들간에 이념적인 연대가 형성되는 계기가 마련된 것이다(Loh Kok Wah 2001: 13).

마지막으로, 말레이 중산층이 동일한 가치를 추구하는 동질적인 집단이 아니라는 점을 지적할 필요가 있다. 이들의 정치적 견해와 태도는 상당히 모순적인 지향성을 담고 있는데, 한편으로는 민주화와 정치적 참여의 확대를 바라면서, 다른 한편으로는 경제 발전과 사회 안전을 위해 강력한 권위주의적 정부가 필요하다는 인식을 갖고 있다(Abdul Rahman Embong 2002: 161). 즉, 민주화와 개혁에 적극적으로 동조하는 집단과 현상유지를 원하는 집단이 말레이 중산층 내부에 공존하고 있다. 안와르의 구속이 말레이 중산층에게 개혁이 필요하다는 인식을 전반적으로는 확산시켰지만, 자신의 정치적 성향에 따라 개혁운동에 대한 태도나 참여도에 있어서는 상당한 차이를 나타낼 수 있는 것이다.

앞에서 언급하였던 "선거일"이라는 연극 공연은 정부의 대본 검열에 걸려서 무려 200 군데의 수정 또는 삭제 요구를 받고 공연 이틀 전에야 겨우 공연 허가가 떨어진 무대였다. 공연이 끝난 후 공연 주최측과 관객간에 정부의 검열에 대해 어떤 식으로 대처할 것인가 하는 문제를 놓고 토론 시간을 가졌는데, 여기서 표현의 자유, 개혁에 대한 중산층의 태도와 실천이 중요한 이슈로 제기되었다. 토론에 참가한 몇 명의 관객은 (말레이와 화인을 포함해서) 중산층은 현재의 삶에 만족하고 있기 때문에 자신에게 피해가 될 일에 적극적으로 나서지 않는 가장 보수적인 집단이라고 지적하였다. 즉, 중산층이 당연히 개혁에 적극적일 것이라는 판단은 현실과 부합하지 않는다는 것이다. 하지만, 정부를 비판하는 이 연극에 비싼 입장료를 내고 구경을 온 관객의 대부분은 중산층으로 보였으며, 토론도 상당히 유창한 영어로 진행되어 고학력의 지식인임을 쉽게 알 수 있었다. 토론의 결론은 위험 부담이 큰 시위보다는 신문과 인터넷에의 투고, 탄원서의 제출을 통해서 이번의 검열 사태에 항의하는 여론을 불러일으켜야 한다는 중산층다운 해결책으로 낙착되었다. 개혁운동과 관련해서 중산층을 믿을 수 없으나, 또한 그들에게 기대할 수밖에 없다는 모순적 상황이 벌어지고 있다고 할 수 있을까?

2004년의 총선에서 빠스와 국민정의당이 몰락하고 국민전선이 압도적 다수를 차지하는 승리를 거둠으로써 1998년에 시작된 개혁운동은 적어도 정치적으로는 소실된 것처럼 보인다. 이러한 조짐은 총선 전에 만난 몇 명의 말레이와의 대화 속에서도 감지되었다. 이들은 개혁운동의 취지에 적극 동조하였던 인물들이지만, 국민정의당이 사회의 전반적인 개혁을 위한 적극적인 투쟁에 나서지 못하고 계속 안와르의 석방 문제에만 집착하고 있는 것에 대해 매우 비판적이었다. 개혁운동에서 제기했던 중요한 요구 사항의 하나였던 마하티르 수상의 퇴진은 이미 이루어진 상태였고, 안와르의 석방 문제도 과거와 같은 관심을 끌지 못한다는 인상을 받았다. 하지만, 정치운동으로서의 개혁운동이 크게 약화되었다는 것으로부터 개혁운동이 소실되었다는 결론을 이끌어내는 것은 성급한 판단일 것이다. 정부가 개혁운동을 폭력적으로 탄압하면서도 동시에 말레이의 지지를 이끌어내기 위해서는 암노와 정부가 변하여야 한다는 인식이 압력으로 작용하고 있다. 필자가 면접한 말레이시아 국립대학의 완 자와위(Wan Zawawi) 교수는 거리 시위가 더 이상 개혁운동의 효과적인 방식이 되지 못할 것이라는 회의적인 전망을 가지면서, 개혁운동은 작은 규모의 세미나, 파티, 전시회, 공연 등을 통해 매우 다양한 방식으로 전개되고 있으며, 여기에 젊은이, 대학생, 전문직 종사자들이 적극적으로 참여하고 있음을 지적하였다. 즉, 개혁운동이 시위나 정당정치와 같이 가시적으로 잘 드러나는 영역에서는 쇠퇴하는 것으로 보이지만, 실제는 시민사회 내부로 넓게 뿌리내리고 있다는 것이다. 이 부분은 앞으로 보다 구체적인 조사가 필요한데, 이러한 그의 진단이 정확하다면 개혁운동은 말레이시아 사회의 총체적 변화와 민주화를 촉발하는 시민운동으로서의 생명력을 유지하고 있는 것이다.

참고문헌

오명석. 1998. "'닥꽈'에서 신말레이로."『한국인류학의 성과와 전망』. 서울: 집문당.

______. 2001. "이슬람 경제의 시각에서 본 말레이시아 경제위기의 원인과 대안적 해결방안."『국제 · 지역연구』 10(4): 57-79.

Abdul Rahman Embong. 2001. "Beyond the Crisis: The Paradox of the Malaysian Middle Class." Abdul Rahman Embong, ed. *Southeast Asian Middle Class: Prospects for Social Change and Democratization*. Bangi: UKM Press.

______. 2002. *State-led Modernization and the New Middle Class in Malaysia*. New York: Palgrave.

Anil Netto. 2001. "Reformasi on the Internet." *Arena* 58: 14-18.

Chin, James. 2003. "Malaysiakini.com and its Impact on Journalism and Politics in Malaysia." K.C. Ho, Randolph Kluvier, and Kenneth C.C. Yang, eds. *Asia.com: Asia Encounter the Internet*. London: Routledge Curzon.

Crouch, Harold. 1992. "Authoritarian Trends, the UMNO Split and the Limits to State Power." J. S. Kahn & Francis Loh Kok Wah, eds. *Fragmented Vision: Culture and Politics in Contemporary Malaysia*. Sydney: Allen & Unwin.

________. 1996 *Government and Society in Malaysia*. Petaling Jaya: Penerbit Fajar Bakti.

Far East Economic Review 1998년 10월 10일자.

Farish Noor. 1999. "Looking for Reformasi: The Discursive Dynamics of the *Reformasi* Movement and its Prospects as a Political Project." *Indonesia and the Malay World* 27(77): 5-18.

________. 2002. *The Other Malaysia: Writings on Malaysia's Subaltern History*. Kuala Lumpur: Silverfishbooks.

Funston, John. 2000. "Malaysia's Tenth Elections: Status Quo, Reformasi or Islamization." *Contemporary Southeast Asia* 22(1): 23-59.

Harakah 1998년 11월 23일자, 1999년 1월 11일자.

Hwang In-Won. 2003. *Personalized Politics: The Malaysian State Under Mahathir*. Singapore: ISEAS.

Information Malaysia. 2002. *Yearbook*. Kuala Lumpur: Berita Publishing.

Khoo Boo Teik. 1995. *Paradoxes of Mahathirism*. Kuala Lumpur: Oxford University Press.

________. 2003. *Beyond Mahathir: Malaysian Politics and its Discontents*. London: Zed Books.

Loh Kok Wah, Francis. 2001. "Reformasi, Barisan Alternatif, and the NGOs." *Arena* 58: 9-13.

Mahathir Mohamad. 1970. *The Malay Dilemma*. Kuala Lumpur: Times Books International.

Marissa Deli. 2003. "Reformasi 'thinkers' should examine themselves." Malaysiakini.com. 2003년 4월 30일.

Maznah Mohamad. 2001. "Reformasi and Changing Malay Politics." *Arena* 58: 4-8.

Raja Petra. 2001a. *All In the Game*. Kuala Lumpur: Seloka Gelora Sdn Bhd.

________. 2001b. *From Prince Prisoner*. 출판사 표시 없음.

Sabri Zain. 2000. *Face Off: A Malaysian Reformasi Diary(1998-1999)*. Singapore: BigO Books.

Tong Yee Siong. 2004. "Malaysiakini: Treading a Tightrope of Political Pressure and Market Factors." Steven Gan, James Gomez and Uwe Johannen, eds. *Asian Cyberactivism: Freedom of Expression and Media Censorship*. Hongkong: Friedrich Naumann Foundation.

Ziauddin Sardar. 2000. *The Consumption of Kuala Lumpur*. London: Reaktion Books.

1997년 경제위기 전후 태국의 시민사회운동의 변화

1997년 경제위기 전후 태국의 시민사회운동의 변화

▌조흥국

1. 서론

태국의 시민사회운동 단체들의 종류가 다양해지고 활동 분야도 다변화되어가고 있다. 이것은 태국에서의 정치경제적 및 사회문화적 문제가 그만큼 다양해졌다는 것을 의미하는 것으로 볼 수 있다. 시민사회운동의 활성화는 민주주의 발전을 위한 필수적인 과정이자 조건의 하나이다. 그것은 자발적이고 능동적인 시민사회 단체들이 국가를 보다 효율적으로 감시하고 견제함으로써, 국가가 보다 투명하게 운영되고 사회에 대해 보다 많은 책임감을 가질 수 있기 때문이다(김홍구·윤진표 2002: 92-93).

태국에서 시민사회운동은 지난 30여년간 민주화 문제와 경제적 불평등의 문제뿐만 아니라, 노동, 농촌 문제, 환경, 여성 등의 사회적 이슈로도 확대되어 다양하게 전개되어왔다. 시민사회운동은 민주화 이슈의 경우 태국의 의회민주주의가 1992년 문민정부의 수립 후에도 계속되는 부패와 금권정치 등에서 보이는 것처럼 여전히 제대로 정착되고 있지 못하다는 판단에서 나온 것으로, 특히 중산층을 중심으로 헌법 개정에 대한 요구와 부패 청산의 캠페인으로 나타났다.

이 글은 1997년 경제위기를 전후하여 태국에서 전개된 시민사회의 활동과 그 역할의 변화에 대한 연구이다. 시민사회운동의 현대사적 연구의 성격을 갖는 이 글은 태국에서 시민사회운동이 어떻게 시작되고 어떻게 발전하였는지를 1960년대 말 이후 오늘날까지 고찰할 것이다.

연구는 1997년 경제위기를 서술의 분기점으로 삼는데, 그것은 특히 경제위기가 국가의 약화와 시민사회의 강화를 가져온 결정적인 촉매제가 되었기 때문이다(*Asia Times Online* 2000년 7월 7일). 그것은 경제위기 이후 무엇보다도 시민사회 단체들의 네트워크와 비정부기구(non-governmental organization)들과 학계 및 사회운동가들의 활동이 그 이전에 비해 더욱 활발해지며, 이들의 시민사회운동이 1997년 신헌법 제정과 같은 획기적인 정치적 및 경제적 민주화의 성과를 거두었다는 점에서 입증되었다.

1997년 경제위기 전의 시민사회운동은, 이에 대한 선행연구가 이미 국내외에 적지 않게 되어 있음에도 불구하고, 이 글에서 비교적 상세하게 다루어진다. 그것은 무엇보다도 선행연구들에서의 부족한 부분들을 보완하여 태국 시민사회운동에 대해 어느 정도 체계적인 전체상을 제공하는 것이 하나의 의미 있는 작업이라고 판단되었기 때문이다. 또 다른 이유를 군이 들자면, 1997년 전의 시민사회운동에 대한 충분한 이해가 있어야 그 이후의 상황에 대한 이해가 더욱 용이할 것이라는 점이다. 어쨌든 1960년대 말부터 오늘날까지의 시민사회운동에 대한 전체적인 연구는 태국 시민사회운동의 변화와 연속성에 대한 이해를 위해서도 중요할 것이다.

시민사회운동의 발전과 변화가 태국의 정치적 및 경제적 상황과 어떻게 연결되어 있으며, 정부와의 관계에서 어떻게 일어났는지를 밝히고자 하는 이 연구는 태국에서 지난 30여년간 국가와 사회의 관계가 어떻게 변화되어 왔는지를 밝히는 데 기여할 것이다.

2. 태국 시민사회의 개념

겔르너는 시민사회(civil society)를 "비정부적인 다양한 조직들의 집합체(set of diverse non-governmental institutions)로서 국가에 대해 균형을 이룰 만큼 강하며, 또한 평화를 유지하고 주요 세력들간의 이해관계를 중재하는 국가의 역할을 방해하지는 않지만 그럼에도 불구하고 국가가 사회를 지배하고 파편화하지 못하도록 막을 수 있는" 것으로 규정한다(Gellner 1996: 5). 태국의 시민사회란 '국가'와는 다른 '조직들(institutions)'을 뜻하는 개념이라고 보는 우크릿의 설명도 겔르너의 이같은 고전적인 시민사회 개념에 대한 규정에서 크게 벗어나지 않는다(Ukrist 2001: 32).

시민사회는 태국의 학계에 비교적 최근에 도입된 개념이다. 이 개념에 대한 타이어 번역은 예컨대 파이분 왓타나시리탐(Phaiboon Wattanasiritham)의 '상콤 쁘라차탐(sangkhom prachatham)'[1], 사네 차마릭(Saneh Chamarik)의 '상콤 랏사돈(sangkhom ras sadorn)'[2], 차이아난 사뭇타와닛(Chai-anan Samudavanija)의 '위티 쁘라차(withi pracha)'[3], 아넥 라오타마탓(Anek Laothamatas)의 '아라야 상콤(araya sangkhom)'[4], 티라윳 분미(Teerayut Boonmee)의 '상콤 켐캥(sangkhom khemkhaeng)'[5], 수라퐁 차이야남(Suraphong Chaiyanam)의 '쁘라차 상콤(pracha sangkhom)'[6] 등 여러 학자들에 의해 시도되었다. 이 중 최초의 시도는 '쁘라차 상콤'으로, 이것은 1981년에 안토니오 그람시(Antonio Gramci)의 시민사회론을 소개하면서 번역된 것이었다. 이 '쁘라차 상콤'이 오늘날 '시민사회'에 대한 타이 상응어로서 가장 널리 사용되고 있다.

태국에서 시민사회에 대한 논의는 대개 국가(state)와 사기업(private business)과의 관계에서 행해진다. 국가와 사기업은 과거 권위주의 정권 시대

---

1) '상콤 쁘라차탐'의 '쁘라차탐'은 '민중'이란 뜻의 '쁘라차'와 '불법(佛法)', '법', '정의' 등을 뜻하는 '탐'의 합성어로, 파이분의 조어(造語)인 것으로 보인다. '상콤(sangkhom)'은 '사회'를 뜻한다. '상콤 쁘라차탐'은 대충 '민중 정의의 사회'로 풀이될 수 있다.
2) '상콤 랏사돈'의 '랏사돈'은 '백성', '국민' 등을 뜻한다. '상콤 랏사돈'은 '백성의 사회'로 풀이될 수 있다.
3) '위티 쁘라차'의 '위티'는 '방식', '길' 등을 뜻한다. '위티 쁘라차'는 '민중의 방식'으로 풀이될 수 있다.
4) '아라야 상콤'의 '아라야'는 '문명'을 뜻한다. '아라야 상콤'은 '문명 사회'로 풀이될 수 있다.
5) '상콤 켐캥'의 '켐캥'은 '강한', '견고한' 등을 뜻한다. '상콤 켐캥'은 '강한 사회'로 풀이될 수 있다.
6) '상콤 쁘라차'의 '쁘라차'는 '민중', '시민' 등을 뜻한다. '상콤 쁘라차'는 '시민 사회'로 풀이될 수 있다.

부터 종종 상호 협력관계에 있어온 것으로 간주되며, 그러한 점에서 1997년 경제위기의 한 중요한 원인으로 지적되는 정경유착 문제의 장본인들이었다. 타이 사회에서 지배적인 힘을 가진 이 두 부문들에 비해 시민사회는 약한 위치에 있어 왔으며, 그에 따라 시민사회를 "세 번째 부문" 혹은 "세 번째 힘" 등으로 부르기도 한다(Jung Ku-Hyun et al. 2003: 53-54).

태국에서는 시민사회와 국가 및 사기업간의 불균형적인 관계에 있어서, 1992년 민주화 시위에서의 시민사회운동의 경우처럼, 특히 국가에 대한 적대적 힘으로서의 시민사회를 이해하려는 노력이 종종 있어 왔다. 그것은 시민사회란 국가의 힘이 끝나는 곳에서 시작되는 것이고 국가가 차지하지 않는 사회적 관계의 영역을 구성하는 것으로 보는 시민사회에 대한 일반적인 인식에 바탕을 둔 것이다(Fox 1995: 7). 그 인식에서는 대개 시민사회와 국가간 관계가 이분법적인 대립 구조로 파악된다. 이 경우 사회에 대한 국가의 관계는 억압적인 것으로 규정된다. 이 인식과 긴밀하게 연결되어 흔히 민주주의가 거론되며, 여기서 특히 민주화에서의 시민사회의 역할과 민주화 과정을 통한 국가의 약화 그리고 시민사회의 강화가 강조된다.

그러나 사회가 점차 다변화되어 국가가 상대해야 하는 사회의 영역이 광범위해지고 복잡해지며, 특히 경제적 발전과 더불어 국가에 대해 비판적이며 참여적인 중산층의 역할이 증대됨에 따라, 시민사회와 국가간 관계에 대한 새로운 해석이 대두하였다. 이에 따르면, 시민사회와 국가는 민주적인 국가운영을 위한 평등한 관계의 파트너로서 민주주의라는 공통의 목표를 추구하는 협력적 관계에 있는 것으로 이해된다(Moller 1999: 1-2).

이러한 관찰은 그러나 정치적으로 보다 민주화된 나라에서나 가능한 것이다. 최근까지 권위주의적 정권이 지배하던 태국을 포함한 동남아의 여러 나라들의 상황에서는 보다 적합한 다른 설명이 필요할 것이다. 개리 로단에 따르면, 동남아의 권위주의 정권들은 과거에 강력한 정치적 통제를 경제성장을 위한 필요 수단으로 간주하였다. 그러나 경제적 변화와 함께 사회적 다변화가 진행되자, 국가와 사회간 관계가 필연적으로 변화할 수밖에 없었다. 그럼에도 불구하고 국가에 대한 변화의 압박이 반드시 자유민주주의 혹은 자유로운 시민사회의 형성을 가져오지는 않았다. 권위주의 정권들은 오히려 시민사회에 약간의 활동 공간을 제공함으로써 시민사회와 모종의 타협적 관계를 발전시켰으며, 이를 통해 자신들의 통치를 유지해 나갔다(Rodan 1997: 157). 동남아의 권위주의 정권과 시민사회간 협력적 관계에 대한 로단의 이와 같은 관찰은 태국의 경우 큰 경제적 발전과 중산층의 성장과 정치적 다원화가 일어나기 시작한 1980년대 이후부터 1992년 문민정부가 출범하기 전까지의 국가와 시민사회간 관계에도 적용될 수 있을 것이다.

이 글에서 서술되어 있는 것처럼, 1980년대 이후 태국에서는 정부와 비정부기구들간의 다양한 협력적 관계가 시도되었다. 1992년 문민정부 출범 이후에는 국가와 사기업과 시민사회의 삼자간 대화와 협력이 더욱 구체적이고 더욱 실천적인 형태로 나타났다. 시민사회와 국가간의 더욱 이상적인 협력적 관계는 1997년 경제위기로 국가의 힘이 더욱 약해지고 사회의 힘이 더욱 강해진 이후 전개되었으며, 그것은 무엇보다도 1997년 신헌법 제정에서 보여준 시민사회의 역할을 통해 여실히 입증되었다.

이 글에서 태국의 시민사회 개념은 특히 국가와 시민사회간 관계에 있어서 이처럼 변화하는 시대적 상황에 따라 처음에는 국가에 대해 적대적인 "세 번째 힘"이었지만 점차 국가와의 협력적 관계에 있는 것으로 이해될 것이다. 이러한 이해는 국가와 사기업과 시민사회간의 상호 협력을 중시하는 태국 시민사회에 대한 최근의 논의와도 일치한다.

3. 1980년대까지의 시민사회운동

태국에서 시민사회운동의 역사는 비정부기구의 활동과 긴밀히 연관되어 있다. 빠숙과 베이커의 연구에 따르면, 태국에서 최초로 등장한 비정부기구는

1969년에 뿌아이 응파꼰(Puey Ungphakorn)이 창설한 태국농촌재건재단
(Thailand Rural Reconstruction Foundation)으로, 이것은 당시 도시에 집중된
태국 정부의 개발정책에 대한 비판에서 나온 것이었다. 태국농촌재건재단은
그 후 태국의 여러 비정부기구 및 시민단체 활동의 모델이 된다(Pasuk and
Baker 1995: 384-385).

　권위주의적인 군부 정권 시대에 태국 중앙은행의 총재이었고 태국의 첫 예
산처장을 역임한 바 있는 뿌아이는 그의 시대적 상황에서는 매우 특이한 인물이
었다. 한 때 탐마삿대학교(Thammasat University)의 총장을 지내기도 하였던
그는 학생들에게 "경제성장의 열매는 도시의 슬럼 지역과 농촌 지역 주민들에
의해 보다 평등하게 공유되어야 한다"는 것을 강조하였다. 그는 또한 정책 입안
자들과 경제학자들에게 경제개발의 과정에 있어서 불교의 가르침을 중시할 것
을 당부하기도 하였다(Girling 1996: 62-63).

　태국의 시민사회운동은 민주화를 둘러싼 정치적 격변기인 1970년대에 큰
부침을 겪는다. 1973년 10월 혁명으로 사회에 대한 군부 정권의 통제가 무너지
자, 타이 사회에서는 그 이전에는 볼 수 없었던 시민들의 활발한 활동이 특히
태국공산당(Communist Party of Thailand)과 학생운동을 중심으로 나타났다
(김홍구·윤진표 2002: 103). 그러나 1976년 10월 반동주의적 쿠데타로 군부
독재체제가 다시 수립되자, 이들 활동들은 수년간 침체에 빠진다. 사회운동가
들은 좌파 혹은 공산주의자로 낙인이 찍혀 체포되거나 "정글"[7]로 피신하였다.

　시민사회운동이 본격적인 양상으로 발전한 것은 1980년대부터이다. 프룻티

---

7) 타이어로 "카오 빠(khao pa)" 즉 "정글에 들어가다"라는 표현은 태국의 좌파 성향의 급진적
　인 사회행동가들이 1975년 중엽 이후 우익보수 단체들에 의해 산발적으로 자행된 테러와 특히
　1976년 10월 6일 반동쿠데타로 정권을 장악한 군부의 탄압을 피해 태국의 남부와 동북부와 북
　부의 밀림 지역으로 들어간 것을 가리키는 개념으로 사용된다. 당시 태국의 우익보수 단체들은
　베트남전쟁의 종식 후 전투 경험과 더불어 귀국한 타이 군인들을 동원하여 살벌한 테러조직을
　운영하고 있었다. 한 연구에 따르면, 1975년부터 1977년까지 약 3,000명의 젊은이들이 대학교
　학생, 공무원, 노동조합 간부, 학교 교사 등의 신분을 포기하고 밀림으로 들어갔다. 이들은 대
　부분 처음에는 밀림에서 태국공산당의 공산주의자들과 접촉하여 이들에게서 자신들의 이상을
　실현할 전략적 기반을 찾기 위해 노력하였지만, 나중에는 상호 갈등과 분쟁을 경험하였다. 이
　에 대해서는 Wedel and Wedel(1987: 150-163) 참고.

산과 마니랏의 한 공동연구에 의하면, 1980년대 태국의 비정부기구 부문이 활성화된 데에는 다음의 다섯 가지 요인이 있었다(Prudhisan and Maneerat 1997: 199-200). 첫째 정치적 통제의 완화로, 이 점과 관련하여 쁘렘(Prem) 정부가 1980년 좌파 운동가들에 대해 특별사면을 베푼 소위 66/23 조치는 중요한 의미를 갖는다. 쁘렘 정부는 태국의 사회적 및 경제적 발전에 시민사회가 참여하기를 권유하고 있었는데, 위의 조치로 "정글"에서 사회로 복귀한 자들이 태국 정부의 요청에 호응하여 적극적인 사회운동을 전개하기 시작하였다. 그들 중 상당수는 농촌개발 사업에 뛰어들어 다양한 농촌개발 프로젝트들을 수행하기 위해 단체와 조직들을 결성하였다. 이들의 활동을 효시로 하여 본격적인 비정부기구의 시대가 열렸다(Jung Ku-Hyun et al. 2003: 55-56). 둘째 태국공산당의 분열과 세력 약화로, 이로써 처음에는 태국공산당에 동조하였던 사람들 중 많은 자들이 실망을 하였고, 이들은 태국의 사회적 변화를 위한 보다 평화로운 해법을 추구하게 되었다. 셋째 1980년대 전반 제2차 오일쇼크로 인한 경제적 위기는 농산물 가격의 하락과 농민들의 부채 증대를 가져왔다. 태국 정부는 이 문제를 해결하는 데 있어서 비정부기구의 역할이 중요하다는 점을 인정하게 되었다. 넷째 태국의 경기는 1980년대 전반까지만 하더라도 그다지 좋은 편이 아니었다. 이것은 대학을 졸업하고도 직장을 구하지 못한 많은 고급인력들로 하여금 자신들의 정치적 및 사회적 이상의 실현을 비정부기구들에서 모색하도록 만들었다. 다섯째 외국의 재정적 지원과 비정부기구 관련 외국의 경험과 아이디어가 태국에 풍부히 유입된 점이다.[8]

---

8) 이상 언급한 요인들은 프룻타산과 마니랏이 비정부개발기구(non-governmental development organization)의 활성화와 관련하여 제시한 것이다. 이들의 설명에 따르면, 비정부개발기구는 사회경제적으로 불리한 위치에 있거나 힘없는 자들을 돕는 거을 목표로 한다는 점에서는 비정부기구와 다를 바가 없지만, 양자간의 중요한 차이는 비정부기구가 그 활동을 위해서 밑으로의 방식으로 이루어지는 자선적인 사업제 집중하는 반면, 비정부개발기구는 곤궁한 처지에 있는 자들로 하여금 문제를 자력으로 해결할 능력을 갖도록 도와주기 위해 노력한다는 점이다 (Prudhisan and Manaeerat 1997: 197-198). 나는 여기서 언급한 다섯 가지 요인들이 모두 일반적 성격을 갖는 것으로, 1980년대 태국에서 비정부개발기구뿐만 아니라 비정부기구에도 포괄적으로 적용될 수 있다고 본다.

〈사진 1〉 NGO: 비정부기구(NGO)들로 대표되는 태국의 시민사회는 강해지는 반면,
정부로 대표되는 국가는 갈수록 약해지는 것을 풍자한 그림

　　프룻티산과 마니랏의 연구에서도 언급되어 있는 것처럼, 1980년대 시민사
회운동의 발전을 태국의 국내정치적 환경에서만 볼 때, 쁘렘의 역할은 매우
중요하다. 1980년부터 1988년까지 태국의 총리였던 그는 태국 국왕의 깊은
신뢰를 누렸는데, 이것은 그가 국왕을 타이 사회의 한 구심점으로 간주해오던
태국 국민의 폭넓은 계층으로부터도 신뢰를 획득하고 있었다는 것을 암시한
다. 군부 세력과 문민 세력 양쪽으로부터의 지지를 받았던 그는 특히 정당정치
를 활성화함으로써 1990년대 이후 태국에서의 자유민주주의 발전의 토대를
닦아놓은 것으로 평가된다(Girling 1996: 20; 윤진표 2001: 100-105).

　　이상의 여러 요인들의 결과, 1980년대의 10년간 300개 가까운 비정부기구들
이 새로이 설립되었다. 예컨대 1981년에 대중민주주의운동(Campaign for
Popular Democracy)이 결성되었는데, 그 주요 목표는 교육을 통해 국민들에
게 헌법을 이해시키는 것이었으며, 구체적인 활동은 정부가 헌법을 무시하고
정치적 이해관계를 추구하는 것을 감시하고 반대하는 것으로 나타났다(김홍구
·윤진표 2002: 95). 대중민주주의운동과 같은 비정부기구도 있지만, 1980년

대 비정부기구들을 종합적으로 관찰하면, 이들의 활동은 대개 농촌 이슈에 집중되어 있었으며, 따라서 이 시기 농촌개발과 관련된 많은 비정부기구들이 생겨났다. 그리고 비정부기구들의 활동의 이러한 경향은 1980년대 초부터 나름대로 농촌 개발을 위한 고민을 하고 있던 정부의 전략과도 맞아떨어졌다.

1981년에 태국 정부 산하의 국가경제사회발전청(National Economic and Social Development Board)은 농촌 개발을 위한 전략의 일환으로 비정부기구들과 정부기구(government organization)들간 협의와 협력의 필요성을 강조하였다. 그리하여 1984년에 농촌 개발을 위한 정부기구-비정부기구 합동대책위원회(Joint Task Force)가 결성되었다. 그러나 정부기구-비정부기구간 실제적인 협력관계는 무엇보다도 비정부기구들의 정부에 대한 오랜 불신 때문에 진척을 보지 못하였다.

그에 비해 비정부기구들 상호간의 협력은 활발히 이루어졌다. 적어도 1978년부터 비정부기구들간 상호 협력을 위한 네트워크가 나타나기 시작하였으며, 1985년이 되면 그러한 네트워크가 여러 개 결성되어 있었다. 여기에는 타이개발지원위원회(Thai Development Support Committee)가 포함되는데, 이 위원회는 정보센터로서의 기능뿐만 아니라, 특히 작은 비정부기구들의 활동을 홍보해주고 이들을 통합·조정하는 역할을 담당하였다. 보다 중요한 것으로, 비정부기구들의 전국적인 네트워크로서 농촌개발비정부기구조정위원회(NGO-Coordinating Committee on Rural Development)가 설립되었다. 이 위원회는 비록 명칭은 농촌 개발에 그 활동이 집중된 것처럼 보이지만, 다른 비정부기구들과 마찬가지로 사회경제적으로 불리한 자들의 상황과 인권 문제의 개선을 위한 분야에서도 활동을 펼치었다(Prudhisan and Maneerat 1997: 201).

4. 1997년 경제위기 전까지의 시민사회운동

    태국의 시민사회운동은, 빠숙의 분석에 따르면, 1990년대에 개화기에 도달하게 된다. 여기에는 여러 요인들이 있다. 첫째 1980년대 말부터 태국은 큰 경제적 성장을 이룩하였으며, 이것은 정치적, 사회적으로 보다 민감하고 비판적인 중산층의 강화를 가져왔다. 둘째 냉전체제의 종식 이후 타이 사회에서 독재정권에 대한 강한 거부감이 형성되었으며, 그것은 이윽고 1992년에 군부의 재집권을 거부하는 대규모 민주화 시민운동을 낳았다. 셋째로는 시장경제의 강화, 자본주의 헤게모니 국가들과 다국적기업들의 영향력 증대, 전통적 가치의 약화 등을 수반한 세계화의 영향이다(Pasuk 2002: 14).

    경제적 성장과 민주화 그리고 세계화의 세 요인들은 시민사회운동과 관련하여 상호 모순적인 복합적 결과를 낳았다. 예컨대 냉전체제의 종식과 세계화는 타이 사회에 보다 많은 민주적 요소의 유입을 가능하게 하였다. 그러나 세계화와 더불어 진행된 시장경제의 강화는 태국에 대한 미국과 일본 등 헤게모니적 국가들과 다국적기업들의 자본 침투 증대를 초래하였다. 이것은 한편으로는 태국의 제한된 자원에 대한 분쟁과 공동체의 분열과 해체 그리고 나아가서는 생활방식의 붕괴를 가져왔다. 이러한 상황은 그러나 다른 한편으로는 타이인들에게 새로운 정치적인 기회를 열어주고 시민사회에게 새로운 활력을 불어넣으며 그 운동에 정당성의 옷을 입혀주기도 하였다.

    1990년대 이후 태국의 시민사회운동의 전개는 두 가지 중요한 특징을 갖는다(Pasuk 2002: 14). 첫째는 종래 자신들의 정치적 목소리를 낼 수 없었던 "힘없는 자들(little people)"이 시민사회운동에 대거 참여하게 되었다는 점이다. "힘없는 자들"의 그룹에는 고산족 주민, 어부, 농민, 슬럼가 주민, 노동 여성 등이 포함된다. 이들은 위에서 언급한 상호 모순적인 복합적 결과로 말미암아 타이 사회에서의 자신들의 권리와 역할에 대해 이전보다 더욱 강한 자신감을 갖게 되고 그에 따라 더욱 많은 요구를 하게 되었다. 이 점은 예컨대 제7차 국가경제개발계획(1991년 10월 - 1996년 9월)을 수립하는 과정에 태국 역사상

처음으로 시민사회를 대표하여 농촌개발비정부기구조정위원회가 참가한 것에
서 나타났다. 이 조정위원회의 대표부는 농촌 문제와 경제적 불평등의 개선과
농업과 공업간 균형적 발전을 위해 여러 제안을 하였다. 그러나 그것은 1992년
문민정부 출범 전이었던 당시 최종적인 계획에는 수용되지 못하였다(Prudhisan
and Maneerat 1997: 204).

1990년대 이후 태국 시민사회운동의 두 번째 특징은 시민사회운동이 과거
에는 볼 수 없었던 광범위한 활동을 전개하게 되고 대중적인 성격을 띠게 되었
다는 것이다. 이 두 번째 측면은 무엇보다도 태국의 시민사회가 1991-92년에 군부
의 비민주적인 행보와 특히 정권 재장악의 시도에 대해 보여주었던 일련의 행동들
에서 뚜렷하게 나타났다. 1991년에 수찐다(Suchinda) 장군이 중심이 되어 쿠데타
를 일으킨 군부는 자신의 권력 강화를 위해 헌법 개정을 시도하였다. 이들이 제시한
헌법 초안은 총리직의 임명과 군부 중심의 국가평화유지위원회가 임명한 상원의
권한 강화 등과 같은 비민주적 조항을 포함하고 있었다. 이 헌법 초안은 대중민주주
의운동과 태국학생연맹(Student Federation of Thailand)과 노동조합뿐만 아니
라, 지방의 많은 비정부기구들에게서도 비난과 저항을 불러일으켰다. 1991년
11월 19일에는 방콕의 사남루앙(Sanam Luang) 광장에서 헌법 초안에 반대하
는 대중 집회가 열렸는데, 여기에 7만 명이 참가했다.

태국의 시민사회운동은 비정부기구들이 대거 참가한 선거감시 활동에서도
나타났다. 1992년 3월 총선에서 그 직전에 전 총리 아난 빤야라춘(Anand
Panyarachun)에 의해 독립적인 선거감시 단체로 설립된 폴왓치(Poll Watch)
에 대중민주주의운동의 지도부와 비정부기구 및 전문가집단의 대표들이 다수
참가하였다. 그렇게 될 수밖에 없었던 것은 당시 폴왓치가 약 2만 명의 자원봉
사자들을 필요로 하고 있었는데, 그것이 이미 광범위한 네트워크를 확보하고
있었던 비정부기구들의 협력을 통해서 보다 용이하게 충족될 수 있었기 때문
이었다. 비정부기구들이 중요한 부분을 이룬 폴왓치는 그 이후 총선시마다 큰
역할을 하게 된다(Prudhisan and Maneerat 1997: 206-207).

〈사진 2〉 1992년 민주시위. 1992년 5월 민주화 시위의 한 장면. 청년들이 "총리는 선거에서 나와야 한다"라는 문구의 종이 플래카드와 평화를 상징하는 꽃을 들고 있다.

1992년 4월에 군부가 원래의 약속을 어기고 수찐다를 총리에 임명하자, 대중민주주의운동과 태국학생연맹은 이것에 반대하는 운동을 전개하기 시작하였다. 특히 그들의 네트워크를 통해 정보가 지방에도 전달됨으로써, 시위는 전국적으로 확산될 수 있었다. 그리하여 수찐다의 사임과 헌법 개정을 요구하는 데모가 방콕의 라차담넌(Rachadamnoen) 가에서 5월 17일부터 일어났을 때, 40만 명 이상의 군중이 여기에 참여하였다. 당시 언론은 "몹 롯깽(mop rot kaeng)"[9] 즉 "고급승용차 군중" 혹은 "몹 므트(mop moe toe)" 즉 "휴대폰 군중" 등의 표현을 통해 당시만 하더라도 고가인 휴대폰을 들고 고급 승용차를 탄 중산층 시민들이 시위에서 중요한 역할을 하였다고 보도하였다. 5월 17일 저녁에 태국사회과학협회(Social Science Association of Thailand)가 실시한 조사에 의하면, 시위 참가자들의 67%가 대학을 졸업한 자들이었으며, 대학에 재학 중인 자들도 8%나 되었다(Englehart 2003: 262). 그리하여 1992년 5월의 시위는 종종 "중산층의 혁명(middle-class revolution)"이라고 규정되기

---

9) 여기서 '몹(mop)'은 영어의 "군중"을 뜻하는 'mob'의 차용어인 것으로 보인다.

도 한다(송경아 2000: 13-24). 이상 살펴본 바, 태국의 시민사회가 대중적으로 전개한 1992년 5월의 민주화 시위는 군부의 정권 장악을 막고 문민정부를 세우는 데 있어서 결정적인 역할을 하였다.

1992년 이후 태국의 시민사회운동을 전반적으로 고찰할 때, 1992년 9월 추안(Chuan) 총리의 문민정부가 출범한 이후로는 그동안 가장 민감한 이슈를 이루어왔던 민주화에 대한 도시 중산층의 열정은 상대적으로 식은 것으로 보인다. 그러나 비정부기구들은 정부 운영에 있어서의 투명성과 정보에 대한 대중의 보다 확실하고 직접적인 접근과 특히 사회경제적으로 불리한 자들을 위한 경제적 정의 및 평등에 대한 요구를 계속 해나갔다(Prudhisan and Maneerat 1997: 206).

특히 민주화추진연합(Confederation for Democracy)을 중심으로 한 시민사회 단체들은 구체적인 정치 개혁의 내용이 반영된 헌법 개정을 강력히 촉구하였다. 그들의 요구에 따라 추안 총리는 1994년 6월에 국회에 헌법개정위원회(Constitutional Reform Committee)를 설치하였다. 이 특별위원회의 논의는 교육기회의 확대와 지방분권화 외에도 지난 수십년간 태국에서 군사쿠데타의 빌미가 되었던 정부의 부패와 선거 부정의 문제를 어떻게 해결하느냐에 초점이 맞추어졌다. 그러나 헌법 개정을 위한 추안 정부의 노력은 무엇보다도 지방분권화 이슈와 관련하여 내무부의 강력한 반발로 좌절되고 만다. 1995년에 집권한 반한(Banharn) 총리는 이 해 8월에 국회 내에 민주주의발전위원회(Committee for Developing Democracy)를 설립하여 헌법 개정 절차에 관한 논의를 진전시켰다. 그 과정에서 정부와 시민사회는 헌법을 개정해야만 태국 정치의 근본적인 개혁이 가능하다는 결론을 내렸다. 그러나 1996년 말 반한 정부의 붕괴와 곧 닥친 경제위기로 민주주의발전위원회의 활동 역시 성과 없이 끝나고 말았다(송경아 2000: 27-39).

1992년 이후 문민정부 시대, 태국 시민사회운동의 또 다른 중요한 활동 방향은 경제적 문제에 놓여 있었다. 이것은 위에서 언급한 1990년대 태국 시민사회운동의 두 가지 특징 중 사회경제적으로 약한 자들의 시민사회운동 참가와 관련하여, 농민들의 시민사회운동에서 두드러지게 나타났다. 추안 정부는 집권 후 수곡 가격과 댐건설 피해자들에 대한 보상과 삼림 지역 주민들의 토지소유권 등에 관한 선거공약들을 지키지 않았다. 이에 이산(Isan) 지방의 동북부소농연합(Assembly of Small-Scale Farmers of the Northeast)은 비정부기구들의 도움을 받아 100명의 대표를 방콕에 보내 정부에 대해 약속 이행을 촉구하였다. 동북부소농연합의 대표인 밤룽 카요타(Bamrung Khayotha)는 결국 정부와 협상하여, 문제 해결에 대한 정부의 약속을 받아내는 데 성공하였다(Prudhisan and Maneerat 1997: 206-207).

동북부소농연합의 집단 시위는 한편으로는 이산 지방이 태국에서 경제적으로 가장 빈곤한 지방이라는 문제와 연결된 것이지만,[10] 다른 한편으로는 태국 농민들의 전반적인 상황과도 맞물려 있는 것이었다. 태국의 농업은 지난 수십년간 공업 위주의 산업화 정책의 추진으로 국민경제에서 점차 뒷전으로 밀려났다. 태국 중앙은행의 통계에 따르면, 농업은 1982년에 국내총생산의 22.3%를 차지했지만 1994년에는 10.4%에 불과하였고, 식품도 1984년에는 총 수출액의 49.4%였지만 1994년에는 그 반 이하인 20.7%로 떨어졌다. 농사는 이제 대부분의 농민들에게 생계 보장이 되지 못하고 있었다. 전 인구의 반 이상을 형성하며 국가의 척추로 간주되어온 태국 농민들은 이처럼 생계가 위협을 받자 집단행동을 전개하기에 이르렀던 것이다. 그리하여 1995년 2월에는 5,000명의 농민들이 방콕에 모여 토지와 농산물 가격의 인상을 요구하였다. 이 때의 시위도 밤룽이 나서서 이끌었다(조흥국 1996: 525-526).

---

10) 이산 지방의 문제에 관해서는 조흥국(2004) 참고.

〈사진 3〉 1992년 5월 사남루앙. 1993년 5월 방콕의 사남루앙 광장에 모여 군부의 퇴진과 민주화를
요구하는 시위군중

태국 농민들의 시민사회운동은 1996년에 들어서서 더욱 적극적이고 광범
위한 양상을 띠게 되며, 그것은 특히 '빈자연합(Assembly of the Poor)'이란
대중적 시민조직의 활동에서 나타났다. 동북부소농연합이 1995년에 분열된
후, 타이 사회에서는 가난한 농민들의 권리를 보호하고 농촌공동체의 이익을
전국적 조직의 결성에 대한 필요성이 더욱 요구되었다. 그러한 상황에서 동북
부소농연합의 활동가들과 밤룽과 같은 농촌 지도자들은 마침 1995년 12월
14-15일에 방콕에서 열리는 아세안 정상회담에 앞서서 조직 결성을 위한 회의
를 개최하기로 하였다. 12월 10일 방콕의 탐마삿대학교에서 열린 회의에는
250명의 농민 및 비정부기구 대표들이 모였고, 이 모임에서 빈자연합이 출범하
였다(Missingham 2003: 38).

빈자연합의 네트워크에는 어민들과 산업노동자들과 슬럼가 주민들도 포함
되어 있지만, 그 핵심 세력은 농민들이고, 그에 따라 그 관심은 토지와 댐과
삼림의 문제에 집중되어 있다. 빈자연합의 농민들은 대부분 동북부 지방 출신
들이며, 그 다음으로는 북부 지방의 고산 지대 농민들이나 최근 농경지로 개척

된 고원 지대 출신이 많다. 빈자연합은 의장, 사무총장, 회비 등 고전적인 정당 및 협회의 조직 형태를 선호하는 소득층의 시민사회 조직과는 달리, 탈중앙화된 네트워크로 구성되어 있다. 거기에는 중앙 의장직이 없으며, 회합을 알리고 문서를 배포하는 등의 기본적인 행정업무를 담당하는 사무국이 있을 따름이다. 회의가 있을 때는, '포 크루아 야이(pho khrua yai)'[11)라고 불리는 각 지역의 그룹 대표가 와서 전략 회의에 참가한다. 빈자연합은 정치적인 연계를 추구하지 않으며, 그에 따라 정당 정치인들과는 거리를 둔다(Baker 2000: 16).

빈자연합의 또 다른 중요한 특징은 그것이 외국으로부터의 지원과 영향을 거의 받지 않고 자신의 힘으로 조직을 구축하고 활동을 전개해 왔다는 것이다. 이 점은 태국의 다른 농민 및 노동자 시민단체들에서도 발견된다. 이러한 측면은 그들이 1970년대부터 자신들의 토지소유권과 재산권 등을 지키고 국가의 관료주의적 간섭과 자본주의적 착취에 대항하여 투쟁한 오랜 경험에 그 바탕을 두고 있다. 우크릿에 따르면, 그들은 이 점에 있어서 상당 부분 외국으로부터 물질적 및 조직적 지원뿐만 아니라 민주적 가치들을 받아들임으로써 성장해 온 인도네시아와 필리핀의 시민사회 조직들과 다르다. 그들의 정치적 행동주의는 특히 1990년대에 1992년 5월의 유혈 민주화 운동과 1997년의 정치적 개혁에 이르기까지의 활발한 활동을 통해 농민, 노동자, 여성운동자, 환경운동가, 그리고 빈곤 계층을 위해 일하는 다양한 조직들 사이에서 확대되었고 강화되었다. 빈자연합은 태국의 그러한 시민사회 조직들 중 가장 대표적인 조직이다(Ukrist 2001: 33-34).

이 빈자연합이 이끈 농민들의 대규모 시위가 1996년 4월에 일어났다. 3월 말에 방콕의 정부청사 광장에 수백 명이 모이기 시작한 시위 군중은 4월 초에는 8,000명 이상으로 불어났다. 그들은 대부분 지방의 농민들로서, 생활상의 갖가지 문제들의 해결을 정부에 요구하기 위해 방콕으로 온 것이었다. 시위 군중은 노천 광장에서 야영하는 동안 더위와 열악한 위생조건, 근처의 운하에

---

11) '포 크루아 야이'의 '포 크루아'는 '호쥬(戶主)'를 뜻하며, '야이'는 '큰'을 의미한다.

서 올라오는 모기들 때문에 혹독한 고생을 겪었다. 국가의 정치적, 사회적 안정
과 국민들의 복지에 깊은 관심을 갖고 있는 국왕은 이윽고 왕실관개청(Royal
Irrigation Department)에 지시를 내려 모기들을 쫓아내기 위해 빠둥 끄룽까셈
(Padung Krungkasem) 운하로 신선한 물을 방류하도록 하였다. 오늘날 태국
의 정치에서 국왕의 염려가 닿는 곳을 정부가 수수방관할 수 없다. 빈자연합은
시위 군중을 대표하여 정부와의 협상을 추진하였으며, 그 과정에서 문제 해결
에 대한 정부로부터의 분명한 태도를 확인하기 위해 노력하였다. 그들의 끈질
긴 시위는 마침내 결실을 맺어, 시위 군중의 대표 약 100명과 반한 총리를
비롯한 고위급 내각인사들과의 만남이 광장에서 이루어졌다.

협상은 빈자연합의 여러 그룹들과 관련 행정부처들간에 진행되었으며, 논
의는 국유지 삼림에 사는 주민들의 거주 및 토지소유권 문제, 댐 공사의 영향,
다른 개발프로젝트들의 영향, 산업재해 및 환경피해 등 4가지 주요문제로 집중
되었다. 협상 끝에 시위 군중의 대표들은 협정서에 동의하였으며, 이것은 내각
결의안으로 재가되었다. 협정서에는 구체적으로 정부가 조사위원회를 세워 문
제 부지들의 소유권을 확인하겠다는 것, 댐 공사로 인해 거주지를 상실한 주민
들에게 적당한 보상을 하겠다는 것, 모든 댐 공사에 앞서 환경의 영향에 대한
철저한 조사를 하겠다는 것, 산업재해와 환경파괴에 대해 신속한 대응을 행하겠
다는 것 등이 포함되었다. 이로써 근 한달간 지속된 시위는 4월 23일 끝났고,
시위 농민들은 정부가 제공한 버스를 타고 고향으로 돌아갔다(조흥국 1997:
476-478).

그러나 위의 협정서의 정부 약속들이 별 효과가 없는 것으로 드러나자,
빈자연합은 1997년 1월에 다시 방콕의 정부청사 광장에서 시위를 벌였다. 이
번에는 약 2만 명의 군중이 모였으며, 시위는 99일간 지속되었다. 빈자연합은
태국의 성장 위주의 산업화 과정에서 농촌의 환경은 더욱 악화되었을 뿐만
아니라, 농민들의 정치적 권리가 계속 무시되어 왔음을 지적하면서 올바른 참
여민주주의의 실행을 촉구하였다. 한편 노동자들은 노동 환경의 개선뿐만 아

니라, 타지방 출신 노동자들에게 불리한
현행 선거제도의 시정을 요구하였다. 빈
자연합의 이러한 요구는 모두 헌법 개
정에 대한 요구로 연결되어, 나중에
1997년 신헌법 개정에서 일정 부분 반
영되기에 이른다. 시위 기간 TV를 비롯
한 언론과 이들 매스미디어에 접한 국
민의 상당 부분은 빈자연합의 시위에
공감하고 이들의 동기에 지지를 보냈다
(Baker 2000: 20-21; 송경아 2000: 48).

　　빈자연합의 각 지역 대표들과 정부
와의 협상은 매스미디어의 감시와 보도
하에서 진행되었다. 협상은 결국 빈자연

〈사진 4〉 AP매거진 창간호 97년 10월:
1997년 10월에 간행된 빈자연합의 매거진
"시앙 쁘라차촌(Siang Prachachon)"의 창
간호. '시앙 프라차촌'은 '민중의 소리'란
뜻이다.

합의 승리로 끝났다. 빈자연합이 정부로부터 얻어낸 양보 가운데 중요한 사항으로는 댐 건설로 인해 토지와 생계를 빼앗긴 약 7천 가구에 대한 보상, 한 개의 댐 건설 프로젝트의 백지화, 5개의 댐 건설 계획에 대한 재검토, 삼림 구역으로부터 주민들을 절차 없이 쫓아내는 것을 금하고 차후부터는 오래 전부터 거주해 오던 주민들은 삼림 구역에서 거하도록 허용하는 것 등이 있다. 이 양보는 보상 문제만으로도 정부에게 무려 46억 5,700만 바트(약 1,400억 원)의 부담을 주는 것이었다. 양보는 빈자연합이 추구하던 것보다는 부족하였지만, 그럼에도 불구하고 그것은 태국의 시민사회운동이 정부로부터 얻어낸 종래의 모든 양보들에서는 선례가 없을 정도로 대단한 결과이었다(Baker 2000: 22-23).

　　"약한 자들의 승리"로 불린 빈자연합의 시위는 태국에서 한 혁신의 시작으로 간주되었다. 빈자연합의 활동은 "밑으로부터의 민주주의"의 한 선례를 남겼다는 점, 무엇보다도 국민들의 생활에 직접 관계있는 문제의 해결을 위해 국민들이 직접 이니셔티브를 취할 수 있다는 것을 행동으로 입증하였다는 점,

그리고 이러한 운동이 언제든지 반복될 수 있다는 점을 보여주었다는 점에서 큰 의미를 갖는다.

시민사회운동은 정부의 국가운영에 있어서 정치적인 분야뿐만 아니라 경제적인 측면에서도 적지 않은 영향을 주었던 것으로 보인다. 1992년 이후 시민사회의 활성화에 고무된 태국 정부는 1996년 10월에 시작되는 제8차 국가경제개발계획에서 "지방공동체(provincial community)"라고 명명된 시민공동체(civic group)를 76개에 달하는 태국의 모든 주에 설치하는 목표를 세웠다. 정부의 그러한 시도는 관료주의적인 성격과 비효율성 때문에 많은 비정부기구들로부터 비판을 받았다. 그러나 어쨌든 정부가 시민사회의 개념을 도입하려고 하였던 것은 그만큼 태국에서 시민사회의 영향이 꽤 커져 있었다는 것을 의미한다(Jung Ku-Hyun et al. 2003: 59).

태국 정부는 지난 경제개발계획들에서는 항상 경제성장만 중시해왔다. 그러나 최근 급속도의 산업발전과 이에 따른 사회적 변화를 통해 관점이 바뀌어, 경제성장은 그 자체가 목적이 아니라 국민복지의 달성을 위한 수단이 되어야 한다는 인식이 대두하였다. 이것은 1994년 12월 국가경제사회발전청의 한 세미나에서 논의되었는데, 여기서 특히 제8차 5개년 경제개발계획(1996년 10월 - 2001년 9월)에서는 인적자원의 개발에 최대의 역점이 놓여야 한다고 강조되었다. 산업발전의 고도화를 위해 다양한 분야의 전문 인력을 양성하는 것이 시급하다는 것을 인지하고 있던 국가경제사회발전청은 이를 위해 처음으로 정치인, 사업가, 학자, 농민 등 모든 국민 계층의 의견을 조사하여 이를 바탕으로 경제개발계획을 수립하기로 하였다. 이것은 전례가 없던 일로서, 그만큼 국가의 시민사회에 대한 자세가 바뀌었다는 것을 암시하기에 충분하였다. 1996년 8월에 태국 정부는 경제정책의 향방을 논의하기 위해 정부의 관계부처 요인들과 경제계의 주요 대표들을 한 자리에 모았는데, 이때 경제계 측은 정부 측에 인적 자원의 개발 외에도 농업 부문의 개선을 위한 전략적인 계획을 발전시킬 것을 요구하였다(조흥국 1996: 521-522).

5. 1997년 경제위기의 사회적 영향

앞장에서 살펴본 바와 같이, 1992년의 민주화 사태가 1990년대 태국에서 시민사회의 활성화를 가능하게 한 것이라고 말한다면, 1997년의 경제위기는 시민사회의 본격적인 도약을 가져온 것이라고 평가할 수 있을 것이다. 여러 연구들에서 지적된 바에 의하면, 태국을 포함한 아시아의 권위주의 국가들이 취한 발전국가적 경제정책은 시민사회 부문을 약화시켜 왔다. 그러나 국가가 시장에 적극적으로 개입하고 경제를 주도하는 이러한 발전국가 모델의 경제정책이 1997년 경제위기를 발생시킨 결정적인 원인의 하나였다는 것이 인정되면서, 시민사회 부문의 육성과 활성화의 필요성이 재인식되었던 것이다(Jung Ku-Hyun et al. 2003: 48).

외환위기로 시작된 경제위기가 발발한 1997년 태국의 국내총생산(GDP) 성장률은 -1.4%였으며, 그 다음 해에는 무려 -10.8%를 기록하였다. 국내 지출은 소비와 투자 두 분야에서 모두 감소하였다. 농업을 제외한 모든 산업 생산은 큰 폭으로 떨어졌다. 경기 침체가 특히 심각한 분야는 건설업과 금융업과 보험 부문이었다.

경제위기는 태국 국민들의 삶에 환율, 정부예산, 고용 등 세 가지 경로를 통해 영향을 미쳤다. 첫째 환율 문제는 바트화의 평가절하에서 비롯된 것으로, 이것은 수입품 가격의 인상을 초래하였으며 국내 제조업이 수출시장을 위한 제품생산을 보다 중시하도록 만들었다. 이로써 생필품과 연료와 식품 가격이 크게 올랐다. 생필품의 경우, 1997년 중엽부터 1998년 말 사이에 모든 품목의 물가가 크게 올라, 1997년 6월에 4.4%였던 인플레가 1998년 6월에는 10.7%나 되었다. 식품 가격은 1998년도 첫 10개월간 10.2%나 올랐다. 전기요금과 수도 요금도 1998년 전반기 동안에만도 무려 18% 올랐다(Jung Ku-Hyun et al. 2003: 79-81).

둘째, 정부의 조세 수입 감소로 모든 부문에서의 지출이 감축되었다. 1997년 10월부터 1998년 9월까지의 회계연도에 정부의 재정 적자는 현금상으로만도 1,149억 7천만 바트에 달하였다. 국세청이 1998년도에 거둔 세금은 그 전년도에 비해 3.8%나 적었다. 특히 국내소비세 수입은 무엇보다도 자동차와 내구재의 판매 부진으로 13.7%나 격감하였다. 조세 수입의 감소로 정부는 사회복지사업을 비롯한 여러 부문들에서의 지출을 삭감하지 않을 수 없었다. 예컨대 농업 부문의 경우, 1998년도 예산 지출은 그 전년도에 비해 -25.6%였으며, 공공보건은 -11.4%, 과학·기술·에너지·환경은 -27.2%였다. 사회복지사업에서의 삭감이 가장 심해 무려 -35%에 달하였다. 또한 예산 삭감으로 많은 인프라 건설 사업이 중지되었는데, 이것은 특히 지방에서의 개발 부진을 초래하였을 뿐만 아니라 실직 상황도 악화시키는 결과를 가져왔다(Thailand Development Research Institute 1999: 23-25).

셋째, 경기 침체로 노동에 대한 수요가 감소함으로써 고용의 전반적인 위축 현상이 일어났다. 태국 통계청의 조사에 따르면, 노동력의 비고용율은 1996년 2월의 2.2%에서 경제위기 후인 1998년 2월에는 4.6%로 2배 이상 늘었다. 또한 저고용율도 감소하여, 1997년 2월의 1.7%에서 1998년 2월에는 3배 가까이 되는 4.6%로 떨어졌다. 이러한 감소는 무엇보다도 경제위기 이후 특히 도시 지역의 건설, 제조업, 서비스업 부문에서 대량 실직이 일어났기 때문이다. 부동산 부문이 큰 타격을 입고 많은 건설현장들이 폐쇄되었다. 제조업과 서비스업에 불어 닥친 불황으로 숱한 기업들이 도산하고 공장들이 문을 닫았다. 경제위기 후 태국에서의 고용 상황의 악화는 다음의 표에서 나타난다.

<표 1> 1994년 2월~1998년 2월 산업별 고용 상황

산업	1994.2	1995.2	1996.2	1997.2	1998.2
고용 인구	2,823만	2,906만	3,010만	3,027만	2,941만
고용율(%)	90.9	92.7	94.4	94.6	91.5
농업	1,240만	1,185만	1,215만	1,194만	1,164만
제조업	453만	484만	497만	500만	492만
건설업	230만	265만	313만	298만	204만
상업	391만	427만	445만	460만	474만
서비스업	390만	414만	410만	440만	473만

출처: Thailand Development Research Institute(1999: 29)

위의 표에서 1997년 2월 - 1998년 2월 사이에 약 85만 명이 실직하였으며, 그것도 건설업 부문에서의 고용이 가장 악화되었다는 것을 알 수 있다. 실직은 여자보다는 남자들에게서 더욱 큰 폭으로 나타났다. 그리고 공공 부문에서는 1997년에 비해 1998년에 고용이 약간이나마 늘었던 것에 반해, 사적 부문에서는 크게 줄었다. 예컨대 1997년도 공공 부문에서의 고용자 수가 약 240만 명이었던 것이 1998년에는 267만 명으로 증가하였지만, 사적 부문에서는 1997년의 1,164만 명에서 1998년의 1,068만 명으로 100만 명 가까이 줄어들었다 (Thailand Development Research Institute 1999: 29).

일자리를 잃은 자들은 일부는 고향의 농촌으로 돌아갔으며, 또 다른 일부는 도시에 남아 시간급 노동자가 되었다. 1998년 8월이 되면 농촌으로 갔던 자들의 일부가 도시로 돌아와 일자리를 찾았는데, 그것은 농촌 지역의 경제가 단기간에 대량으로 밀어닥친 도시 노동자들과 그 가족들을 수용할 만큼 충분히 강하지 못하였기 때문이었다. 그러나 당시 농촌이 비록 부분적이고 단기간이었지만 도시 노동자들에게 생계의 바탕을 제공해 주었다는 점에서, 태국 노동시장에 대한 경제위기의 충격을 어느 정도 완화시킨 역할이 인정되어야 할 것이다. 그것은 세계은행(World Bank)의 2000년도 조사가 밝힌 것처럼, 태국의 농업 부문이 1998년도에 617,000명 그리고 1999년에는 111만 명의 추가 노동력을 수용하였다는 점에서 입증되었다(Jung Ku-Hyun et al. 2003: 84-86).

실직과 저고용의 문제와 더불어 타이인들의 생활에 미친 경제위기의 또 다른 영향은 노동자들의 실질 소득도 크게 감소한 점이었다. 1997년도 3사분기에 7,749바트였던 평균 월급(보너스와 초과근무 수당 포함)은 1998년도 3사분기에는 7,317바트로, 1999년도 3사분기에는 7,272바트로, 그리고 2000년도에는 6,846바트로 떨어졌다. 1990년부터 1997년까지의 실질 임금 연평균 증가율인 5.5%를 그대로 적용한다면, 평균 월급이 1998년도에는 8,292바트, 1999년에는 8,638바트가 되어 있어야 하였다. 이것은 위의 1998년도와 1999년도의 감소율이 각각 11.8%와 15.8%에 달하였다는 것을 의미한다. 실질 소득의 감소는 전반적인 인플레로 더욱 낮아졌다.

실직 증가와 소득 감소는 빈곤의 악화를 초래하였다. 1990년대 전반기 고도 경제성장으로 예컨대 1992년의 1,350만 명의 빈곤층 숫자는 1996년에는 680만 명으로 줄어들었다. 그러나 경제위기 기간 빈곤층은 크게 늘어, 1999년에 가계조사의 결과 빈곤층이 300만 명 더 늘어난 것으로 나타났다(Jung Ku-Hyun et al. 2003: 86-87). 또한 총 인구의 72.5%를 차지하는 농촌의 가난한 농민들은 도시 가족이 그동안 보내준 송금이 끊기어 생계 곤란에 직면하기도 하였다. 그 상황은 수도권과 중부 및 남부 지방에 비해 훨씬 가난한 북부와 특히 동북부 지방에서 가장 심각하였다. 동북부 지방의 경우 경제위기 발발 후 불과 1년 만에 빈곤층의 인구 비율이 19%에서 23%로 증가하였다(Thailand Development Research Institute 1999: 38; Hewison 2003: 129).

6. 1997년 신헌법 제정에서의 시민사회의 역할

1997년 경제위기 이후 태국의 정치적, 경제적 및 사회적 개혁을 위해 가장 활발한 활동을 전개한 시민사회운동 세력은 크게 두 집단으로 나뉜다. 첫 번째는 방콕의 중산층과 학계 및 재계의 개혁지향적 집단으로, 이들은 참여민주주의 체제의 확대와 정치 개혁을 추구하였다. 이들은 국왕, 불교, 국가의 전통적인 가치를 상징하는 '황색'에 대비시켜, '녹색'을 자신들의 활동 이미지를 위한 색채로 삼았는데, 그 때문에 나중에 매스미디어에서 이 집단을 "녹색기(Green Banner)"로 불렀다. 두 번째 집단은 주로 농민과 노동자 등 하층 서민 계급으로 구성되어 있으며, 그 중심 세력은 '민중해방연대(People's Liberation Alliance)'이다. 여기에는 빈자연합, 태국학생연맹, 대중민주주의운동, 국영 노조 등 30개 이상의 조직들이 포함되어 있다. 그 중 가장 중요한 조직은 빈자연합이다(송경아 2000: 45-48).

전자의 활동 초점이 정치 개혁에 맞추어져 있었다면, 후자는 성장 위주의 산업화 과정에서 소외되어 온 태국의 하층 서민계급의 이해관계를 대변하여 광범위한 경제 및 사회 개혁을 실현하기 위해 노력하였다. 그러나 여기서 살펴 보고자 하는 1997년 신헌법 제정은 전자와 후자의 세력이 모두 참여하여 일구어낸 일이었다. 그것은 헌법 개정은 정치적 이슈이기도 하지만, 많은 경제 및 사회 문제들과 연결되어 있었기 때문이었다.

1997년 경제위기는 한편으로는 많은 타이인들의 생계를 위협하고 사회적으로도 큰 타격을 주었지만, 다른 한편으로는 국가의 역할을 약화시키고 시민사회의 역할을 강화시키는 계기가 되었다. 이 점은 우선 경제위기가 일차적으로는 무능한 정부와 부패한 정치인들 때문이라고 생각한 시민사회가 근본적인 정치 개혁을 요구한 것으로 나타났다. 그리고 강화된 시민사회의 역할은 무엇보다도 "태국 최초의 민주적 헌법"으로 평가되고 "민중의 헌법(People's Constitution)"으로 불리는 1997년 신헌법의 제정에서 가시화되었다(*Asia Times Online* 2000년 7월 7일).

헌법 개정의 필요성은, 앞에서 살펴본 것처럼, 이미 1992년 문민정부 수립 이후부터 제기되어 왔다. 특히 1995년 7월과 1996년 11월의 총선에서 다시 등장한 "돈선거"의 금권정치로 헌법 개정의 당위성이 강화되었다. 그리고 1997년 경제위기는 이 이슈에 대한 시민의 관심과 요구를 더욱 뜨겁게 달구어 신헌법 제정을 가속화시켰던 것이다.

1992년 이후 시민사회운동으로 확고한 위상을 확보한 '민주주의운동 (Campaign for Democracy)'과 중소 자본가들로 구성된 '민주주의비즈니스 포럼(Business Forum for Democracy)' 등의 시민사회운동 세력은 경제위기의 극복을 위해서는 우선 정치 개혁이 선행되어야 한다고 역설하였다. 이들 단체들은 경제위기를 계기로 '구국시민공동체(National Restoration Civic Group)'라는 한 연맹을 결성하여, 이를 바탕으로 보다 조직적으로 신헌법 제정을 위한 운동을 전개해 나갔다. 또한 정치 개혁과 헌법 개정 등의 이슈에 있어서 이들 시민사회운동 세력과 공감하고 있던 태국의 매스미디어도 신헌법 제정의 필요성에 대한 사회적 분위기를 확산시켰다(송경아 2000: 32-46).

신헌법 제정에 대한 요구는 그러나 도시의 중산층을 중심으로 한 시민사회 세력뿐만 아니라, 빈자연합이 중심이 된 농민과 노동자의 하층 서민계급의 시민사회운동에서도 나타났다. 빈자연합은 서민들의 경제적 및 사회적 이해관계를 효과적으로 수호하고 확대하기 위해서는 국가의 민주주의 체제의 유지와 개선에 대한 자신들의 능동적인 참여가 중요하다고 보았다. 그리하여 빈자연합은 국가 구조가 중앙집권적이고 위계적인 점, 선거정치가 투표매수를 통해 국회에 진출하는 부유하고 영향력 있는 자들에 의해 좌지우지되는 점, 국가가 경제적 불평등과 착취를 유지하면서까지 경제 엘리트들에게 혜택을 주기 위해 공공 권력을 행사하는 점 등을 공격하였다.

빈자연합의 관심은 농민과 노동자의 생계와 자원에 대한 권리를 보호하는 데 있었다. 그에 따라 빈자연합은 지역사회 개발의 민주화를 강조하면서, 구체적으로는 개발 프로젝트들과 그와 관련된 정책들의 결정 과정에 농촌공동체와 노동자 단체가 참여하는 것을 제도적으로 보장할 것을 요구하였다. 이를 위해 빈자연합은 예컨대 "공청회(pracha phichan)"를 제도화하여, 자신들의 생계가 국가의 개발 프로젝트로 영향을 받는 자들에게 자신들의 입장을 공론화할 수 있는 참여 기회를 제공할 것을 주장하였다. 빈자연합의 이러한 제안들은 헌법초안위원회에 상정되어, 1997년 신헌법이 사회경제적으로 힘없는 자들의 권리를 인정하고 보호하는 데 있어서 더욱 많은 진전을 보여준 여러 민주적 개혁 조치들을 담게 된 것에서 중요한 역할을 한다(Missingham 2003: 58-59).

헌법 개정에 대한 요구가 이처럼 모든 부문의 시민사회에서 들끓게 되자, 정치권에서도 신헌법 제정을 심각하게 고민하는 자들이 나타나기 시작하였다. 예컨대 차왈릿(Chavalit) 총리는 1997년 8월에 IMF로부터 구제금융을 받은 직후 실용적 성향을 가진 인물들을 중심으로 경제팀을 구성하였다. 이들 새로운 경제관료 집단은 태국 경제의 회생과 대외신인도의 회복을 위해서는 우선 투명한 정부 운영이 선행되어야 한다고 말하면서 신헌법의 통과를 압박하기 시

작하였다. 또한 경제부장관과 방콕은행
장도 경제 회복을 위해서는 무엇보다도
신헌법이 반드시 제정되어야 한다고 말
하였다. 차왈릿 정부는 신헌법 제정에 대
한 각계각층의 요구에 결국 1997년 9월
초에 신헌법의 제정을 의회에서의 표결
을 통해 결정짓겠다고 발표하였다. 이에
따라 9월 27일 상하 양원 합동으로 열린
의회의 표결에서 신헌법은 찬성 518표,
반대 16표로 통과되기에 이른다.

〈사진 5〉 1997년 헌법 국민보급판의 표지

　　1997년 신헌법의 제정은 과거 태국
의 군부 세력이 쿠데타를 일으킨 후 자신들의 국가권력을 강화하기 위해 행하
였던 헌법 개정과는 무엇보다도 그 주체에서 분명한 차이를 보였다. 헌법초안
위원회라는 독립된 기구가 신헌법의 초안을 작성하고, 초안의 작성과 통과에
이르는 모든 과정에 시민사회가 지속적으로 영향력을 행사하였다. 99명으로
구성된 헌법초안위원회 중 23명은 의회의 동의 하에 학계 및 전문가집단에서
선발되었고, 나머지 76명은 태국의 76개 주의 대표들로서 여러 차례의 간접선
거를 통해 선출되었다. 그 간접선거 과정은 태국의 국민들에게 신헌법의 내용
과 의미에 대한 학습의 기회가 되었다. 그리고 76명의 대표들이 선출되는 과정
에서 시민사회는 큰 영향을 발휘하였다.

　　제정 과정에서 이처럼 시민사회가 중요한 역할을 행한 신헌법은 그 내용에
서도 시민사회의 요구와 이해관계가 크게 반영된 것이었다. 그것은 신헌법이
종래의 어떤 헌법보다 하원의 권위를 더욱 크게 하고, 정치와 행정 전반에 걸쳐
만연되어 있는 부패를 척결하기 위한 공공감시 체제를 강화하며, 지방행정의
분권화와 시민의 정치참여를 확대하고 있는 것에서 드러난다(송경아 2000:
50-65).

구체적인 사항들을 보면, 공공의 영역에서 활동하는 라디오 방송과 TV 등 매스미디어는 독립적인 공공 기구의 통제 하에 두어 국민의 이해관계를 위해 기능을 발휘하도록 하였다. 이 조치는 무엇보다도 그동안 군부가 독점적으로 통제해 온 221개의 라디오 방송국과 2개의 TV 방송국이 민주주의의 진전에 위협이 된다고 판단된 데에서 나온 것이었다(Ukrist 2001: 27). 또한 5만 명 이상의 유권자나 상원 및 하원 의원 4분의 1 이상의 발의로 부정축재에 대한 조사뿐만 아니라, 총리와 각료와 의원과 정부고위 관료의 파면 요구도 가능하게 되었다. 이를 위해 국가부패방지위원회(National Counter Corruption Committee)가 신설되었다. 그밖에 신헌법은 태국 정당정치의 고질적인 병인 선거 부정을 없애기 위한 방책으로 선거위원회(Election Commission)를 독립적인 기구로 설치하였다.

시민사회의 역할이 강해진 것을 보여주는 또 다른 중요한 개혁 사항으로 국민의 직접선거에 의한 상원의원 선출을 들 수 있다. 과거 상원의원들은 총리의 추천을 받아 국왕이 최종적으로 임명하는 자로서 정당 혹은 군과 긴밀한 관계를 갖고 있었다. 새로운 헌법에서는 정당의 당원, 장관, 정치공무원(political official), 현직 국회의원, 국회의원직을 그만 둔 지 1년 미만인 자, 현직 상원의원, 퇴임한 지 1년 미만의 전직 상원의원 등은 상원의원 자격에서 배제된다. 이 조치는 임기 6년의 총 200명 의원으로 구성된 상원을 정치적으로 독립적인 기관으로 두려는 의도에서 나온 것이다.

새로운 상원은 광범위한 기능과 권한을 갖는다. 특히 통제 및 감시 기관으로서의 상원의 핵심적인 과제는 1997년 헌법 개정의 기본정신이었던 정치체제의 개혁을 뒷받침하는 것이다. 그에 따라 입법부, 사법부, 행정부 내에서 공무의 직위와 권한이 개인적 이해관계를 위해 이용되는 것을 적발하고 견책한다. 예컨대, 총리, 대법원장, 국회의장일지라도 부패와 권력남용을 통해 부를 축적하였다는 것이 발각되면 상원에 의해 해임될 수 있다. 특히 국회의 입법 활동에 대한 통제에 큰 비중이 주어져 있다. 예컨대 상원이 받아들이지 않은 법안은 국회로 되돌려 보내져 처음부터 다시 시작되어야 한다. 또한 헌법재판소, 고등행정재판소, 국가부패방지위원회, 선거위원회 등 정부에 대한 통제기능을 갖고 있는 다른 기관들의 인사문제에 대해서도 결정적인 발언권을 갖는다(조흥국 2001: 568-569).

7. 1997년 경제위기와 신헌법 제정 이후 시민사회운동의 전개

1997년 신헌법 제정 이후 태국의 시민사회는 정치에 더욱 적극적으로 참여하고 국가를 더욱 철저하게 감시하는 활동을 전개한다. 그것은 특히 국가부패방지위원회와 선거위원회의 활동에서 엿볼 수 있다. 예컨대 전국의 지방 병원들에서 일하는 의사와 약사들로 구성된 농촌의사협회(Association of Rural Doctors)는 1997년 12월에 약 14억 바트 상당의 의약품 및 의료기구 구입 과정에서의 부패를 공격하였다. 여기에는 당시 보건부장관이 깊이 연루되어 있었다. 태국의 매스미디어와 비정부기구들은 국가부패방지위원회에게 이 사건을 정식으로 조사하도록 의뢰하였고, 결국 보건부장관은 사임하였다(Ukrist 2001: 34). 이 사건은 신헌법으로 무장된 태국의 시민사회가 정부와 정치인들의 활동을 감시하는 제도적인 힘을 갖게 되었다는 것을 여실히 보여주었다.

국가부패방지위원회는 1997년 말에는 공공기관의 부패에 대한 전반적인 조사를 실시하였다. 조사 결과 국가의 기관과 단체들 가운데 행정부처들에서의 부패가 가장 심하며 그 중에서도 특히 교육부가 가장 심각하다는 진단이 내려졌다. 이러한 진단을 입증하기라도 하는 것처럼, 교육부의 한 핵심공무원이 교과서 인쇄 및 발행을 독점하고 있는 교사협회(Khurusapha)와 정부간 계약을 조작하면서 2억 5,000만 바트의 뇌물을 받은 사건이 1998년 6월에 적발되었다(조흥국 2000: 592-593).

국가부패방지위원회는 또한 신헌법에 명시되어 있는 고위 공직자들의 재산공개의 의무에 따라 부총리 겸 내무부장관인 사난 까촌쁘라삿(Sanan

Kachornprasart)이 1997년 가을에 공개한 재산 수치를 문제 삼았다. 국가부패 방지위원회는 사난이 수치를 엉터리로 내고 조작된 서류를 제출하였다는 결론을 내렸다. 그에 따라 군장성으로 오랜 기간 민주당의 영향력 있는 정치인이었던 사난은 2000년 3월에 공직에서 물러났다(Südostasien aktuell Mai/2000: 188-189).

신헌법에 따라 독립적인 기관으로 설립된 선거위원회가 그 기능을 처음으로 발휘한 것은 2000년 3월의 상원의원 선거에서였다. 태국 역사상 처음으로 치러진 상원의 직접선거는 종래의 국회의원 선거에서 항상 나타난 바 투표매수를 포함한 선거 부정의 문제를 보여주었다. 선거위원회는 부정 선거 혐의가 있는 78명의 당선을 무효화하고 35개의 주에서 재선거를 실시하도록 하였다. 그러나 78명 중 44명이 재당선되자, 선거위원회는 3차 투표를 명하였다. 그 후 조금이라도 문제가 있는 자가 재당선되면, 지역에 따라 4차 혹은 5차 투표로 이어졌다. 마지막 의석은 7월 중 5차 투표의 결과 정해졌다. 이러한 과정을 통해 선거위원회가 보여준 과감한 결정과 활동은 태국 국민들에게 선거풍토에서 점차 부정부패가 사라질 수 있다는 희망을 주었고 태국에 혁신적인 선거문화를 내리는 데 중요한 기여를 한 것으로 평가된다(조흥국 2001: 569-570).

2001년 1월의 총선은 1997년 신헌법 제정 이후 선거에서 태국 시민사회의 힘이 보다 직접적으로 나타난 현장이었다. 우선 약 70%에 달하는 높은 투표참가율은 정치 참여와 개혁에 대한 태국 시민들의 높은 관심을 보여주었다 (*Bangkok Post*, 2001년 1월 28일). 2001년 총선은 그동안 금권정치에 익숙한 많은 구식 정치인들에게 패배를 안겨주었다. 예컨대 방콕 근교의 공단 지역인 사뭇쁘라깐(Samut Prakan) 주는 오래 전부터 앗사와햄(Asavahame) 집안의 인물들에 의해 지배되어 왔다. 이 집안의 우두머리인 왓타나(Wattana) 앗사와햄은 석유 판매와 도박장 운영, 부동산 거래 등을 통해 거부가 된 자로, 한때 미국의 CIA에게 마약 거래의 혐의를 받기도 하였다. 이 집안은 사뭇쁘라깐

주의 지방행정에 막대한 영향력을 행사해 왔을 뿐만 아니라 투표함에 부정표를 집어넣는 등 조작과 폭력 등의 방법을 통해 선거도 좌지우지해 왔다. 그러나 2001년 총선에서 왓타나의 동생과 사위와 두 아들은 지역구 선거에서 모두 패배하였다. 더군다나 이 집안이 활동해오던 정당인 랏사돈(Rassadorn) 당은 전국구 의석을 확보하는 데 필요한 5%의 득표율을 달성하지 못함으로써, 랏사돈 당의 전국구 리스트에 올라가 있던 왓타나와 그의 몇몇 오래된 정당 동지들도 국회 진출에 실패하고 말았다(Ukrist 2001: 37).

태국의 정당정치 역사에서 오랜 전통을 갖는 찻타이(Chart Thai) 당의 경우 33석을 얻어 국회 진출에 필요한 5% 선은 넘었지만, 1980년대 중엽부터 1990년대 중엽까지 전국적인 정당으로서 태국 정부를 이끌었던 정당들 가운데 하나였던 이 당은 이번 선거를 통해 지역적인 정당으로 추락하고 말았다. 이 당이 선전한 곳은 당수인 반한이 막대한 영향력을 갖고 있는 수판부리(Suphanburi) 주 외에, 촌부리(Chonburi), 앙통(Ang Tong), 부리람(Buriram), 나콘사완(Nakhon Sawan) 등 몇 개 주에 불과하였다(Thailand's General Election 2001; Ukrist 2001: 37-38).

1997년 이후 태국 시민사회의 활동은 이상 살펴본 정치적 분야뿐만 아니라, 특히 경제위기의 극복과 관련하여 경제적 분야에서도 활발하게 전개되었다. 경제위기의 발발 후 태국에서는 그 극복을 시도하려는 노력들이 전개되었으며, 그것은 다양한 형태로 나타났다. 어떤 단체는 산업화에 역점을 둔 기존의 성장 위주의 자본주의적 경제 시스템을 계속 유지해야 한다고 주장하였다. 이 주장은 대개 정부 혹은 관변 경제 단체들이나 경제학자들에게서 나왔다. 예컨대 태국 정부는 우선 바닥난 외화보유고를 확보하기 위해 국제통화기금(IMF)을 비롯한 여러 국제적인 금융기구들로부터 대규모의 차관을 얻었다. 이를 통해 태국은 한국과 마찬가지로 국가의 경제 운영에 있어서 곧 IMF의 간섭을 받게 된다.

그러나 IMF의 간섭을 통한 경제위기 해결방안은 많은 경우에 있어서 태국의 상황에 적합하지 않은 것으로 드러났다. 예컨대 IMF가 제안한 국가예산 삭감과 세금 인상과 고금리 등의 방책은 태국 국민들의 생활에 경제위기의 후폭풍과 같은 타격을 주었다. 이로써 정부에 대한 태국 시민들의 신뢰는 더욱 상실되었다. 실제로 1997년 가을에 방콕대학교(Bangkok University)가 전국의 총 2,412명의 시민을 대상으로 실시한 설문조사는, 아래의 〈표 2〉에서 나타나는 것처럼, 일반 시민들이 경제위기의 해결에 대한 태국 정치인들의 능력을 그다지 신뢰하고 있지 않았다는 것을 보여준다.

〈표 2〉 경제위기 극복을 위해 태국이 취해야 할 방안에 대한 태국 시민의 의견

방 안	동의함	동의하지 않음	견해 유보
외부전문가를 정부에 초빙해야 한다	56%	27%	17%
문제해결을 연립정부의 국회의원들에게 전적으로 맡긴다	20%	62%	18%
태국의 재정부에 전적인 권한을 준다	51%	25%	24%
IMF가 태국 정부에 대해 재정적인 간섭을 행사한다	58%	16%	26%
태국 국민들이 태국산 상품을 사용하도록 권장한다	84%	9%	7%

출처: *Far Eastern Economic Review*(1997년 10월 9일: 16-17)

　　1997년 경제위기는 태국의 시민사회로 하여금 기존의 자본주의적인 외적 성장 위주의 경제발전 시스템을 문제시하고 경제발전을 위한 대안적 방안을 위해 고민하게끔 만들었다. 그리하여 시민사회의 다양한 부문은 특히 경제위기의 해결을 위한 방안을 국가에 맡기지 않고 스스로 모색하기 시작하였다(Bell 2003: 66-67).

　　경제위기의 극복을 위한 노력으로 어떤 단체는 태국 회사의 주식을 외국 투자자들에게 팔지 말고 타이인들끼리 보유하여 민족 기업을 육성·발전시켜야 한다는 "경제 민족주의" 논리를 펴기도 하였다. 이러한 시각은 위의 〈표 2〉에서 태국 국민들이 국산품을 이용하여 태국 기업을 살리자는 것에 84%나 동의하였다는 설문조사의 결과에서도 나타난다. 또 다른 단체는 자본주의와 세계화의 경제가 1997년 경제위기의 근원이라고 비난하면서, 태국이 종래의 모든 경제 방식을 포기하고 자급자족적인 농업생산 체제로 되돌아가야 한다는

다분히 급진적인 견해를 제시하기도 하였다(Jung Ku-Hyun et al. 2003: 62-63).

마지막 두 가지 형태의 노력이 시민사회 쪽에서 나온 것으로 볼 수 있는데, 경제위기에 대한 시민사회 측에서의 반응은 그 위기를 하나의 특별한 금융상의 현상으로 보는지 혹은 그것을 발전도상에서 나타나는 더욱 광범위한 위기의 일부로 간주하는지에 따라 크게 두 범주로 구분된다.

첫 번째 범주에서는 태국이 외환보유고가 바닥나 있는 채 엄청난 대외 부채를 지고 있어 곧 국가적 도산의 위기를 맞이할 것이라고 우려하면서, 태국이 금융상의 위기로부터 벗어나도록 하기 위해서는 국민들이 절약하고 기부금을 낼 것을 강조한다. 1997년 12월 프라 파욤 깔라야노(Phra Phayom Kalayano)라는 한 불교승려에 의해 시작된 기부금 모집운동은 "구국기금(Save the Nation Fund)"의 결성을 가져왔다. 1998년 4월에는 루앙 따 마하 부아(Luang Ta Maha Bua)라는 동북부 출신의 또 다른 승려에 의해 "1톤의 금과 100만 US$" 기부금 모집운동이 일어났다. 이 운동들을 통해 모금된 돈의 액수는 천문학적인 국가 부채 상환에는 거의 도움이 되지 않았지만 상징적 의미를 갖고 있었다. 그것은 태국 국민들에게 국가가 위기를 맞이하였을 때 국가를 위해 무엇인가를 할 수 있다는 긍지를 심어주었으며, 나아가서는 민족주의적 정서의 함양과 확대의 계기가 될 수 있었다는 것이다. 태국 정부가 위기 발발 후 곧 "타이인이 타이인 돕기(thai chuay thai)" 기금모집운동을 전개한 것도 국민정서의 그같은 측면에 착안하였기 때문일 것이다(Jung Ku-Hyun et al. 2003: 64-65).

두 번째 범주는 대안적 발전 방안을 모색하는 것으로, 이 범주의 옹호자들은 빈자연합, 다양한 비정부기구들, 공동체 기반의 조직들, 시민네트워크, 비판적 학자들 등과 같이 대개는 이미 활동을 해오고 있던 그룹들이다. 그들은 농촌의 자급자족적 생계방식 등과 같은 대안적 발전 방안에 대한 과거의 경험을 중시한다. 이들이 제시한 대안적 발전의 모델이 되는 활동들로는 대안적 농업

생산, 공동체 소유의 비즈니스 활동, 농촌공동체에 의한 천연자원 운영 등이 있다. 때마침 푸미폰(Bhumibol) 국왕은 1997년 12월에 자신의 생일을 기하여 행한 대국민 TV담화에서 과거의 발전 방식보다는 자립적인, 자급자족적인 경제를 통해 위기를 극복할 것을 제안하였다. 국왕의 연설은 타이 사회 전체에 큰 파장을 미쳤다. 정부는 급기야 대안적 방안을 정책에 도입하여 공동체의 사업과 공동체를 강화하는 제반 활동을 육성하는 프로그램을 시행하기 시작하였다. 또한 정부와 시민사회간 협력이 증가되기도 하였다.

두 번째 범주에 속하는 것으로 다른 해결방안은 농촌과 도시간 기존의 "연계 끊기(de-linking)"를 제시하기도 하였다. 그들은 그동안 농촌 지역의 자원이 도시에 의해 착취당해 왔음을 지적하면서, 이 문제를 해결하기 위해서는 농촌들이 농촌끼리의 저축과 소비를 육성하고 농촌 자립적인 생산체제를 구축하며, 농촌 경제를 일방적으로 운영하려는 정부의 시도에 저항해야 한다고 주장한다(Jung Ku-Hyun et al. 2003: 66-67).

또 다른 보다 현실적이고 생산적인 해결방안으로, 기업을 농촌 지역으로 이전하여 농촌의 노동력을 고용하려는 노력도 나타났다. 메차이 위라와이타야(Mechai Viravaidya)라는 이름의 한 타이인은 기업과 농촌 발전을 연계시키는 '태국농촌개발선도사업(Thai Business Initiative in Rural Development)'이란 프로그램을 만들어 태국의 큰 기업들을 한 개 혹은 여러 개의 마을과 연결시켰다. 태국에서 비영리단체로서는 가장 큰 '주민지역사회발전협회(Population and Community Development Association)'를 이끌고 있는 메차이는 이 협회의 이름으로 농촌에서 땅을 사서 특정 프로젝트를 위한 공장을 짓고 능력 있는 큰 기업들을 불러들이는 사업을 벌였다.

그러한 프로젝트로서 그동안 매우 성공적인 실적을 보이고 있는 것 가운데 하나로 태국 동북부의 나콘 랏차시마(Nakhon Ratchasima) 주의 짝까랏(Chakkarat)에 소재하고 있는 나이키 빌리지(Nike Village)가 있다. 4개의 마을이 포함되어 있는 이 '빌리지'에 세계적인 회사인 나이키가 들어가 공장을 세웠다. 나이키 빌리지는 멀리서 보면 휴양지처럼 보이나 실제로는 500개의 일자리를 제공하는 작은 산업단지인 셈이었다. 이 지역의 주민들은 공장에서 일하며 돈을 벌기도 하지만, '태국농촌개발선도사업' 프로그램의 일환으로 나이키 측으로부터 저리의 자금을 대출 받아 소규모의 장사를 하기도 하였다. 대부분의 대출금은 그 사이에 상환되었다. 이 프로젝트는 농촌과 기업 양측에게 모두 이익을 준 성공적인 프로그램으로 평가된다(조흥국 2001: 578-579).

타이인들은 경제위기 극복을 위한 노력을 통해 자신들의 생계유지를 위해 국가에 의존하는 대신 시민 상호간의 의존을 더욱 중시하는 것을 배우게 되었고 그러한 차원에서 공동체의 재건과 활성화를 추구하게 되었다. 그리하여 풀뿌리 수준의 시민 혹은 공동체 조직들간 상호 네트워크의 형성이 더욱 강화되었다. 그러한 네트워크의 하나로 1999년에 약 20개의 단체가 참여하여 설립한 시빅네트(CIVICNET)가 있다. 시빅네트는 조직 결성의 목적이 태국에서의 시민사회운동 강화에 있음을 분명히 밝혔다. 이를 통해 시민사회 강화에 대한 타이인들의 관심이 지속적으로 증가되어 왔음이 다시 한 번 입증된다(Jung Ku-Hyun et al. 2003: 58-59).

8. 결론

1960년대 말에 태동하기 시작한 태국의 시민사회운동은 1970년대 민주화와 공산주의 운동 등 이념지향적인 성격으로 발전되었다. 그것은 1960년대부터의 태국의 독재적인 군부 정권에 대한 민중의 저항으로 나타난 것이었고, 그것도 당시 동남아에서 베트남전쟁이란 냉전체제의 극단적인 시대적 배경과 맞물려 있었던 것이었다.

1970년대 후반 태국 정치사의 어두운 시기를 지난 시민사회운동은 1980년대부터 활성화되기 시작하였는데, 그것은 무엇보다도 "쁘렘 통치체제(Premocracy)"라고도 불리는 1980년부터 1988년까지 쁘렘 총리의 집권 시기에 사회에 대한 국가의 정치적 통제가 많이 완화되었기 때문이었다(Girling 1996: 20). 이 시기 시민사회운동은 적어도 1980년대 전반까지의 경제적 불황 속에서 무엇보다도 농촌 개발의 문제에 집중되어 있었다. 즉 1970년대 정치적 이슈에서 1980년대 경제적 이슈로 그 초점이 이동된 것이었다.

시민사회운동은 1990년대에 들어서서 개화기를 맞이하였다. 그 배경은 1980년대 말부터 시작된 것으로, 여기에는 냉전체제의 와해와 그로 인해 시민들이 민주주의에 대해 더욱 적극적인 자세를 갖게 되었다는 점, 경제적 성장으로 인해 중산층이 강화되었다는 점, 그리고 세계화의 영향이 있었다. 세계화는 한편으로는 태국의 농촌 경제에 큰 타격을 주고 산업노동력이 더욱 착취되는 문제를 가져왔지만, 다른 한편으로는 국가의 힘을 약화시키고 농민 및 노동자의 빈곤층으로 하여금 사회문제와 그것의 개선에 대한 비판적인 인식을 갖게 만들었다.

이로써 시민사회운동에는 도시의 중산층뿐만 아니라, 도시 및 농촌의 "힘 없는 자들"도 적극적으로 참여하는 새로운 현상이 나타났으며, 그러한 시민사회운동은 태국 전역으로부터 지지자를 얻어 대규모의 활동을 전개하게 되었

〈사진 6〉 빈자연합(Assembly of the Poor)의 대중집회. 참가자들이 든 깃발에는 '가난한 자'를 뜻하는 타이어 "콘 쫀"(Khon con)과 영어 "poor"가 쓰여 있다.

다. 시민사회운동은 이제 국가에 대해 정치와 경제와 사회 등 모든 부문에 있어서 민중의 참여를 요구하면서 이를 위한 적극적인 행동을 취하게 되었다. 정치적인 민주화를 위한 운동은 1991-92년 민주화 시위와 그 이후 헌법 개정에 대한 요구에서 나타났으며, 경제적 정의를 위한 운동은 무엇보다도 빈자연합의 활동에서 엿볼 수 있었다.

태국의 시민사회운동은 1997년 경제위기를 계기로 본격적인 활동 단계로 도약하였다. 그 이유는 무엇보다도 경제위기를 통해 국가의 위상이 크게 약화되고 사회의 위상이 상대적으로 강화되었기 때문이었다. 강화된 시민사회는 정치적으로는 1997년 신헌법 제정에서 그 힘을 보여 주었으며, 경제적으로는 농촌공동체의 강화와 경제위기 극복을 위한 노력에서 나타났다. 특히 신헌법은 1997년 말 이후 시민사회에게 태국의 정치와 관료사회의 개혁을 강하게 압박할 수 있는 제도적인 힘을 제공해 주었다(Ukrist 2001: 37).

태국의 시민사회는, 이 글에서 엿볼 수 있는 것처럼, 특히 1990년대를 지나면서 강력해졌다. 빠숙은 그 배경을 다음과 같이 분석한다. 첫째 태국의 시민사회가 국가의 힘과 행동에 도전하기 위한 근거를 획득하는 데 있어서 매스미디어의 공로가 컸다. 이와 관련하여 1992년 민주화 시위는 한 획기적인 사건이었다. 특히 태국 최초의 독립적인 TV방송채널인 ITV의 역할은 큰 의미를 갖는 것이었다. ITV는 사회적 및 정치적으로 심각한 이슈에 더욱 많은 방송시간을 할애했으며, 기존의 활자매체에서의 수준을 능가하는 부정 및 불의 폭로 보도 방송을 도입했다. 이것은 다른 TV채널들에게도 영향을 미쳤다. 둘째 비정부기구들은 지역 주민들의 불만사항과 요구사항을 매스미디어와 전문가와 관련 시민단체 네트워크 등과 연결시켜 줌으로써 갈수록 지역주민 그룹과 지역주민들의 사회적 활동을 위한 촉매제의 역할을 해왔다. 지역주민들과 관련된 이러한 활동을 통해 비정부기구들의 힘도 덩달아 커졌다. 셋째 시민사회운동에서, 빈자연합의 사례에서 볼 수 있는 것처럼, 우산조직(umbrella organization)의 역할이 갈수록 중요해지고 있다. 우산조직들은 특히 그들이 광범위한 산하조직들의 다양한 이해관계를 대변하게 되면서 공공정책의 결정에서 갈수록 중요한 역할을 행하고 있다. 넷째 인권 문제가 국가를 대상으로 한 시민사회운동에서 갈수록 핵심적인 부분을 차지하고 있다. 이러한 변화는 특히 1990년대 이후 일어난 것으로, 그것은 금권정치에 물든 선거와 정당정치에 대한 태국 국민들의 실망이 계속됨으로써 시민사회 차원에서의 인권의 중요성이 더욱 고조되었기 때문이었다. 1990년대에 태국 시민사회에서의 인권 이슈는 본고에서 묘사된 1997년 신헌법 제정에서 그 절정을 이루는 헌법 개정을 위한 노력과 지역 개발과 관련된 농민들의 이해관계를 지키기 위한 운동 등 두 가지 주요 흐름을 갖고 있었다(Pasuk 1999: 13-15).

필자가 이 글에서 밝히기 위해 노력한 것처럼, 지난 수십년 간 태국에서 국가와 시민사회간 관계는 지속적으로 변화하여 왔으며, 그 변화의 방향은 대체로 국가의 약화와 시민사회의 강화로 요약된다. 약한 "세 번째 힘"으로서 출발한 시민사회는 끊임없이 자신의 영역을 넓히고 국가에 대한 영향력을 증대시켜 왔다. 여기서 끝으로 국가에 대한 태국 시민사회의 두 가지 접근방식에 대한 빠숙의 분석을 소개하고자 하는데, 이 분석은 태국 시민사회운동의 전반적인 구조와 특징을 잘 보여주는 듯 하다.

첫 번째 접근방식은 근대화를 계속 추진함으로써 목표를 달성할 수 있다는 것으로, 그것은 예컨대 1990년대에 추구되었던 헌법 개정 등을 통해 시민의 권리와 법이 변화되기를 바란다. 이 시각에 있는 자들은 태국의 경제와 사회가 산업화된 서구 사회의 모델을 따라 계속 발전해야 한다고 본다. 그들은 또한 중앙의 관료사회나 지역의 세력에 의해 휘둘리고 착취당해온 태국 농민들을 교육과 기술을 통해 자본주의적 농민들로 업그레이드시키거나 주권의식을 지닌 "도시적인" 시민으로 발전시켜야 한다고 주장한다.

두 번째 접근방식에서 우선적으로 중시되는 것은 지역주민들의 권리를 보호하고 증대시키고 그들에게 유용한 정치적 공간을 최대화하며 관료사회나 지역 세력의 영향력을 최소화하는 것이다. 여기서는 정치나 법적인 개혁에 대해서는 그다지 많은 기대와 관심을 두지 않는다. 목표는 데모나 저항, 네트워크 결성, 기성 문화에 대한 공격 등을 통해 "약한 자들"의 정치적 공간을 확대하고 이들의 정치적 저항을 증대시킴으로써 달성된다고 본다. 그 투쟁은 구체적으로는 농민들의 생계 문제와 직결되어 있는 토지, 수자원, 삼림 등에 대한 소유 및 통제권을 둘러싼 국가와의 분쟁으로 나타난다. 이 시각은 첫 번째의 것과 마찬가지로 태국 농촌 지역에서 계속 유지되어온 온정주의와 후견주의적인 사회 구조에 대해 비판적이다. 그러나 그 사회 구조를 타파하는 방식은 "밑으로부터(from below)"의 도전과 개혁이어야 한다고 본다.

이상 두 가지 접근방식의 차이는 부분적으로는 계급적 성격으로도 설명될 수 있다. 첫 번째 방식은 근대주의적 성향의 중산층에 뿌리를 두고 있는 도시적인 성격이 지배적이다. 그에 비해 두 번째 방식은 농촌적인 성격이 보다 강한 것으로, 농촌의 가난한 농민 계급에 그 뿌리를 두고 있다. 그러나 그 계급적 차이는, 빠숙도 지적하는 것처럼, 농촌과 도시간 연대와 네트워크 결성 등을 통해 점차 그 의미를 상실해가고 있다(Pasuk 1999: 15-17).

참고문헌

김홍구 · 윤진표. 2002. "태국과 인도네시아의 시민사회운동비교." 『한국태국학회 논총』 9: 89-133.

송경아. 2000. "1997년 신헌법 제정을 통해 본 태국의 정치개혁에 관한 연구." 서울대학교 석사학위논문.

윤진표. 2001. "태국의 정당정치." 고우성 외. 『동남아의 정당정치』. 서울: 오름.

조흥국. 1996. "태국." 홍기창 · 하영선 편. 『아시아 · 태평양 1996』. 서울: 까치.

______. 1997. "태국." 홍원탁 편. 『아시아 · 태평양 1997』. 서울: 까치.

_____. 1998. "태국의 경제위기와 사회문화적 변동." 국제한국학회 제4회 학술대회.

_____. 2000. "태국·라오스." 조동성 편. 『아시아·태평양 2000』. 서울: 서울대학교출판부.

_____. 2001. "태국·라오스." 조동성 편. 『아시아·태평양 2001』. 서울: 서울대학교출판부.

_____. 2004. "태국의 내부 식민주의와 이산(Isan) 정체성에 관한 연구." 오명석 편. 『동남아의 지역주의와 종족갈등』. 서울: 오름.

Asia Times Online. Hong Kong. 각호.

Baker, Chris. 2000. "Thailand's Assembly of the Poor: Background, Drama, Reaction." *South East Asia Research* 8(1): 5-29.

Bangkok Post. Bangkok. 각호.

Bell, Peter F. 2003. "Thailand's Economic Crisis: A New Cycle of Struggle." Ji Giles Ungpakorn, ed. *Radicalising Thailand: New Political Perspectives*. Bangkok: Institute of Asian Studies, Chulalongkorn University.

Englehart, Neil A. 2003. "Democracy and the Thai Middle Class: Globalization, Modernization, and Constitutional Change." *Asian Survey* 43(2): 253-279.

Far Eastern Economic Review. Hong Kong. 각호.

Fox, Leslie. 1995. "Civil Society: A Conceptual Framework." USAID Global Bureau Center for Democracy.

Gellner, Ernest. 1996. *Conditions of Liberty: Civil Society and Its Rivals*. London: Penguin Books.

Girling, John. 1996. *Interpreting Development: Capitalism, Democracy, and the Middle Class in Thailand*. Ithaca: Southeast Asia Program, Cornell University.

Hewison, Kevin J. 2003. "Crafting a New Social Contract: Domestic Capitalist Responses to the Challenge of Neoliberalism." Ji Giles Ungpakorn, ed. *Radicalising Thailand: New Political Perspectives*. Bangkok:

Institute of Asian Studies, Chulalongkorn University.

Jung Ku-Hyun, Anuchat Poungsomlee, Mochammad Maksum and Tae Kyu Park. 2003. *Civil Society Response to Asian Crisis: Thailand, Indonesia and Korea*. Seoul: Institute of East and West Studies, Yonsei University.

Missingham, Bruce D. 2003. *The Assembly of the Poor in Thailand: From Local Struggles to National Protest Movement*. Chiang Mai: Silkworm Books.

Moller, Joanne. 1999. "Education, Gender and Civil Society in Thailand." 7th International Conference on Thai Studies, Amsterdam.

Pasuk Phongpaichit. 1999. "Civilising the State: State, Civil Society and Politics in Thailand." The Wertheim Lecture 10. Amsterdam: Centre for Asian Studies Amsterdam.

Pasuk Phongpaichit. 2002. "Recent Popular Movements in Thailand in Global Perspective." *Asian Review* 15: 1-20.

Pasuk Phongpaichit and Chris Baker. 1995. *Thailand: Economy and Politics*. Oxford: Oxford University Press.

Prudhisan Jumbala and Maneerat Mitprasat. 1997. "Non-governmental Development Organisations: Empowerment and Environment." Kevin Hewison, ed. *Political Change in Thailand: Democracy and Participation*. London: Routledge.

Rodan, Garry. 1997. "Civil Society and Other Political Possibilities in Southeast Asia." *Journal of Contemporary Asia* 27(2): 156-178.

Südostasien aktuell. Hamburg: Institut für Asienkunde. 각호.

Thailand Development Research Institute. 1999. *Social Impacts of the Asian Economic Crisis in Thailand, Indonesia, Malaysia and the Philippines*. Bangkok: Thailand Development Research Institute.

Thailand's General Election 2001. Bangkok Post. January 2001.

Ukrist Pathmanand. 2001. "Globalization and Democratic Development in Thailand: The New Path of the Military, Private Sector, and Civil Society." *Contemporary Southeast Asia* 23(1): 24-41.

Wedel, Yuangrat and Paul Wedel. 1987. *Radical Thought, Thai Mind: The Development of Revolutionary Ideas in Thailand.* Bangkok: Assumption Business Administration College.

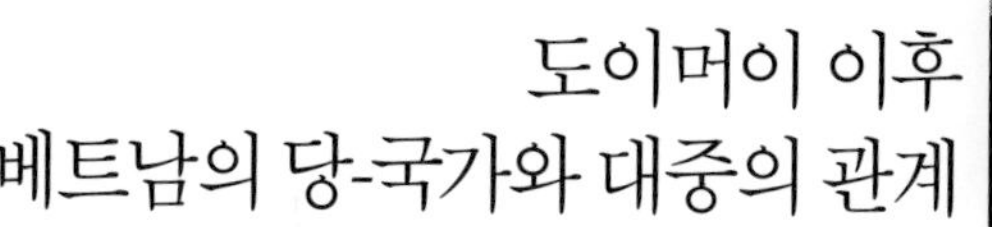

도이머이 이후
베트남의 당-국가와 대중의 관계

제4장

도이머이 이후 베트남의 당-국가와 대중의 관계

▮노영순

1. 머리말

베트남에서 공산당과 대중의 관계는 피와 살의 관계로 비유된다. 이는 1930년 창당 이래 공산당이 프랑스 식민 지배를 극복하고 독립을 주도하는 과정에서, 그리고 남북의 통일을 이루는 과정에서 그 생존과 승리의 터전을 대중에 두었음을 의미한다. 그러나 북부에서는 1956년, 남부에서는 1975년 이후 공산당이 국가와 등치되는 당-국가 체제가 성립된 이래 당과 대중의 관계는 통치자와 피통치자라는 구조 속에 놓이게 되면서 간극이 커졌다. 당-국가의 지도자들이 적극적으로 대중의 구체적인 상황과 이해를 파악해야 하고 당의 정책이 대중에 미치는 영향을 세심하게 살피고 탄력적으로 대응해야 한다는 당위가 퇴색했다. 여기에다가 대중이 당과 그 간부들에게 미칠 수 있는 영향력이 감퇴되면서 베트남 공산당의 대중 지향적인 정치는 퇴화하고 대중정치 (popular politics)의 원리도 손상되었다(Womack 1987: 480-481).

그러나 1986년에 도이머이(Doi Moi)를 채택하면서 당-국가는 대중 정치의 중요성을 재인식하게 되었다. 시장경제체제의 도입이라는 새로운 경제-사회 환경 하에서 경제발전이라는 당면 목표를 달성하고 당-국가의 국가권력 독점 체제를 유지하기 위해서 대중과의 긴밀한 관계 회복이 무엇보다도 중요하다는 인식을 했기 때문일 것이다. 이 논문은 바로 도이머이라는 새로운 경제-사회 환경 속에서 베트남공산당이 대중과 맺고 있는 관계를 구체적으로 살펴보고자 한다. 이를 위해 당-국가와 대중 사이를 다리 놓고 있는 대중조직의 변화에 첫 번째 초점을 두었다. 당, 국가에 이어 베트남에서 세 번째로 중요한 정치조직으로 인정되어온 이 대중조직의 최근 변화를 보면 당과 대중의 이해가 어느 지점에서 수렴되고 분산되는지를 파악할 수 있으며 당과 대중의 관계가 변화하는 방향을 잡아볼 수 있을 것으로 기대한다.

국가정책을 결정하는 당의 입장이나 관점에서 문제를 보지 않고, 최근 베트남공산당과 사회 혹은 대중과의 관계 논의에서 자주 보이듯 정책이 집행되는 과정에 혹은 사회집단이나 대중의 정치행동 양식에 초점을 두면 검토되어야 하는 문제의 각도는 달라진다. 대중은 당-국가 체제하에서도 이를 이루는 복잡하고 다양한 당원, 기구, 제도를 이용하여 주체적으로 국가와 "협상(negotiating)" 혹은 "대화(dialogue)"를 한다는 논지(Koh 2001: 279-281)는 바로 당-국가의 정책결정과 사회와 대중에 의한 정책 실행 사이에는 '제3의 공간'이 존재함을 분명히 보여줄 뿐만 아니라 당-국가와의 관계에 있어서 대중의 주체성이 작동하고 있음을 시사한다. 제3의 공간 안에서 무시되거나 변화되어 버린 정책을 강제하지 않거나 묵인하고 추인함으로서 베트남의 당-국가는 오히려 대중에게 정치적 정통성을 갖게 되는 측면이 있다. 본고는 이렇듯 '베트남식 정치사회'를 이해하는 나름대로의 해법에서 한발 더 나아가 '시민 단체'라고 부를 수 있는, 대중의 주체성이 적극적으로 작동하는 단체에 두 번째 초점을 두어 도이머이 이후 베트남의 당-국가와 대중의 관계를 이해해 보고자 한다. 도이머이라는 새로운 환경은 대중들의 자발적 조직체인 시민 단체의 성장을 가져왔다. 이들은 자신을 둘러싼 제반 문제를 스스로 정의하고 이의 해결을 도모하는 주체라는 점에서 베트남 사회의 다변화를 보여주는 단적인 예이다.

인구의 3%에 지나지 않는 공산당원을 기초로 한 공산당의 지배가 보완되는 데 결정적인 기여를 하고 있는 대중조직의 변화와, 당-국가 구조에 느슨하게는 연결되어 있으나 본질적으로는 자립적이며 한때 국가의 영역으로 간주되었던 일에 관련하는 시민 단체를 살펴본다는 것은 베트남에서의 당-국가와 대중의 관계를 이해하는 관건이다.

2. 당-대중 관계 변화의 맥락과 내용

1) 도이머이 시기 베트남공산당의 정책과 호찌민사상의 강조

당-국가와 대중의 관계가 변화하게 되는 전체적인 맥락에 접근하기 위해 1986년 도이머이 이후 베트남 사회의 변화를 일별해 볼 필요가 있다. 여기에서는 주로 5년마다 개최되어 이전까지의 성과와 문제를 비판적으로 고찰하며 향후 국가운영에 지침이 되는 이념과 정책을 제시하는 베트남공산당 전국당대회의 문건을 통해[1] 베트남 사회의 운영방식이 지속되고 변화되는 국내외적 계기와 변화의 양태를 살펴보겠다. 특히 1997년 아시아경제위기 이후에는 매년 두 번 개최되는 중앙당 전체회의에서 논의되는 국가의 주요 문제와 그 해법에 주목하겠다.

통일 이후 10년간(1975-1985) 베트남이 사회주의 국가건설을 위해 추구해 왔던 계획경제체제가 극심한 인플레이션을 비롯하여 거시경제 안정화와 성장에 실패했을 뿐만 아니라 인민이 일상에서 소모하는 재화는 물론 식량마저도 부족한 상황이라는 심각한 경제공황에 직면하자 베트남공산당은 경제에 대한 사유를 새로이 해야 했다.[2] 1986년 12월 제6차 전국당대회는 "과도기에 사회주의를 건설하는 노선에 도이머이가 필요하다"고 주장하면서 사회주의 경제개혁의 일환으로 시장경제원리를 도입했다. 사회주의로 가는 도상에서 베트남의 현재 위치에 맞는 목표는 경제-사회를 안정시키고, 사회주의 공업화를 강력하게 추진하기 위해 필요한 제반조건을 마련하는 것으로 설정되었다. 이를 위해 관련 제도와 구조가 조정되었다. 이에는 정부의 경제 관리조직 개선, 법

---

1) Nguyen Nguyen, *Viet Nam Dinh Huong Xa Hoi Chu Nghia trong The Gioi Toan Cau Hoa* [세계화 시대 베트남의 사회주의적 지향] NXB Ban Tre, 2001. 전국당대회와 중앙위원회전체회의의 문건과 논의 주제에 관해서는 특별한 주를 달지 않는 한 이 책에 근거함.
2) 이 시기(1975-1985) 베트남 정치의 변화와 본질에 관해서는 다음의 논문을 참조. Carlyle A. Thayer, "Political Development in Vietnam," Paper presented to a National Conference on Vietnam in Sydney in 1985, http://wuarchive.wustl.edu/doc/coombspapers/ otherarchives/ asian-s.

체제의 정비 및 개정, 비사회주의 요소들의 자유화, 농업과 공업부문에서의 개혁이 포함되었다(안승욱 1997: 76-82). 초기 혼란을 거듭한 도이머이 정책은 1988년 중반부터 작동하기 시작했다.

나름대로의 성취3)에도 불구하고 베트남은 여전히 경제공황을 벗어나지 못하고 도이머이 정책도 여러 한계를 드러내고 있는 상황에서, 그리고 대외적으로는 세계사회주의권의 전면적인 공황으로 소련과 동유럽의 정권들이 멸하는 것을 목도하면서 열린 제7차 전국당대회(1991년 6월)에서는 두 가지 중요한 결정이 내려졌다. 먼저 이 대회는 사회주의로 가는 과도기에 경제-사회의 발전을 위한 전략으로 도이머이를 계속 하기로 결정했다는 점에서 전 대회의 기본 노선을 견지하고 있다. 다음은 '베트남사회주의'라는 목표를 실현하기 위해 당과 대중이 가져야 할 이데올로기가 재설정되었다. '호찌민사상'은 이제 도이머이 과정에서 마르크스주의를 견지하고 사회주의 정향을 계속 지키면서도, 베트남이 독립적이고 창조적인 사유를 발휘하여 사회주의 국가를 건설하는 작업에 부합하는 방법과 형식을 가져다 줄 수 있는 그리고 베트남 인민이 당과 함께 사회주의 실현을 위해 체현해야 할 사상으로 전면에 등장하게 되었다. 당과 대중 간의 관계에서는 당의 영도적인 지위가 재삼 강조되었지만, 민주의 가치와 함께 당과 인민의 관계를 올바르게 정립해야 할 필요성과 그 제반 조건 마련의 당위성도 언급되었다.

1996년 1월에 열린 제8차 전국당대회는 지난 10년간의 도이머이 정책은 성공적이었다고 평가하고 공업화와 현대화를 강력히 추진할 것을 결의했다. 실제 이 기간 동안 도이머이의 중점이 통화가치 평가절하, 탈-농업집단화 그리고 국제무역규제 완화조치에 두어짐으로서 물가가 안정되었고, 농업생산량은

---

3) 베트남 도이머이의 성과에 대해서는 안승욱, "베트남의 개혁개방과 경제발전전략,"『한국과 국제정치』, 1997; 양길현, "베트남·미얀마의 개혁·개방 비교: 도이머이와 군부통치 자유화,"『한국과 국제정치』, 제13권 특집호, 1997. 본고에서는 다루지 않은 도이머이 직후의 성과와 이에 대한 평가는 Lewis M. Stern, "The Scramble toward Revitalization: The Vietnamese Communist Party and the Economic Reform Program," *Asian Survey*, Vol. 27, No. 4, April 1987 참고.

특기할 만할 정도로 증가했을 뿐만 아니라 외국인직접투자(FDI)도 상당 부분 증가했다. 이러한 성과가 바탕이 되어 처음으로 이 대회에서는 도이머이 개혁의 속도, 깊이 그리고 폭에 대한 논의가 공개적으로 이루어지기도 했다.

그러나 베트남이 본격적으로 공업화와 현대화의 단계로 진입하려고 노력하고 있던 차에 아시아경제위기가 들이닥쳤다. 외국인직접투자의 감소를 통해 베트남도 비로소 아시아경제위기를 직접 실감하게 되었다. 베트남에 대한 외국인직접투자가 주로 아시아경제위기라는 폭풍권에 들어가 있던 싱가포르, 대만, 홍콩, 한국에서 왔던 까닭에 1996년 약 83억 달러이었던 외국인직접투자는 1997년에는 54억 달러 정도 그리고 1998년에는 2년 전 대비 28% 정도밖에 되지 않는 24억여 달러로 대폭 감소했다(Pham Hoang Mai 2003: 82). 동아시아는 외국인직접투자의 70%를 제공하고 있었을 뿐만 아니라 베트남 수출의 75%를 차지하는 시장이었던 까닭에 아시아경제위기는 베트남의 수출 시장에도 타격을 주었다(Pham Hoang Mai: 85). 베트남에 대한 투자 감소와 베트남 수출 감소는 경제성장률 저하 그리고 국내총생산(GDP)의 둔화로 이어졌다. 1998년말 세계은행의 보고에 따르면 아시아경제위기로 베트남은 국내총생산의 12%, 즉 30억달러에 해당하는 손실을 보았다고 한다(Thayer 2001: 5). 그러나 아시아 경제위기를 베트남 경제에로 옮긴 직접 원인인 외국인직접투자의 감소를 자세히 살펴보면 대부분이 부동산 부문에서 생겼으며(1996년에는 42.8%를 점했던 비율이 1997년에는 7.6%로 하락) 나머지 부분에서의 감소는 거의 없었기 때문에 그 파장은 비교적 크지 않았다(Masina 2002: 201)는 주장도 있다. 이렇듯 아시아경제위기가 베트남 경제에 미친 영향을 평가하는 데 있어 일정한 편차가 존재한다. 아시아경제위기가 베트남에 미친 영향의 대소 문제는 당시 베트남 경제-사회에 대한 논평가들의 긍·부정적 시각과 밀접한 관계를 가지고 있다. 베트남공산당도 이를 인식하고 있었다. 적어도 공개된 장에서 베트남의 당-국가가 아시아경제위기를 처리하는 방식은 아래에서 보는 바와 같이 감소된 외국인투자 감소분을 벌충하는 수준을 넘지 않았다.

아시아경제위기는 당차원에서 도이머이에 대한 논의를 활성화시켰으나 그 속도와 폭을 변화시키지는 못했다. 제4차 중앙당전체회의(1997년 12월)는 포괄적이고 변함없이 도이머이 정책을 '나름의 걸음으로' 계속할 것임을 재확인했다(Quan Xuan Dinh 2000: 5). 이는 외부의 압력 때문에 도이머이의 속도와 폭을 조정하지는 않겠다는 의지의 표명이었다. 이 전체회의가 열렸던 시점에는 베트남 화폐(동, dong)의 불환성, 베트남 경제의 아시아 지역경제에의 통합 정도가 낮았던 점과 더불어 사회주의 지향의 시장경제 덕분으로 베트남은 아시아경제위기의 영향권에 들지 않을 것처럼 보였다. 그러나 제5차 중앙당전체회의가 열렸던 1998년 7월 아시아경제위기가 체감되기 시작했다. 그러나 회의문건을 통해 보건데 빠져나간 외국인투자를 상쇄시키기 위해 국내 자원을 동원해야 할 필요성이 강조된 것 이상의 논의나 대책은 없었다. 이 전체회의의 주제는 경제 자체라기보다는 이념과 안정을 중시한 정치에 있었다. 1998년 10월에 개최된 제6차 중앙당전체 제1차회의를 즈음해서 아시아 경제위기의 영향은 더욱 두드러지게 나타났다. 그러나 외국인투자가 더욱 위축됨에 따라 해외교포(비엣 끼에우, 越僑) 자금의 동원이 중시되었던 점을 제외하면 이 회의의 초점은 "농업과 농촌지역"에 대한 결의안 채택이 대표적으로 보여주듯 농촌 개발 정책에 있었다. 이어진 제2차회의에서는 부패, 과도한 관료주의, 개인주의, 당내 분열로 야기된 당원의 타락 문제에 대처하는데 중점이 두어졌다. 당은 '비판과 자아비판'을 시작했으며 새로운 정치 교육을 촉구했다. 즉 반-부패 캠페인을 통해 당의 위신을 진작시키고자 했다. 1999년 8월의 제7차 중앙당전체회의에서도 경제개혁보다는 내부 정치문제가 주요 관심사이었다(Quan Xuan Dinh, 2000: 5-6). 베트남공산당의 해법은 아시아경제위기의 영향을 최소평가하면서, 폭넓은 개혁을 주장하는 국내외 세력으로부터 자신을 방어하고 부패문제로 떨어진 대중의 신뢰를 회복하는 데에 있었다. 이는 당 내부를 향해서는 당건설로, 대중을 향해서는 '풀뿌리민주주의'로 표현되었다. 경제를 정치로 푸는 방식, 즉 경제 불안정을 정치 안정으로 푸는 방식을 통해 베트남공산당은 위기를 이용해 당의 쇄신과 안정을 강조함으로서 체제를 강화시키는 경향을 가지고 있으며 또한 대중에 대한 민감도 혹은 탄력성을 가지고 있다고 보여진다.

아시아경제위기로 유발된 베트남의 경제 문제 해결이 급선무라는 인식을 가지고 포괄적인 경제 개혁안을 주장했던 이들의 -세계은행과 같은 국제 사회와 기구들을 포함한 - 제안은 받아들여지지 않았다. 이는 도이머이로 인한 개방과 경제 발전이 베트남 정치 민주화를 가져올 것으로 기대했거나, 경제위기를 계기로 그 발생 원인인 베트남 정치구조나 형태에 변화가 있어야 한다고까지 생각했던 외부관찰자들에게는 이해할 수 없는 현상이었다.[4] 오히려 아시아경제위기는 '고삐 풀린' 자본주의가 가져올 수 있는 부정적인 영향에 대한 경종이 되었으며, 자유방임적 경제발전의 위험을 발견하게 하고, 당-국가 주도의 사회주의 계획경제에 대한 필요를 새삼 자각하게 했다. 이는 당의 주도와 통제 하에 도이머이가 진행되어야 한다는 최소한의 원칙에 정당성을 부여하기에 충분했다고 보인다. 국내외의 개혁 지지자들이 주변국의 통화가치 평가절하로 투자와 생산 기지로서의 베트남의 비교우위가 낮아졌으며, 여기에 더해 베트남의 관료주의적 번잡함이나 부패로 인해 외국인 투자가들이 더욱 멀어지고 있으며, 또한 아시아경제위기가 고삐 풀린 자본주의의 결과라기보다는 "정실 자본주의(crony capitalism)", 즉 책임을 지지 않는 정부, 국가 간섭, 국고보조금, 외국인 경쟁의 부족, 전반적인 정책과 법 투명도의 부족의 결과라는 점을 설득시키려 해도 소용이 없었다(Abuza 1998: 1120).

2001년 4월 12일부터 22일까지 열린 제9차 전국당대회는 중앙에 직속하는 72당부의 2,479,717당원(전체인구의 약 3%)을 대표하는 1,168명의 대표자가

---

4) 막스 사이델은 이러한 현상을 설명하고자 한 연구자 중의 하나이다. 그는 개혁(1991-1996)의 성과 및 추세를 분석함에 있어 베트남의 통치 트로이카 - 당 총서기, 수상, 대통령- 의 자리를 누가 차지하느냐에 주목하여 베트남 정치의 본질은 분파적이고, 만장일치적이며 그리고 권력 균형이 항상 작용하는 까닭에 폭넓은 개혁에 무게를 실어줄 수 있는 [전권을 가진] 정치지도자의 등장이 어렵다고 분석했다. Mark Sidel, "Generational and Institutional Transition in the Vietnamese Communist Party: The 1996 Congress and beyond," *Asian Survey*, Vol. 37, No. 5, May 1997 참조.

참석했다. 도이머이가 본격적으로 실행되었던 지난 십년간(1991-2000년)의 성과를 가름하고 2001-2010년 경제사회 발전을 위한 전략을 제시한 이 대회에서5) 가장 주목할 만한 사실은 소련과 동구권 몰락 이후에 베트남 사회주의 건설의 길을 제시했던 호찌민사상이 거의 만능사상으로서 완비되었다는 점이다. 이 대회는 "당과 인민은 베트남을 마르크스-레닌주의와 호찌민사상의 기초 위에 사회주의 길을 따라 건설한다"고 결의했다. 호찌민사상은 당과 인민의 커다란 정신적 자산으로 과거에 그랬던 것과 같이 앞으로도 계속하여 베트남의 투쟁과 승리의 길을 비추어줄 것이라 주장되었다.

> 호찌민사상은 베트남혁명의 근본문제에 관한 전면적이고 깊은 사상 체계이며, 마르크스-레닌주의를 베트남의 구체적인 조건에 창조적으로 적용하고 발전시킨 결과이자, 인류문화의 정수를 받아들이고 민족의 아름다운 전통가치를 계승하고 발전시킨 산물이다. 이는 민족해방, 계급해방, 인간해방에 관한 사상이며, 사회주의와 민족독립을 연결하고, 민족의 저력을 시대의 힘과 결합한 사상이다. 인민의 힘, 민족단결, 인민이 주인 되는 권리, 인민의 인민에 의한 인민을 위한 국가건설에 관한 사상이다……경제와 문화발전에 관한 사상이다……당 간부를 지도자이자 인민의 충성스러운 종이 되게 하는 사상이다(Nguyen Nguyen 2001: 206).

특기할 만한 사실은 호찌민사상은 이제 '세계화'라는 담론과 함께 강조되고 있다. 세계화는 이제 선택의 문제가 아니라 객관적인 조건임을 베트남공산당이 인정했음을 뜻하며, 이를 최대한 선한 방향으로 이용하려는데 합의한 것 같다. 이런 의미에서 본다면 도이머이는 시장에로의 '개방'에서 세계로의 '개방'으로 한 단계 더 나아갔다고 평가할 수 있다. 이 대회는 또한 사회주의로 가는 길에 거쳐야 하는 장기과도기에는 여러 노정, 여러 경제, 사회 조직형식을 거쳐야 함을 설득하려 했으며 호찌민사상과 함께 사회주의 지향 시장경제가 의미하는 바를 더욱 분명히 제시하려고 했다. 적어도 이념 차원에서 공산당은

---

5) 이 대회에서 발표한 베트남공산당 중앙위원회의 보고는 영문으로 이용이 가능하다. The Communist Party of Vietnam, Central Committee, *Report to the 9th National Congress*, April 2001.

사회주의 실현을 먼 미래로 설정하고 이에 이르는 장기과도기에는 시의에 맞는 모든 전략과 전술을 동원할 수 있는 여지를 확보함으로서 자유로워진 것 같다.

장기 과도기와 호찌민사상이 강조된 이면에서 평등주의의 중요성, 계획 경제의 이점, 그리고 시장 경제의 악성 따위는 침묵되었다. 시장 경제의 이점을 인정하고 공산주의의 실현을 아주 먼 가능성에 맡기는 일이 근대화되고 산업화된 부강한 베트남을 건설하기 위해 필요하다고 강조되었지만, 이는 또한 사회주의로 진행하는 과정에서 당-국가가 가지는 정치적 정통성을 버렸다는 비난을 면할 수 없다. 이러한 모순이 만들어낼 수 있는 대중의 개인적인 믿음과 공식적인 이데올로기 사이의 간격이 더욱 명백하게 드러나고 있는 것도 사실이다(McCormick 1998: 131). 베트남 반체제론자들의 주장을 빌지 않더라도 이데올로기는 베트남공산당이 권력 독점을 유지하기 위한 수단이다. 이는 최소한 이론적으로는 경제 발전을 위한 도구와는 아무 관계가 없으며, 더욱이 공산당의 권력 독점에 의문을 제기하거나 권위주의적 정권에 대한 비판을 가져올 수 있는 여지는 언제나 남아있다(Abuza 1998: 20). 언젠가 벌거숭이 임금님을 외칠 소녀가 등장할 지도 모르지만 역사적으로 베트남공산당의 탄력성을 볼 때 공식 이념 자체가 가지고 있는 모순이나 이와 대중이 가지고 있는 인식 간의 간격은 그리 중요하지 않을 수도 있다.

2) 사회변화와 당-대중 관계의 '도이머이'

1998년 시점에서 베트남은 아시아경제위기의 충격을 받았음은 물론 국내적으로도 도이머이의 첫 국면이 고갈되었고, 정치적으로 당의 정통성은 부패, 실업 등으로 도전받았다. 이는 앞 절에서 보았듯이 공산당으로 하여금 무엇보다도 국내 안정을 우선시하는 정책을 취하게 한 이유이기도 했거니와 일부의 학자들이 시장 경제의 작동에 필요한 포괄적인 법적 토대와 기구 메카니즘을 두는 후-도이머이(정치 자체의 개혁과 변화까지도 의미한다는 뜻에서 도이머

이II라고도 이야기되는) 정책의 필요성을 논한(Vasavakul 1998: 8) 배경이기도
하다.

베트남의 도이머이 즉 개혁개방은 당에 경제성장과 발전이라는 이익만을
가져오지는 않았다. 도이머이는 많은 사회적 문제들을 키웠다. 통일 후 남베트
남 정권의 비정통성을 증명하는 현상으로 선전되었던 매춘, 도박, 마약중독,
가정폭력은 이제 베트남사회주의공화국에서도 커다란 사회문제가 되었다
(Wischermann 2003: 880). 정치적으로 이보다 민감한 사안이기도 한 부패는
증가일로에 있었다. 경찰보고에 따르면 1999년에 발생한 알려진 부패는 1,115
건이며, 건당 86,000달러가 불법적으로 당 관리들의 주머니로 들어갔다
(Kerkvliet 2001: 264). 앞서 언급한 대중의 생활과 공적 미디어가 표현해 내는
것 간의 간극에 더하여 사회주의 체제의 유산인 약한 법 체제와 의회 기구
그리고 대표체 기관들이 가지고 있는 한계로 말미암아 기존의 제도적 장치를
통해서 해결되지 못한 문제는 폭력이나 부패로 나타나 대중의 일상에까지 직
접 영향을 미친다. 또한 기존의 제도나 자리를 이용하여 도이머이가 가지고
온 경제 기회를 사적으로 착복하는 경향도 증가시켰다. 때문에 부패는 언제나
정치적인 성격을 가진다. 베트남 지도자들도 부패가 정치와 정권 안정에 심각
한 위협 요소라는 점을 잘 알고 있다(McCormick 1998: 138-9). 베트남의 당-국
가가 이 문제를 해결하지 않는 한 당과 대중의 관계는 멀어지며 심지어 파정에
이르게 할 정도로 중대한 문제이다. 베트남에서의 부패는 半자본주의와 半사
회주의가 만들어낸 골에서 생겨난 현상으로, 바로 이 골에서 당 간부는 지위와
권력을 남용하여 국가와 공공의 재산을 자의적으로 처분할 수 있다(Abuza
1998: 22). 때문에 베트남에서의 부패는 단순히 정권의 문제일 뿐만 아니라
체제의 문제라는 한 단계 높은 차원을 갖는다.

베트남이 '시장 지향적'으로 움직여가고 이에 따라 그 경제가 아시아지역
과 세계 경제에 편입되면서 사회주의 체제에서 당-국가가 최소한 선언적으로
는 산간 오지에 이르는 전국의 모든 단위에 대해 행사했던 개발적이고 분배적

인 역할에 본질적인 변화가 초래되었다(London 2003: 125). 특히 인민대중의 입장에서 보면 시장경제는 국가에 대한 의존도를 줄었다. 공산당은 여전히 통치 정당으로 남아 있고 사회 집단에 자치권을 그리 많이 이전하고는 있지 않지만 개혁은 상당정도로 사회에 대한 국가의 통제를 약화시켰다. 농민, 노동자, 지식인, 기업인들은 더 많은 자율권과 기회를 가지게 되었다. 지역과 국제 경제에 참여한다는 것은 다른 나라에서 들어오는 정보를 접하기 쉬워지며 외국인과도 접촉할 기회가 많아짐을 의미한다(McCormick 1998: 130).

이처럼 당의 입장에서 볼 때 도이머이 진행 기간 중 발생한 사회악과 권력형 부패·폭력을 제거하여 당의 영도력을 입증해 보여야 할 과제와 시장으로의 경제체제 이동 중에 대중이 확보한 자율성 내지는 무정부성을 규제하는 문제는 중요했다. 도이머이 시기에는 그 이전 대중이 공식적인 이념을 소비하고 체제에 봉사하도록 구상되었던 기구나 조직들은 약체화될 수밖에 없었다. 이는 당이 배분해줄 수 있는 자원의 부족 상태에서 줄곧 약화되어 왔다고 볼 수 있으나 도이머이 이후 대중이 당을 통해서가 아니라 시장을 통해서 자신의 이익을 추구하게 되면서 더욱 기능을 잃어버리게 되었다. 이러한 상황에서 당은 대중과의 관계 재설정을 통해 대중정당으로서의 입지를 굳히는 것이 당-국가의 정통성과 관련해 중대한 문제일 뿐만 아니라 사회 안정의 기본 요소라는 인식 하에 '대중노선 전략'을 채택하게 되었다(Vasavakul 1998: 1).

앞에 언급한 시장지향적 사회주의론이나, 호찌민사상의 세련화는 바로 이러한 문제 해결을 위해 거대담론을 장악하려는 공산당의 노력의 일환이다. 이와 함께 당은 대중의 정책 결정 참여권을 확대하여 대중 지향적 체제를 복구하려고 했다. 이는 무엇보다도 먼저 직접 대의 민주주의의 강화를 목적으로 한 국회(Quoc Hoi) 선거법 개정으로 나타났다. 1997년에 개정된 국회 선거법은 의원의 자격, 책임을 강조하고 선거권자와의 유리를 피하고 그 감독을 받는 형태로 개정되었다. 이전에는 중앙과 지방 기구의 당원, 그리고, 대중조직, 중앙과 지방의 행정기구, 그리고 군대의 대표 중에서 조국전선이 그 후보자를 선택했었다. 대중노선이 다시 강조되면서부터 전문직업인 단체인(Hoi quan chung) 변호사회, 작가회, 기자회 등과 과학·기술·교육·건강·문화·예술 그리고 경제 등 전문 분야의 대표자들도 물론 조국전선을 통해서이지만 국회에 입후보자를 낼 수 있게 되었다. 전통적인 대중조직에 더하여 전문가단체가 대표권을 가졌다는 의미는 강조될 필요가 있다. 왜냐하면 이들은 특히 도이머이 시기 동안 출현했던 비정부회(non-governmental associations)와 깊은 관련을 가지고 있기 때문이다(Vasavakul 1998: 2).

다음 장에서는 1990년 3월 제8차 중앙당집행위원회가 "당의 대중 활동을 도이머이한다. 당과 인민의 관계를 증진시킨다"(Nguyen Phuong Hong 2002: 348)고 선언한 이래 중앙차원에서 이념을 재정비하고 대의 대표체를 강화시키려는 정책을 시도하고 있었을 당시 대중조직은 어떻게 변하고 있었는지를 중점적으로 살펴본다.

3. 대중조직 활동의 변화와 노동자·농민 대중

대표적 대중조직인 총노동연단과 농민회의 변화를 구체적으로 살펴보기 전에 베트남에서의 대중조직의 종류 그리고 기능 그리고 전반적인 변화에 대한 개괄이 필요하다. 베트남공산당은 수많은 대중조직을 통해 인민들과의 관계를 유지한다. 대중조직은 베트남 식으로 표현하면 '정치조직' 혹은 '정치-사회조직'으로, 당 기구 그리고 국가 기구와 함께 베트남의 3대 주요 정치-사회조직체 중의 하나라는 위상을 점한다. 1990년의 시점에서 보아 전국 단위의 대중조직은 약 124개 그리고 지방과 도시 수준의 조직은 약 300개에 달했다. 베트남 사회의 여러 부분을 대표하는 이들 대중조직 중에서는 1989년 시점에서 7백만 회원과 만개의 지부를 가진 농민회(Hoi Nong Dan), 3백3천만 회원을 가지고 있는 총노동연단(Tong Lien Doan Lao Dong), 모든 학교에 지부를 두고 있는 호찌민공산청년단(Doan Thanh Nien Cong San Ho Chi Minh), 여성회(Hoi Phu Nu) 그리고 사용자 대표체인 상공회의소(Phong Thuong Mai va Cong Nghiep)가 중요하다. 당-국가와 직접 관련해서 이들 대중조직들은 전자의 프로그램과 정책을 인민에게 전달하고 시행하는 주체이다. 베트남공산당은 사회의 주요 구성원을 조직화한 대중조직을 1945년 이전에는 해방과 독립투쟁에 동원했으며, 베트남전쟁 시기에는 전쟁 투쟁에, 그리고 그 이후에는 정부의 사회주의 정책과 프로그램을 인민대중에 전달하는 통로로 이용했다. 통일 후 얼마 지나지 않은 1970년대 말과 1980년대 초에 이러한 대중조직의 전국망은 쇠퇴하기 시작했다고 한다. 그 이유는 부분적으로 당이 이들의 점증하는 영향력에 두려움을 가지고 있었기 때문이라고도 할 수 있지만 체제 안정에 따른 동원의 불필요에 기인한 바가 크다. 그러나 도이머이가 진행되고 민주화와 정치 개혁에 대한 요구가 증대하자 당은 대중조직을 부흥시키기 시작했으며 베트남의 정치 과정에서 대중 동원을 중심 요소로 재확립했다(Lockart 1997: 176; Abuza 2001: 2-3).

덕분에 현재 대중조직은 당-국가와 관련해서 그 정책을 받아 실행하는 일방적인 기능에서 벗어나 대중의 이익까지도 대변하는 양 차로로서의 기능을 회복하고 있다. 한편으로 대중조직은 여전히 법률, 이념 그리고 당의 강령을 전달하는 통로이다. 최근에 여성회, 농민회, 호찌민공산청년단, 총노동연단과 같은 대중조직이 하고 있는 아편, 매춘, 도박과 같은 사회악에 대항하는 전국적인 캠페인에의 동참은 그 한 예이다. 또 다른 한편으로 이들은 구성원들의 이해를 증진시키기 위해 당-국가의 의사결정에 참여하기도 하며 조직 구성원들의 의견과 생각 그리고 비판을 당-국가에 전달한다. 상공회의소는 투자법에 대한 논의에 그리고 1994년 입법과정에 관여하여 기업가들을 위한 로비를 했다. 총노동연단은 최저임금제, 파업권, 그리고 다수의 노동자들이 지지하는 정책을 실현시키기 위해 정부에 압력을 행사했다. 농민회는 정부가 농민을 잘못 다루고 있다고 비판하면서 국가가 농민에게 저리의 융자를 늘이고 농민의 필요를 충족할 수 있는 프로그램을 실행하도록 압력을 가했다. 특히 1993년 토지법 개정과정에서 토지

양도권이 허용되어야 한다고 강력히 주장한 것도 농민회였다(Kerkvliet 2001: 246-7). 이와 함께 도이머이 이후 이전까지는 대중조직의 종 기능에 불과했던 구성원에 대한 복지 서비스를 제공하는 업무가 점차 중요해지고 있다.

1) 베트남 노동조합(총노동연단)의 변화상

베트남공산당은 창당 이래 여러 민족적 과제 앞에서 '전인민의' 당으로 인정을 받으려고 노력했으며 실제로도 어느 정도 그러한 측면이 있었다. 그러나 본질상 공산당은 착취당하고 억압받는 '프롤레타리아트'의 계급 이익을 대변하는 노동자 계급의 당일뿐이다. 이론상 그 어느 당도 '전인민의' 당이 될 수 없다. 이러한 맥락에서 소련과 동구의 몰락 원인 중 하나는 공산당이 당 건설에는 관심이 없고, 노동계급의 본질에서 멀어져 노동 계급과 노동 인민의 당이 아니라 한 별파조직으로 화했기 때문이라는 지적이 베트남 노동계에서 나오기도 한다(Nguyen Viet Vuong 2002: 304). 이렇듯 당위와 현실간의 괴리가 야기하는 불안과 불만은 아래 인용문에서 읽히듯이 도이머이라는 새로운 환경이 베트남의 노동자계급을 가장 보수적인 계급으로 만들고 있지 않나 하는 의구심을 갖게 한다.

> 당이 (노동 계급에 대한) 영도를 방기하는 것은 원칙에 대한 오류이며, 국가 권력과 정치 계통에 대한 포기이며, 정권을 장악하려는 반동분자들에게 문을 열어주는 행위이다. 오늘날 기회주의자들은 공산당의 영도권을 빼앗기 위해 '민주(con duong dan chu)'를 주장하며, '다원주의', '다양성'이라고 부르는 사조를 고취시키기 위해 있는 힘을 다하고 있다(Nguyen Viet Vuong 2002: 320).

경제개혁은 노동자의 노동환경에 커다란 변화를 가져왔다. 이에는 특히 국영기업의 구조 조정, 계약제도의 도입, 노동시장의 등장, 국가가 제공하던 노동자 혜택의 감소, 기업의 이익과 손실이 경영자에게 맡겨짐으로 인해 노동자 관리, 고용과 해고 등 전 부문에 걸친 사용자의 권력 증대가 포함되며 노동자들에게 노동은 불안정하고 강도가 세어졌을 뿐만 아니라 사회주의 복지도 이제 더 이상 주어진 조건이 아니게 되었다(Chan 외 1998: 176). 특히 실업과 반실업은 노동자의 삶의 근거를 불안하게 한다. 현재 통계에 따르면 실업하거나 반실업상태인 노동자가 있는 가정이 50%를 넘고 있다. 40%의 노동자가 1달에 300,000동(약 20달러) 이하의 낮은 급여를 받고 있으며, 73.4%의 노동자가 수입을 보충하기 위해 일과 후에 다른 일에 종사하고 있다. 2002년이 발표된 공식 실업률은 6%이지만 실제로는 노동 인구의 25%가 실업이나 반실업 상태에 있는 것으로 추산된다(Nguyen Viet Vuong 2002: 312; Chan 외 1998: 177-8; www.usvtc.org/ Labor/LaborCodeAmendts2002.pdf). 이러한 상황에서 '당은 노동자계급의 입장에 대한 인식이 없으며 그들의 이익도 가벼이 여긴다'(Nguyen Viet Vuong 2002: 323)는 비판이 제기된다. 도이머이로 인해 새로 생긴 경제 기회가 노동자들의 삶을 전반적으로 향상시키고 다수의 노동자가 경제 발전의 혜택을 누리지 않는 한 이러한 비판은 정당성을 확보하고 힘을 얻게 될 것이다.

도이머이 이전 대다수 베트남의 노동자들은 국영기업의 노동자들이었으며, 공산당의 지배 하에서 '그 기업의 주인들'이기도 했다. 이들을 대표하는 공식적이고 유일한 중앙 차원의 대표체는 노동조합연맹이었다. 1975년 베트남 통일 이래 이 대중조직은 노동자 이익 보호, 국가자산(국영기업체) 관리, 노동 생산성 제고 그리고 구성원에 대한 사회주의 이념교육이라는 4가지의 기본 기능을 수행했다. 당시 노동자와의 관계에서 노동조합의 기본적인 책무는 상당히 포괄적이고 다양했다. 노동조합은 사회주의 사업을 위해 필요 물품을 노동자에게 분배하고 공동체를 위해 사회 활동을 조직하고, 노동자에게 주택을 할당하고 다른 물질적인 필요를 돌보았다. 노동자들을 동원하여 생산량 할당을 초과하게 만드는 것도 중요한 임무이었다. 노동조합은 전쟁을 지원하는 등 부가적인 업무도 수행했다. 노동조합의 간부들은 노동자의 일 관계 그리고 개인과 가족 문제에 대한 상담자가 되어 주기도 하고 고충처리원의 역할도 했다.

이에 더하여 이들은 병원방문서, 장례절차를 처리해주고 결혼의 편의를 제공하고 이혼을 중재하기도 하고 구제 기금을 나누어주기도 했다(Chan 외 1998: 174).

이러한 맥락에서 보면 당-국가와 관련하여 노동조합의 역할은 '대표체라기 보다는 행정체'이었다고 이해될 수 있다. 중앙 계획경제에서 시장지향적인 체제로의 전환을 의미하는 도이머이 정책이 실시된 이래, 특히 1989년 신노동조합법이 마련된 이래 이 대표체의 역할은 달라지기 시작했다(Li Qi 외 2002: 2, 19). 시장에서 기업가 집단과 자본의 영향력은 확장되었으며, 노동자와 고용자간의 이익과 권리는 상충될 여지가 더욱 많아졌으며 그리고 당-국가는 노동자에서 멀어져 거중조정자의 역할을 담당할 것이었다. 이러한 상황에서 노동조합은 당-국가로부터의 '독립'을 확보하는 방향으로 그리고 그 무게 중심은 노동자의 권리를 보호하는 데로 나아갔다.

물론 이러한 방향 설정은 노동조합의 독자적인 노력이라기보다는 당-국가의 지도를 받은 결과이기도 했다. 공산당은 최종 목표로서의 사회주의를 견지함으로서 유일 정치권력으로서의 입지를 양보하지 않으면서도 과도기의 시장경제 하에서 노동조합을 비롯한 대중조직에 독자성을 허용해 주면서 전인민의 거중중개자로서의 위치를 확보해야 할 필요가 있었다. 이러한 맥락에서 당은 새로운 경제-사회 환경이 일으킨 제반 문제 앞에서 당과 노동자를 매개해 주었던 노동조합에 다시 한번 주목하게 되었다. 제8차 전국당대회(1996년)에서 총노동연단을 포함한 대중조직에게 "회원과 단원을 다양한 조직형식 아래에 모으고, 그들을 교육하고 선전하여 그들의 이익과 구체적인 업무에서 승리를 거두도록 노력해야 한다"(Nguyen Viet Vuong 2002: 329)고 촉구한 데에는 노동조합을 비롯한 대중조직의 활성화 의지가 드러나 있다.

사실, 자치권을 가진 강한 노동조합 건설을 목적으로 천명하고 '신생, 공개 그리고 민주주의'라는 슬로건을 채택한 제6차 노동조합대회(1988년)를 기점으로 당은 노동조합에 대한 지배를 상당부분 완화하기 시작했다. 당시 당 총서

기인 응우옌 반 린(Nguyen Van Linh)은 대회에서 노동조합의 주요 간부가 반드시 당원일 필요는 없으며, 노동조합 간부는 당이나 경영진과는 다른 독자적인 입장을 표명할 것을 촉구했다. 이 대회에서 이제까지의 명칭인 베트남노동조합연맹이 베트남총노동연단으로 바뀌었다. 이에는 노동조합의 권력을 확장하고 분산한다는 정책적 함의가 내포되어 있다. 노동조합은 또한 '다부문 경제'의 부상으로 인해 국가, 집단, 사적 부분을 위한 별개의 노동조합 지부를 두어야 한다고 결의했다. 1990년대 중반의 노동법과 노동조합법을 보면 국가-조합주의적 구조를 가지고 있지만 베트남의 노동조합은 경영에 참가하지 않으며, 노동조합 지부를 창설할 경우 정부에 신고만 하면 된다. 베트남의 노동조합은 국제노동조합에 참여할 수 있으며, 국제기구와 외국 노동조합으로부터 기금을 받아 조합의 자산으로 할 수 있다. 조합 관리의 급여는 노동조합의 기금으로 지급되며 노동조합의 재원은 정부의 보조금도 물론 있지만 조합원의 조합비로 충당한다. 베트남의 노동조합은 노동계약, 고용, 해고, 임금, 보너스, 노동보호, 사회 보험과 같은 제도의 실행을 검사할 권한을 가진다. 베트남의 노동자는 모든 형태의 소유 기업에서 조합을 설립할 수 있으며 파업할 권리가 있다(Chan 외 1998: 184-190). 1994년 개정 노동법에 이어 2003년 1월부터 효력을 발휘한 재개정 노동법으로 인해 노동관련 규제 틀은 상당히 진보되어 있고 상세하여 국제노동기구(ILO)의 기준까지지도 만족시키고 있다는 평가를 받는다(Li Qi 외 2002: 21). 노동법과 노동조합의 법제화에 더하여 베트남에서 노동조합이 차지하고 있는 중요성을 상기시켜 주는 다른 요소들도 있다. 먼저 총노동연단은 61개 도시와 지방 노동조합 그리고 18개의 산업노동조합을 포괄하여, 공공부분 노동자의 95%, 국영기업 노동자의 90% 그리고 사영부분 노동자의 30%를 대표하는 노동조합들의 전국적인 중앙조직이다(Amending Labour Code of Vietnam 2003; www.fesspore.org/pdf/Trade%20Union/Final%20analysis%20Vietnam. pdf). 당-국가에서 차지하고 있는 위상을 감안해 보고 시장 경제에로의 전환과 사경제의 등장이라는 새로운 경제 환경을 고려해 볼 때 총노동연단의 의지와 능력은 상당히 중요한 의미를 갖는다고 볼 수 있다. 그러나 베트남에서의 노동에 관한 법과 그 조직의 규모에 비해 그리고 그 당위성에 비해 노동조합이 노동자의 권리를 행사하는 데 작용하는 예는 많지 않은 인상을 주는 것도 사실이다.

사실 노동법은 노동자의 이익만을 대변하지는 않는다. 베트남이 시장경제로 가는 과정에서 자본의 권리를 보호해주는 것 또한 필요하기 때문이다. 사기업 고용자 조직과 이들의 상공회의소가 베트남 당-국가의 공식 대중조직으로 인정받고 있다는 사실이 이를 분명히 말해주고 있다. 게다가 조직의 타성, 사회주의라는 이념의 유산 그리고 노동 평화와 외국 자본을 유치하고자 하는 당-국가의 노력 등으로 실제로 진행되는 모습은 다르다. 당의 노동자에 대한 관점은 선언적으로 상당히 명백할지 모르지만 실제에는 많은 한계를 가지고 있어 각 지부, 각 급 기관의 노동계급의 역할이나 위치에 대한 인식은 각기 다를 뿐만 아니라 경제개발 과정에서 중시되고 있지 못한 측면이 강하다. 그 예로 늘어나고 있긴 하지만 외국인 기업에는 노동조합이 활성화되고 있지 못하다. 수출특구 지역(export-processing zones)에도 노동법은 미치지만 이 곳의 사용자들은 노동권을 무시하는 경향이 있으며, 90% 정도의 노동자들이 임시직이어서 노동조합 결성의 방해 요소가 되고 있다(U.S. Embassy in Hanoi 2002). 1990년대 초 베트남의 국영기업의 절반이 폐쇄된 마당에서도 베트남의 노동조합과 산업노동자들 사이에서 커다란 소요는 없었다. 갈등이 일어난 경우도 협상으로 해결되곤 했다. 1989년부터 1994년 중반까지 보고 된 수백 건의 파업은 주로 1992년과 1993년에 남부에 있는 외국인 기업체에서 일어났다. 1995년에는 48건, 1996년에는 73건 혹은 90건, 1997년 8개월 동안에는 36건의 파업이 일어났으며 그 중 70%가 외국인 기업에서 있었다(Chan 외 1998: 180-1). 2002년 최근의 발표 수치를 보면 파업과 공장폐쇄가 총 56건이며, 4건이 국영기업체에서, 37건이 외국인투자 회사에서 그리고 15건이 국내 사영기업에서 있었다. 그러나 그중 노사 분규로까지 발전한 예는 없으며 대부분 임금과 작업장의 안전에 관한 문제로 협상이나 노동법정에서 해결되었다(U.S. Embassy in Hanoi 2002).

　노사의 갈등이 노동조합이 강하지 못한 외국인기업에서 주로 발생하고 있다는 점, 그리고 상대적으로 강한 노동조합과 열악한 노동자의 노동조건에도 불구하고 노사분규가 적다는 사실은 노동조합이 분규발생 이전에 행하는 조정의 역할이나 베트남인 사업장에서의 노동권에 동정적인 분위기로 부분적으로 설명될 수 있을 것 같다. 게다가 베트남에서 노동문제의 해결은 노동자의 요구에 동정적인 사법제도에 의해 지원을 받는다(U.S. Embassy in Hanoi 2002: 11). 베트남에서 노동자에 대한 노동조합의 의미는 당-국가에 대한 노동조합의 '특수한 관계' 만큼이나 복잡하고 미묘해 보인다.

　만약 총노동연단의 노동문제 해결 미흡이 노동조합의 기성권력화나 무력화와 관계있다면 그 외부에 존재하는 자발적인 노동회 집단이 더욱 중요한 의미를 지니게 될 것이다. 앞서 언급한 바와 같이 노동조합의 상대적 자율성 덕분에 노동회(labour associations), 직업노동조합(occupational unions)과 같이 자발적인(총노동연단의 외부에 존재하는) 노동 집단들이 부상하고 있어 노동자의 이익을 방어할 수 있는 여지는 증대되고 있다. 공식조직인 총노동연단과 같은 조직도 당으로부터 자율권을 더 확보됨에 따라 정부와는 예를 들어 최소임금 문제에서 다른 입장을 보였다. 이에서 보듯이 노동조합은 이제 국가와 집단적으로 협상할 준비가 되어 있는 듯 하다. 총노동연단은 앞서 보았듯이 노동조합법과 노동법 초안 논의에 공개적으로 참여했으며, 이로 인해 여러 가지 중요한 권리를 확보했다. 조직하고 파업할 수 있는 권리, 내부 구조를 변화시키고 국제 노동공동체에 참가할 권리 등이 이에 포함된다. 무엇보다도 정부가 후원하지 않는 노동 집단을 새로이 만들 수 있는 자유이며, 지역에 기반을 둔 노동조합(현재 총노동연단이 관할하는 79 지방과 도시 노동조합)에서 부문노동조합(sectorial industrial unions)으로 옮아갈 수 있는 기반을 가지게 되었다(Chan 외 1998: 190-9). 그러나 예를 들어 총노동연단이 당-국가와의 협상에 주력하고 있다면 실제로 노동자의 '현장문제'를 풀어가는 데 주요한 역할을 하고 있는 것이 노동회인가? 공식 총노동연단의 성공은 당-국가로부터 어느 정도 결과를 얻어내느냐에 명이 달려있다고 보아야 하는가라는 문제는 더 연구될 필요가 있다.

분명한 것은 현재 노동조합은 노동자에게 여러 가지 서비스를 제공하고 있다는 점이다. 공식적으로 현재 총노동조합이 하고 있는 서비스는 직업 훈련을 포함한 교육 프로그램, 상이군인과 장애자를 지원하는 사회 서비스, 직업창출 프로젝트를 재정적으로 지원하는 것, 법률 자문, 그리고 에이즈, 약물중독, 매춘에 관한 정보와 자문을 중심으로 한 정보 서비스와 고용 증진, 직업 소개와 같은 것이 있다(www.fesspore.org/pdf/Trade%20Union/Final%20analysis%20Vietnam. pdf). 노동자들도 현재의 조건에서, 많은 경제부문이 시장 기제를 따라 움직이고 있는 상황에서 새로이 발생한 문제에 대해 자신의 정당하고 합법적인 이익을 지키는데 도움이 되는 타당한 해결과 연구를 총노동연단에 요구하고 있다(Nguyen Viet Vuong 2002: 330). 노동자와의 관계에서 이전에 행했던 거의 모든 역할이 시장지향적 경제 개혁 하에서 무의미해진 상황에서 노동조합은 공업화와 현대화를 목표로 한 새로운 경제 운영 방식에 참여하고 있는 노동자의 요구에 답하기 위해 그 활동방법과 영역 그리고 내용을 바꾸어 실행해야 할 중대한 시점에 와있다.

2) 농민과 풀뿌리 민주주의

베트남 농민은 2003년의 시점에서도 전국 인구의 67%를 차지하는 다수 집단일 뿐만 아니라, 현대사에서 저변으로부터 사회변화를 일으키는 주된 동력이다. 도이머이 이전 농업 집단화 과정에서도 최종생산물 계약 제도를 관철시켜 농가와 농가 소집단이 청부량을 초과한 생산량에 대한 자유로운 처분권을 얻어낼 수 있었다. 토지소유권의 국가 귀속이나 협동농장이 생산성 후퇴를 결과하며, 토지 사용권의 장기 임대와 상속권 보장 그리고 농촌 경제의 상업화 진전은 농업생산력을 높이는데 기여한다는 사실을 입증한 것도 농민들이었다.

농업 생산조직의 탈집단화 및 가족농업의 재등장 과정에서 발생한 농지분규는 농민을 소극적 항의와 적극적 저항 운동을 전개하는 주체로 만들기도 했다(전상인 1994: 5; Wessner 2003: 9).

도이머이 기간에도 농민은 목소리가 가장 큰 집단이었다. 앞서 보았듯이 당-국가가 도이머이II를 향한 거시적인 프로그램을 제시해야 하며, 아시아경제 위기의 여진으로 후퇴하고 있는 베트남 경제의 활성화를 위해 폭넓은 논의가 필요했던 1990년대 말에 당-국가가 제일의 관심을 국내안정과 농촌개발에 두었던 데에는 농민의 소요 사태가 결정적인 역할을 했다. 여기에서는 1988년 탈집단화 이래 발생한 가장 커다란 경제 갈등(Vasavakul 1998: 5-6)[6]이라고 평가되는 타이 빈(Thai Binh) 지방에서의 농민의 소요와 동 나이(Dong Nai)에서의 농민의 시위를 검토하고 그에 대한 당의 대응을 구체적으로 살펴보겠다.

1997년 4월-8월 베트남 북부 타이 빈 지방에서 농민의 시위가 있었다. 부당한 세금 부과, '자발적 노동' 요구를 비롯하여 지방 관리에 의한 광범위한 권력 남용과 부패가 소요의 직접적인 원인이었다. 하노이 교외인 이 지역에 골프장을 만들기 위해 농민의 토지를 매입하고 농민을 소개시키는 과정에 여러 가지 부정부패가 개입되었던 것이다. 이어 농민들은 불평신고와 청원이라는 과정을 거쳐서도 문제가 해결되지 않자 성과 현 단위에서 합법적이고 평화적인 시위를 조직했다. 이 시위대가 경찰의 무장 진압을 받자 시위는 폭력 사태로 발전했다. 소요사태는 이 성 전체 235개 마을 중에서 130개 마을로, 7개의 현 중에서 6개의 현으로 번졌다. 하 떠이(Ha Tay)와 동 나이(Dong Nai) 지방에서도 비슷한 사건이 발생했다(Quan Xuan Dinh 2000: 5, nf.34). 일반적으로 상당히 조용했던 베트남 남부 동 나이 지방의 가톨릭교도들은 같은 해 11월 지방 관리가 성당에 속하는 토지를 전유한데 항의해 시위에 참가했다. 이들

---

6) HTML로 볼 수 있는 바사바쿨(Thaveeporn Vasavakul)의 논문은 베트남 현지 신문을 이용해 이들 시위를 비교적 자세히 묘사하고 있다. 이 시위로 현재 가택 연금상태에 놓여 이는 작가 응우옌 응옥 란(Nguyen Ngoc Lan)의 글("The Thai Binh Incident - A Vietnamese Perspective", Google.co.kr)도 시위를 이해하는데 도움을 준다.

농민의 시위는 지방 관리의 부패를 폭로한 사건인 동시에 당의 국가 장악에 대한 일종의 도전이라고 볼 수 있다(Truong 1998:3).

농민회가 집단으로서 실제 농민의 시위를 주도했는지 여하한 경우에든 어떤 식으로 관여했는지는 현재 확실하지 않지만 그 상황을 좌시하지 않은 것만은 확실하다. 120만이 넘는 농민호(ho nong dan)와 7백만이 넘는 회원을 가지고 있는 베트남농민회는 1997년 11월 하노이에 모여 정부가 농촌 부분의 문제를 도외시하고 있다고 비판하는 동시에 농촌의 무토지화, 실업 그리고 저투자 등 오래된 불만을 토로했다(Nguyen Phuong Hong 2002: 361). 이로 볼 때 농민회는 당의 주장, 노선, 정책을 농민에게 전달하고 농민계급을 동원하는 역할을 넘어 농민의 바램이나 요구를 당과 국가에 대변하고 있음을 알 수 있다. 농민회가 당-국가와 농민 대중과의 관계를 연결하는 통로로서 양방향성을 갖고 있으며 상황에 따라 무게의 중심이 후자 쪽으로 옮겨갈 수 있음을 시사한다고 하겠다.

농민의 시위에 대한 당-국가의 대응은 신속하고 포괄적이었다. 대통령 쩐득 르엉(Tran Duc Luong)이 타이 빈 지방을 방문하여 정부 관리에 의한 광범위한 공공기금과 토지의 남용 그리고 부당한 세금 부과가 있었음을 인정했다. 직접 관련된 관리 30여명은 감옥형을 면치 못했다. 그리고 이보다 배가 넘는 62명의 시위자는 평화와 질서를 교란한 죄로 기소되었다. 그 후속 조치의 일환으로 1999년 9월 시점까지 거의 2,000명에 이르는 지방 관리들이 재교육을 받았으며, 당 차원에서 반부패캠페인과 정치 교육이 일반화되기도 했다. 타이 빈의 소요는 당-국가에게 일정한 교훈을 주었다. 대통령은 이를 다음과 같이 표현하고 있다(Kerkvliet 2001: 265-7).

타이 빈에서의 사건은 우리 당이 이끄는 정치 체제의 단점을 드러냈다……비민주적인 관행이 성행하여 당, 국가, 그리고 정치적이고 사회적인 조직[대중조직]으로부터 인민들을 유리시키고 있으며 그 공백을 넓히고 있다. 그리하여 당 중앙위원은 풀뿌리에서 민주적인 구조를 세우는 정책을 기안하고 있다.

즉 농민의 소요가 당-국가에 준 교훈은 농촌개발과 풀뿌리민주주의에 힘써야 한다는 것이었다. 이 교훈은 즉시 정책화되었다. 농촌개발이라는 문제는 국영기업체 개혁과는 달리 당내에서 만장일치를 이루는 데 어려움이 없다는 장점과 더불어 당의 농촌 권력 기반에 대한 우려를 잠재우고 사회 안정을 이루는 관건이라는 일치된 인식이 있었기 때문이다(Nathan 1999: 203). 중장기적으로 볼 때 당-국가의 풀뿌리민주주의에 대한 강조는 당-국가에 대한 신뢰도를 높이고 행정의 투명도를 더하고자 하는 의도에서 비롯되었지만 대중의 정치참여를 제도화하고 있으며 실제 농민을 일정정도 정치에 참여시킨 결과를 가져왔다는 점에서 자세하게 설명할 필요가 있다.

베트남공산당의 문건과 정책에 반복적으로 언급되어 왔던 "인민이 알고, 인민이 토론하고, 인민이 집행하며 인민이 감독한다"라는 원칙은 모든 사회 집단과 시민이 정책을 만들어 내고, 실행하고 감시하는데 참여한다는 정부의 원칙을 대변한다. 이 원칙은 1998년 2월 당중앙위원회가 공포한 풀뿌리민주주의에 관한 법령으로 구체화되었다. 이 법령은 인민의 정치 참여를 4가지 수준 - 정보 공유, 의견 제시, 정책결정에의 참여, 모니터링 - 으로 정했다. 이를 실행하기 위해 1998년부터 2001년에 이르기까지 풀뿌리민주주의에 관한 수많은 관계 법령이 만들어졌다(Wescott 2003: 30). 이에 의하면 지방정부는 정책, 법률, 촌락의 장단기 사회-경제 발전 계획, 토지사용 계획 그리고 매년 예산안에 관한 정보를 촌락민에게 제공할 책임이 있다. 인민은 지방정부의 정책과 활동에 대해 알 권리 이외에도 그들의 기여 수준을 논의하고 결정하는데, 그들이 기여한 건설 프로젝트를 감시하는 지방 위원회를 구성하는데, 그리고 촌락의 인민위원회(People's Committee)와 인민의회(People's Council)의 활동을 평가하는 데 관여할 수 있는 권리도 보유하게 되었다(Bach Tan Sinh 2002: 55).[7]

---

7) Bach의 발표문 말미에 달린 SIDA의 보고서 (SIDA environmental fund in Vietnam 1999-2001 - sida evaluation 02/07 appendix 4: Policy Framework in Vietnam on Grass root Democracy) 참조.

크게 보아 풀뿌리민주주의를 위한 여러 법령은 베트남 사회가 중앙 계획 경제에서 멀어져 시장지향적인 경제 체제로 옮아가면서 발생한 문제를 해결하는 방식이다. 1980년대 사회주의 행정 틀이 붕괴하고 사회주의시기에 물려받은 절차의 복잡성을 극복하기 위해 국가와 사회 혹은 국가와 인민의 관계를 규율하는 적정한 행정·법적 체계가 필요했다. 그 직접적인 계기는 타이 빈에서의 농민의 소요에 대한 대응에서 비롯되었지만, 그 의의는 이제 베트남의 당-국가와 인민의 관계가 외적으로는 법적 관계로 내적으로는 풀뿌리민주주의와 참여라는 형태로 방향을 잡고 있다는 데에 있다. 이는 풀뿌리민주주의의 대상이 단지 농민이 다수를 점하고 있는 지방뿐만 아니라, 도시 말단의 행정단위와 국영기업체라는 단위에서도 똑같이 강조되는 것에서도 보인다. 그리고 이는 또한 위에서 언급한 것처럼 인민의 정치참여 뿐만 아니라 국가의 행정 결정과 일처리 방식에 대한 청원(khieu nai)과 비판(to cao)을 진정한 인민의 권리로 국회가 인정한 법을 통과(1998년 12월)시킨다거나 행정 갈등 처리에 관한 규정을 개정한다거나 하는 다른 여러 형태로 표현된 것에서 보이듯 일종의 행정개혁이라고도 볼 수 있다. 풀뿌리민주주의를 증진시키기 위해, 정치체제의 다른 요소들에 대한 개혁도 강조되었다. 즉 당 개혁, 촌락 인민위원회의 재조직, 조국전선 활동에 대한 개혁, 대중조직 특히 여성회, 청년단 그리고 농민회의 활동에 대한 개혁, 그리고 지방에서 주요 당원과 공무원의 개혁이 이에 포함된다(Vasavakul 2002: 44-6).

4. 시민단체의 활성화와 그 특징

베트남 사회의 변화 과정을 추적하면서 시민단체에 주목하는 이유는 무엇보다도 이를 '긍정적인 변화'를 가져올 수 있는 사회주체로 보기 때문이다. 이 변화에는 크게 민주주의로 대표되는 정치발전, 개발이라는 대표 명사를 가지고 있는 경제·사회·문화적 발전이라는 두 가지 측면이 있다. 여기에는 크게 두 가지 가정이 놓여져 있다. 첫째, 베트남 사회의 '현대화(modernization)'와 진행 중인 사회 변화로부터 새로운 사회 행위자가 나타났으며, 이들은 이 변화 과정을 지지하는 이들로 간주할 수 있으며, 이들의 공간이 새로운 정치적인 변화를 가져오는 터전이 될 수 있다(Wischermann 2003: 886-7). 둘째, 시민단체들은 국가와 시장에서 소외되거나 배제된 혹은 변화와 개혁 구체적으로는 현대화와 사유화(privatization) 과정에서 나타난 문제를 대중 스스로 파악하고 해결하려는 움직임의 하나로 규정할 수 있으며 이의 성장은 전반적인 사회 개발에 기여할 것으로 본다. 실제로 베트남에서 이런 시민단체들이 제 역할을 하고 있는 시민 사회가 어느 정도 존재하고 있느냐는 시민 사회에 대한 개념을 어떻게 규정하느냐에 따라 서로 다른 주장이 제기될 수 있다. 당-국가와는 독립적인 정치세력으로 입지를 가지고 있는가와 정치 발전을 가져올 수 있는 역량이 있는가라는 가장 엄격한 개념으로 정의한다면 현재 베트남에서 시민 사회의 존재는 약간의 예외를 제외하면 부정되기 일쑤이다. 그러나 정치 발전이나 개발을 위한 국가와 대중 간에 필요한 공간이 확보되고 있음은 사실이다. 막스 사이델은 다양한 베트남인의 집단은 국가로부터 공간을 확보하기 위해 노력하고 있으며 이는 동적인 베트남의 경제와 사회에서도 가장 흥미롭고 동적인 부분들이라고 평가했다(Sidel 1997: 293). 컬크브릿(B. J. T. Kerkvliet)은 사회에 대한 당의 지배가 줄어들었다는 점에 주목한다. 이는 정부로부터 독립적인 활동을 위한 공간이 증가했음을 의미한다(Dalton et al., 2). 이에 더하여 베트남의 맥락에서 당-국가, 대중조직 그리고 시민단체가 가지고 있는 기술적인 포섭관계가 탄력적으로 이해될 때 그리고 시민단체가 사회 개발에 간여하고 있는 실제적 역할을 볼 때 우리는 보다 적극적으로 베트남에서의 시민 사회의 활성화를 논의할 수 있다고 본다.

도이머이 이후 베트남 정치, 경제, 사회 다방면에서 변화가 진행되어 왔으며, 이에 따라 시민 사회도 팽창했다. 하나의 증거로 베트남에서 시민단체는 도이머이 개시 이후 지난 17년간, 특히 1990년대에 크게 증가했다. 2000년 하노이시와 호찌민시 두 도시에만 해도 소위 시민단체라고 부를 수 있는 단체가 700개가 넘는다는 현지조사가 있다(Wischermann 2003: 868). 물론 이때 시민단체는 광의의 범주로 앞 장에서 본 대중조직뿐만 아니라 전문가집단(professional associations), 문제중심조직(issue-oriented organization) 그리고 사업가들의 결사(associations of business-person)가 모두 포괄되어 있다. 이들 단체의 목적은 주로 구성원의 유대 강화와 이익의 극대화 그리고 '사회 문제를 해결하고자', '도움이 필요한 이들을 돕고자' 하는 데 있다. 앞의 둘을 기본 목적으로 가지고 있어 앞 장에서 본 대중조직과 유사한 성격을 가진 단체를 제외한 협의의 범주에 속하는 시민단체들은 지역간 그리고 단체 간 차이는 있어도, 사회에 직접 서비스를 제공하고 스스로 방법과 대안을 제시하고 관심을 환기시킴으로서 정부 정책에 영향을 미치기 위한 방법을 이용하는 데에는 한결같다(Wischermann 2003: 873-4).

시민단체의 활성화와 관련해서 논의의 차원을 세 가지로 나누어 볼 수 있다. 하나는 소위 '시민'이 조직적인 힘을 결성하고 발휘하는 형태나 추이, 둘은 여전히 중요한 행위자인 당-국가가 이를 조정하는 방식과 상황, 그리고 셋은 대표적으로 국제비정부기구들이 이에 작용하는 모습을 보면 베트남에서의 시민단체의 성격이나 활동영역 그리고 국가-사회와의 관계를 추론해 낼 수 있다.

먼저 대중을 주체로 보았을 때 이들의 시민단체 결성은 개혁이라는 공간에서 맞이한 다양한 사회·정치적 문제에 대응한 것이며, 이는 그대로 시민단체들의 주요 활동 영역을 규정한다. 즉 가정폭력을 비롯한 사회 문제, 무료 기술교육 실시, 공공의료 시설 설치 등과 같이 사회적으로 필요하지만 국가가 서비스를 제공할 수 있는 역량이나 의지가 없기 때문에 발생하는 공간을 채우고 있다. 이는 중앙 계획 경제에서 시장 지향적 경제로의 전환에서 전통적으로 당-국가의 책임이라고 믿어졌던 서비스 업무가 '사회화(xa hoi hoa)' 됨을 의미한다. 뿐만 아니라 많은 시민단체들은 연구, 조사, 자문, 훈련, 교육과 관련된 분야에서 대안 정책을 모색하여 정부, 국제비정부기구들, 그리고 인권조직들에게 제공한다(Wischermann 2003: 887). 이와 더불어 특기할 만한 사실은 이러한 성격을 갖는 시민단체의 설립자와 활동가들의 사회적 배경이다. 이들은 지식인 계층에 속하며 대다수가 공무원, 교수 그리고 교사이다 (Wischermann 2003: 878). 이러한 사회적 배경을 가진 이들이 베트남의 적극적인 민족주의자들이었고, 마르크스-레닌주의를 수용하여 베트남을 식민지에서 독립시키고 통일시키는 주역이었다는 멀지 않은 역사적 사실을 상기시킨다.

또한 대중은 도이머이 개혁으로 열리게 된 시장에 적극적으로, 그리고 이득이 되는 방향으로 개입하기 위해서도 자신들의 단체를 필요로 했다. 국가가 관장하는 경제 부분에 더하여 국가계획경제 하에서는 대표되지 못했던 비국가(non-state), 비집단(non-collective) 경제 부문이 사경제 부문과 함께 인정됨으로서 대중은 일정 경제 집단들의 구성원으로 새로운 시장에 필요한 정보, 훈련, 인력과 자본, 그리고 로비에 접근하기 위해 일종의 네트워크와 조직된 지지가 필요했다. 새로 결성된 조직은 대중의 견해와 입장을 당-국가에 전달하는 통로로도 사용될 수 있을 것이었다. 이는 기존의 대중조직이 무게 중심을 이동하게 된 이유를 설명해 주며, 소위 '부르조아지'에 속하는 지식인, 전문직업인, 경제인들이 중심이 된 시민단체들이 탄생하게 된 배경을 이해하게 한다.

대중조직에 대한 논의에서도 본 바와 같이 당-국가의 정책 주도권은 시민단체와의 관계에 있어서도 그대로 관철되는 경향이 있다. 크게는 대중조직을 포함한 전반적인 국가-사회 간의 관계 변화를 당-국가가 주도해 나가는 방식으로 설명되겠지만, 당-국가의 주도와 시민단체의 활성화와의 관계를 추적해 그 성격을 보다 자세히 논의해 볼 수 있다. 대중조직과 시민단체를 포함한 '대중단체'에 대한 당의 정책은 도이머이와 함께 시작되고 변화되었다. 1986년 제6차 전국당대회가 도이머이를 승인한 이후 대중 단체에 대한 당-국가의 정책은 대중 단체의 팽창과 제도화에 기여했다. 시민단체의 활동을 규율하는 규정은 1957년 발행된 단체에 대한 호찌민의 명령, 당의 명령, 그리고 정부가 발행한 문건에 기반을 두고 있었다. 당 지도자들은 도이머이가 승인된 이후 대중 단체의 발전을 격려했다. 그 이유는 개혁이라는 맥락에서 개혁 지도자들은 도이머이의 지지층을 가능한 한 광범위하게 확보해야 할 필요를 느꼈기 때문이다. 특히 대다수의 당원과 국가부문 관계자들이 개혁 과정에 전념할 지가 의심스러운 상황에서는 더욱 그러했다. 여기에다가 통일전선 전략을 기본으로 하고 있는 호찌민사상으로의 복귀와 국가 건설에 참여시키기 위해서도 대중 동원이 절실했다(Vasavakul 2002: 41). 그리하여 당-국가는 1980년대 말 허가를 조건으로 대중 단체의 설립을 허용하는 지시를 시작으로 특기할 만하게는 1992년, 1999년 법령을 통해 시민단체를 위한 정책적 그리고 법적 틀을 마련했다. 대중 단체의 설립을 용이하게 하고, 인민의 이익과 필요를 위해 활동하는 단체들을 강화시켜야 할 필요성을 인정한 당-국가의 정책과 법은 베트남 시민 사회의 발전을 위한 기반을 제공해 풀뿌리 수준에서 인민들이 자발적으로 조직한 수많은 공동체들이 지속가능한 발전을 위해 노력하고 있다고 평가된다(SIDA report 2002: 55). 시민단체의 활성화를 목적으로 한 당-국가의 정책은 도이머이라는 환경 하에서 앞 장에서 본 풀뿌리 민주주의의 증진이나 인민의 참여를 고무시키는 일반적인 개혁 정책의 일환이다.

1990년대 말에 이르러 당-국가의 대중 단체에 대한 접근은 조심스러워져 후자를 규제하려는 움직임을 보이고 있다고 평가된다. 이러한 경향은 1998년 6월 정치국 결의 문건에서 대표적으로 드러난다. 이는 이제까지의 대중 단체의 발전을 평가할 것을 당과 국가에 요구하면서 1957년 호찌민지시를 대체할 단체에 관한 법률을 기안하도록 촉구했다. 또한 당-국가의 허락을 받아야 대중 단체를 조직할 수 있다는 점을 재차 확인함은 물론 이들 단체의 규약도 검토를 받아야 하며 외국인을 그 구성원으로 하지 못하도록 했다. 그러나 문건은 여전히 대중 단체의 주요 특성은 자발적으로 조직되고, 스스로 운영하며 (tu quan), 자체적으로 재정을 조달하는 것(tu trang trai ve kinh phi)이라고 강조했다. 그해 10월의 정치국 지시는 대중 단체에 대한 당의 지배에 더욱 초점을 두었다.

이 지시는 일부 대중 단체의 '불법성'을 비판하기도 했다(Vasavakul 2002: 42-3).

　바로 이러한 움직임을 포함해 연구자들로 하여금 베트남이 국가조합주의로 나아가고 있다는 - 새로운 시민단체들(넓은 의미의)의 출현을 인정하면서 엄격한 통제 하에 놓는다는 - 가정을 하게 하는 증거는 많다. 대표적으로 시민단체는 대중조직과 함께 조국전선 - 여러 사회 계급, 계층, 민족, 지역을 대표하는 정치사회 조직의 연합으로 인민의 힘(people's power)의 정치 그리고 사회적 기초를 구성하며 민주주의를 실현하고 경제·사회·문화적 발전을 실행하기 위해 노력하는 여러 사회 계층의 행동을 통합하는 공간 - 의 산하에 있다. 당-국가는 대중조직과 마찬가지로 이들 시민단체들에 적극적으로 간여한다. 이들을 합법화하여 끌어안고, 해산시키고 혹은 개조하게 함으로서, 베트남 공산당이 지배하는 정치 체제의 틀 안에 안착시키거나 가능하지 않은 경우 제거할 수 있다는 것이다(Wischermann 2003: 889).

　이러한 판단은 시민단체에 대한 당-국가의 '두려움'을 강조할 때에만 옳을 수 있다. 그러나 현재의 단계에서 당-국가는 시민단체를 합법적인 범주에 들였으며, 이에는 긍정적인 기대감이 더욱 작용한 것으로 보인다. 당은 이들이 사회 문제의 해결과 발전을 위해 기여할 것으로 보며 이들로 인해 사회 집단의 만족은 커질 것이고 이는 다시 당-국가의 효율성과 정통성을 높여줄 것이다. 대중의 대표 체제의 중요성이 증가한다면 앞으로 의회가 중심이 될 개혁을 위한 잠재적인 지지 세력을 갖는 것이 된다. 대중이나 시민의 입장에서 보아도 대중조직과 시민단체의 강화는 대중의 정치적 영향력을 증가시킬 것이다. 비록 이들이 서구적인 의미에서 이익 집단의 역할을 수행하지는 않고 정책 토론의 공개적인 장을 제공하는 것도 아니지만 당지도의 위계질서에 조직으로 접근할 수 있다는 의미에서 중요하다. 전체적으로 당-국가의 대중 기반은 중대한 진전이 있었다고 평가할 수 있다(Womack 1987: 506-7).

　당-국가로서는 시민단체가 잘 운영될 수 있도록 하는 환경을 조성하고 이들이 교육과 보건 그리고 자문에 이르기까지 한때는 정부의 관할 하에 있었던 일정 분야의 공공 서비스를 제공하도록 고무시켜 이를 사회화하려고 시도하면서도, 필요하고 적당할 때 이들을 지도와 감독 내지는 규제해야 할 과제를 안고 있다. 당-국가는 이들을 정책결정 혹은 집행 과정에 편입시켜야 함과 사회-경제적 발전 계획에 포용시켜야 한다.

마지막으로 국제비정부기구가 베트남의 시민단체 활성화에 어떻게 작용하고 있는지를 보겠다. 도이머이 직후 베트남에 들어가기 시작한 국제비정부기구들은 베트남의 대중 단체에 모델을 제시함으로서 그리고 재정적인 도움을 줌으로서 중요한 역할을 하고 있다. 여기에서는 서구적 의미에서의 시민사회 형성을 목적으로 하는 국제비정부기구들의 이상과 베트남 대중 단체의 현실 사이에 존재하는 긴장감을 드러냄과 동시에 베트남에서의 국제비정부기구들이 발견한 '대안'을 살펴봄으로서 베트남 시민단체의 특성을 드러내고자 한다.

베트남에서 정부가 운영되는 방식 그리고 특히 국가가 감독하는 기구들이 발전 과정에서 행하는 역할을 이해할 때에 베트남에서 시민의 참여가 갖는 본질을 더 잘 이해할 수 있다. 주로 국제비정부기구들의 활동가들에 의해 이러한 전제는 제시되며, 베트남에서 국가와 시민사회에 대한 서구 중심적 시각과는 다른 혹은 대안적 시각(alternative perspective)을 제시한다. 왜냐하면 베트남인의 다수는 여성회과 같이 조국전선 하에 있는 조직들을 시민사회 조직이라고 생각하며 정부와 이들 조직 간에는 밀접한 관계가 유지되어야 한다고 기대한다. 이 외에도 실제 조국전선 하에 설립된 여러 대중조직들은 전국적인 정부 정책과 이들 정책을 위한 지방의 지원 사이를 다리 놓는 중요한 위치에 있다. 또한 현재 베트남에서 일부 이들 조직체들의 주요 목적은 개발에 관한 것이다(Friesen 2003: 1-2). 바로 이러한 논리 위에서 국제비정부기구(예를 들어, MCC: Monnonite Central Committee)들은 베트남의 경우에는 '독립적인' 비정부기구를 만들기 보다는 기존의 구조 내에서 시민 사회의 가치를 강화하는 것이 보다 효과적이라고 판단하고 여성회와 공조하여 활동에 참가한다. 여성회는 사회에서 여성을 지지하는 사명을 가지고 있으며 그 구조는 중앙 전국 수준에서 풀뿌리 수준에 까지 걸쳐있다. 그러나 여성회의 목적 중에서 젠더 평등에 관계되는 것은 오직 하나이며 모든 다른 목적은 종종 젠더 평등 접근과 갈등하기 일쑤인 가족의 가치, 평화와 조화를 지원하는 것에 관계된다(Bell 2003: 3). 바로 이러한 여성회가 이 국제비정부기구가 찾아낸 적절한 파트너인 셈이다. 여기에는 물론 여성회가 여타의 다른 대중조직들과 비교해 '비정치적'이며, 도움이 절실한 대중과 가장 가까이 있으며, 믿을 수 있다는 확신이 작용했다.

이상에서 추출할 수 있듯이 베트남 시민단체의 특징은 주도적인 역할을 누가 담당했든, 즉 그것이 대중 자신이든, 당-국가이든, 그리고 국제시민단체이든 일반적으로 서구 중심적인 시각을 가지고 접근하는 이를 당황케 하거나 혼란스럽게 만든다. 그 이유는 서구 학자들이 의식적, 무의식적으로 동구 사회의 전환과정에서 보인 변화과정을 베트남에 적용시키려 하고 있기 때문이다. 이들이 베트남의 시민사회를 논할 때에도, 생각 속에는 동구 공산주의 정권에 대한 대안이 되는 정치적 견해를 가지고 있었던 동구 노동조합의 변화와 역할 그리고 환경 집단이나 종교집단과 같이 정부로부터 독립된 사회 공간을 창출한 시민사회가 민주주의로의 전환을 가져온다는 가정이 있었다. 예를 들면 베트남 사회집단에 대한 분석에서 지적되는 부분은 북부와 남부 간의 차이이다. 도시와 농촌 차이보다도 명백하게 드러난다고 한다. 북부인은 청년 조직과 여성회처럼 국가에 의해 동원되기도 하는 집단에서 더 활동적인 반면 남부인들은 종교 집단, 환경 집단, 사회 복지 집단 그리고 공동체회와 같이 정치와 관계 없는 (그래서 정권의 가치에 의문을 던질 수도 있는) 집단에서 더욱 활발하다 (Dalton & Nhu-Ngoc Ong 2001: 4). 이러한 분석은 전자에 비해 후자가 자율적인 시민 사회에 더욱 적합함을 표현해 내고 있다.

5. 맺음말

　본고는 도이머이 이후 베트남에서의 당-국가와 대중의 관계 변화를 대중조 직의 변화와 시민단체의 성장을 중심으로 살펴보았다. 베트남에서 대중조직은 당-국가와 긴밀한 관계를 유지하면서 그 정책을 인민대중에 전달하던 기능에 서 당-국가로부터 자율성을 보장받고 조직 구성원의 이해를 대변하는 기능으 로 무게 중심을 옮기고 있으며, 당-국가와는 직접적인 관계를 맺지 않고 대중 이 자발적으로 조직하고 자치적으로 운영하는 시민단체 혹은 대중 단체들이 성장하고 있음을 보았다. 대중조직의 변화와 시민단체의 성장이 당-국가와 사 회 간에 일정한 공간을 마련하고 있지만 당-국가의 정책과 조정안에서 진행되 고 있는 측면이 강하다. 이러한 본고의 논지가 가지고 있는 함의와 문제점을 지적하면 다음과 같다.

　먼저 베트남의 당-국가는 도이머이 하에서 대중과의 관계에 탄력적으로 대응하는 데 성공하고 있다. 당-국가의 입장에서 보면 대중 단체가 만들어내고 있는 사회적 공간을 이용하여 '풀뿌리 민주주의'를 실현할 수 있을 뿐만 아니 라 당-국가의 사회 경영비용을 절감하는 효과도 있게 되므로 법제화와 레토릭 을 통해 규율될 수 있는 범위 내에서는 대중들의 조직에 힘을 실어주는 정책은 바람직하다. 그러나 이는 어디까지나 대중들의 조직체들이 당-국가에 보완적 인 의미를 가질 수 있을 때에만 진실임은 말할 나위도 없다. 현재의 당-국가에 대한 비판적 혹은 대안적 혹은 대체적 성격을 지닌다고 판단 될 경우 곧바로 적대적 조직으로 규정하여 탄압한다. 이렇게 볼 때 베트남 당-국가가 대중 단 체와 갖는 관계는 풀뿌리 민주주의의 확보와 정부 조직 활동에 대한 보완적 기능 행사라는 차원에서 육성, 규제될 것이다. 대중 단체의 차원에서 볼 때 현재 얼마 되지 않는 반체제론자들의 조직을 예외로 본다면 막 증가하고 있는 대중 단체의 활동이 당분간은 당-국가와 대치되는 차원으로 전개될 가능성은 높지 않다. 즉 대중 단체가 당-국가와 일정한 관계를 맺는 것이 불가피하겠으 나 대중 단체의 목표나 활동은 자발적인 대중 자신들에 의한 그리고 이를 위한

범주 안에 있다. 당-국가와 대중 단체가 서로를 조율하는 방식은 두 주체의
움직임과 상황에 따라 결정될 터이다.

현재 당-국가와 대중의 관계를 주도하고 있는 측이 전자라 할지라도 앞으
로 베트남 사회 변화의 큰 흐름을 잡기 위해서는 대중과 대중 단체의 움직임에
초점을 두어서 보는 것이 필요하다. 본고는 당-국가의 대중 정책이 구체적으로
현실에 반영되고 실현되는 방식이나, 도이머이 시기 당-국가의 통제 범주를
벗어나 대중이 가지고 있는 권력을 파악하는 데까지는 이르지 못했다. 또한
대중조직이 특히 그 노동자와 농민을 위해 수행하는 구체적인 역할이나 이로
인해 조직 구성원이 보고 있는 이득이라든가, '시민'이 조직적인 힘을 결성하
고 발휘하는 형태나 추이도 더 분석되어야 하리라고 본다.

결론적으로 베트남에서 대중조직이나 시민단체의 확대 내지 증가는 여전
히 당-국가 혹은 정부가 대중을 동원하고 이러한 조직에 참가시키려는 의지와
노력을 어느 정도 갖고 있느냐에 따라 부침한다. 그러므로 최근 베트남에서의
이들의 확장은 당-국가의 정책과 관련이 깊다고 말할 수 있다. 그럼에도 불구
하고 베트남에서 당과 대중 사이에서 대중 단체가 할 수 있는 역할이 크다는
점은 강조되어야 한다. 설득하고 동원하고 설명하는 전략은 물론 집단적인 '힘
과 지혜'를 사용하는 조정자와 조정 단위 혹은 기구에 의해 베트남에서는 분쟁
이 해결되는 문화적인 특수성이 있다. 현재 조정자들은 지방과 중앙 수준 대중
조직의 (예를 들어, 여성회, 조국전선) 구성원들이며 시민단체의 활동가들이
다. 게다가 이들은 대중조직과 단체가 진정한 자율성을 찾고 당-국가와의 관계
에서 쌍방향적 소통로로서의 역할을 제대로 수행하는 궁극적인 목적을 지향하
고 있다.

참고문헌

안승욱. 1997. "베트남의 개혁개방과 경제발전전략."『한국과 국제정치』26(1): 29-84.

양길현. 1997. "베트남·미얀마의 개혁·개방 비교: 도이머이와 군부통지자유화."『한국과 국제정치』26(1): 85-118.

전상인. 1994. "베트남에서의 시민사회 형성 (계급관계의 변화를 중심으로)."『민족과 문화』2: 137-157. 한양대학교 민족학연구소.

정연식. 2001. "베트남의 공적 권리개념."『사회과학연구』8: 173-200. 창원대 사회과학연구소.

Abuza, Zachary. 1998. "Leadership Transition in Vietnam since the Eighth Party Congress: The Unfinished Congress." *Asian Survey* 38(12): 1105-1121.

________. 2002. "Royal Opposition: the Rise of Vietnamese Dissidents." *Harvard Asia Quarterly*, www.fas.harvard.edu/~asiactr/haq/200002/ 0002a006.htm.

Bach Tan Sinh. 2002. "Civil Society and NGOs in Vietnam: Some Initial Thoughts on Developments and Obstacles." The paper presented at the Meeting with the Delegation of the Swedish Parliamentary Commission on Swedish Policy for Global Development to Vietnam, March.

Bell, Emma. 2003. "Gender and PRSPS: with experiences from Tanzania, Bolivia, Vietnam and Mozambique." Bridge Development- Gender Report No. 67.

Chan, Anita & Irene Norlund. 1998. "Vietnamese and Chinese Labour Regimes: On the Road to Divergence." *The China Journal* No. 40, Special Issue: Transforming Asian Socialism, China and Vietnam Compared. 173-197.

Dalton, Russell J. and Nhu-Ngoc T. Ong. Forthcoming. 2001. "Civil Society and Social Capital in Vietnam." *Modernization and Social Change in Vietnam*. Munich: Munich Institute for Social Science. www.democ. uci.edu/papers/vietnam04.pdf.

Friesen, Kenneth Martens. 2003. "Working with the 'Ascending Dragon':

MCC and the Role of Civil Society in Vietnam Today." *Peace Office Newsletter* 33(1): 1-12. Monnonite Central Committee Peace Office Publication.

Kerkvliet, Benedict J. Tria. 2001. "An Approach for Analysing State- Society Relations in Vietnam." *SOJOURN.* 16(2): 238-278.

Kho, David. 2001. "Negotiating the Vietnamese State through Local Administrators: The Case of Karaoke Shops." *SOJOURN* 16(2).

Li Qi, Bill Taylor and Stephen Frost, *Labour Relations and Regulation in Vietnam: Theory and Practice.* Southeast Asia Research Center Working Papers Series 53.

Lockart, Greg. 1997. "Mass Mobilization in Contemporary Vietnam." *Asian Studies Review.*

London, Jonathan D. 2003. "Vietnam's Mass Education and Health Systems: A Regimes Perspective." *American Asian Review* 21(2): 125-170.

Masina, Pietro. 2002. "Vietnam and the Regional Crisis: The Case of a 'Late Late-comer'." *EJEAS* 1(2): 199-220.

McCormick, Barrett L. 1998. "Political Change in China and Vietnam: Coping with the Consequences of Economic Reform." *The China Journal* 40, Special Issue: Transforming Asian Socialism, China and Vietnam Compared.

Nathan, Melina. 1999. "Vietnam: Is Globalization a Friend or a Foe?" *Southeast Asian Affairs* 1999. Institute for Southeast Asian Studies. Singapore.

Nguyen Ngoc Lan. 1998. "The Thai Binh Incident - A Vietnamese Perspective." www.fva.org/0198/story3.htm.

Nguyen Nguyen, *Viet Nam Dinh Huong Xa Hoi Chu Nghia trong.* 2001. *The Gioi Toan Cau Hoa* [세계화시대 베트남의 사회주의지향]. NXB Ban Tre.

Nguyen Phuong An. 2002. "Looking Beyond Bien Che: The Considerations of Hyoung Vietnamese Graduates When Seeking Employment in the Doi Moi Era." *SOJOURN* 17(2): 221-248.

Nguyen Phuong Hong. 2002. "Moi Quan He giua Dang va Nong Dan Hien nay"[오늘날 당과 농민의 관계]. Nguyen Van Sau, Tran Xuan Sam, Le Doan Ta (dong chu bien). *Moi Quan He Giua Dang va Nhan Dan trong Thoi Ky Doi Moi Dat Nuoc, Van De va Kinh Nghiem* [도이머이 시기 당과 인민 간의 관계, 문제와 경험]. NXB Chinh tri Quoc Gia, Hanoi.

Nguyen Viet Vuong. 2002. "Moi quan he giua Dang va giai cap cong nhan hien nay - thuc trang, nguyen nhan va nhung kinh nghiem." [현재 당과 노동자 계급과의 관계 - 현상, 원인 그리고 경험]. Nguyen Van Sau, Tran Xuan Sam, Le Doan Ta (Dong chu bien). *Moi Quan he giua Dang va Nhan Dan trong Thoi ky Doi moi Dat nuoc, van de va kinh nghiem.* NXB Chinh Tri Quoc Gia, Hanoi.

Nuyen Nguyen. *Viet Nam Dinh Huong Xa Hoi Chu Nghia trong.* 2001. *The Gioi Toan Cau Hoa* [세계화 시대 베트남의 사회주의적 지향]. NXB Ban Tre.

Pham Hoang Mai. 2002. "The Economic Impact of Foreign Direct Investment Flows on Vietnam: 1988-1998." *Asian Studies Review* 27(2): 182-202.

Philips Fox International Translation. 2003. *Amending Labour Code of Vietnam,* effective 1 January 2003.

Quan Xuan Dinh. 2000. "The Political Economy of Vietnam's Transformation Process." *Contemporary Southeast Asia* 22(2): 360-388.

Salemink, Oscar. "Disjunctive Developments: The Politics of Good Governance and Civil Society in Vietnam." www.soas.ac.uk/eidosf=les/confernece-papers. 인용을 허가하지 않았음을 명기함.

Sidel, Mark. 1997. "Generational and Institutional Transition in the Vietnamese Communist Party: The 1996 Congress and beyond." *Asian Survey* 37(5): 481-495.

Stern, Lewis M. 1987. "The Scramble toward Revitalization: The Vietnamese Communist Party and the Economic Reform Program." *Asian Survey* 27(4): 477-493.

Thayer, Carlyle A. 2001. "Reform Immobilism: The Prospects for Doi Moi." presentation paper for Conference on Vietnam in 2001: Prospects for Economic and Social Progress. www.vpa-inc.org/conference/pdf/thayer1.pdf.

The Communist Party of Vietnam, Central Committee. 2001. *Report to the 9th National Congress.*

Truong, David H. D. 1998. "Striving Towards Doi Moi II." *Southeast Asian Affairs* 1998, Institute for Southeast Asian Studies. Singapore.

U. S. Embassy in Hanoi. 2002. *Vietnam: Foreign Labour Trends.*

Vasavakul, Thaveeporn. 1998. "Vietnam's One-party Rule and Socialist Democracy?" *Southeast Asian Affairs.* Institute for Southeast Asian Studies. Singapore.

__________. 2002. "Rebuilding Authority Relations: Public Administration Reform in the Era of Doi Moi." The report commissioned by the Asian Development Bank - Hanoi and submitted in May 2002. The report has been approved by the author and client for wider circulation in September 2002/ PAR Report.

__________. 2001. "Vietnam: *Doi Moi* Difficulties." Funston, ed. *Government and Politics in Southeast Asia.* Institute for Southeast Asian Studies. Singapore.

Vu Trong Kim, Hoang Binh Quan(chi dao bien soan). 2001. *Lich Su Doan Thanh Nien Cong San Ho Chi Minh va PHong Trao Thanh Nien Viet Nam* [호찌민공산청년단과 베트남청년운동사]. NXB Thanh Nien, Hanoi.

Wescott, Clay G. 2003. "Hierarchies, Networks and Local Government in Viet Nam." *International Public Management Review* 4(2): 20-40.

Wessner, Dan. 2003. "Hanoi's Civil Society of Syncretism." *Peace Office Newsletter* 33(1): 1-12. Mennonite Central Committee.

Wischermann, Joerg. 2003. "Vietnam in the Era of Doi Moi, Issue-oriented Organizations and Their Relationship to the Government." *Asian Survey* 43(6): 867-889.

Womack, Brantly. 1987. "The Party and the People: Revolutionary and Post-revolutionary Politics in China and Vietnam." *World Politics* 39(4): 479-507.

www.fesspore.org/pdf/Trade%20Union/Final%20analysis%20Vietnam.pdf

www.usvtc.org/Labor/LaborCodeamendts2002.pdf

수하르토 정권 이후
표면화된 인도네시아 지역분쟁

제5장

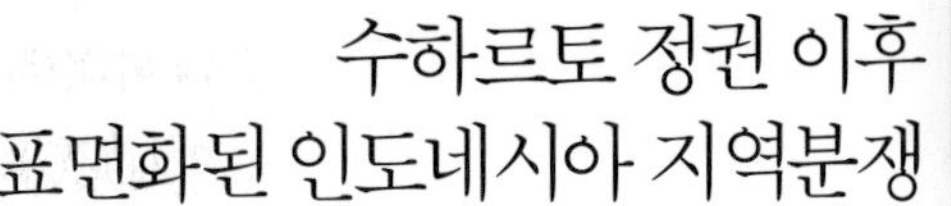

수하르토 정권 이후 표면화된 인도네시아 지역분쟁

▎제대식

1. 머리말

메가와티 인도네시아 대통령은 '청년 서약(sumpah pemuda)의 날' 73주년 기념행사에서 "국민들이 국가적 이익을 고려하지 않은 채 지역 및 종교, 단체의 이익을 우선시 하면서 폭력행사를 자행한다면 단일국가로서의 인도네시아는 존재하지 않을 것이다"라고 말했다. 이는 아쩨(Aceh)와 파푸아(Papua)[1])에서의 분리독립분쟁과, 말루꾸(Maluku), 깔리만딴(Kalimatan), 술라웨시(Sulawesi) 등에서의 종교 및 종족분쟁에 따른 대규모 유혈사태가 갖는 국가분열의 위험성을 경고한 것이다. 수하르토가 하야한 후 인도네시아의 국시인 인도네시아 통합(per- satuan Indonesia)의 뿌리가 흔들리고 있는 것은 어떤 연유일까?

이는 수하르토의 철권통치 32년 동안 억눌려 있던 소수 종족들의 강한 불만이 권력 공백, 경제 불황과 민주화 분위기에 편승해 일순간에 분출된 것으로 보여진다. 인도네시아에서의 지역갈등은 다양한 종족들이 거주하고 있는 군도 내 여러 지역이 하나의 국가로 통합되는 과정에서 태생적으로 생겨났으며[2]), 수하르토 정부의 정책수행 과정에서 서서히 내재되어 가고 있었다.

아쩨지역에서의 분리독립 움직임과 같은 지역분쟁이 수하르토 군사정권

---

1) 2002년 1월 8일부로 이리안자야(Irian Jaya)의 공식 지명이 파푸아로 바뀌었음.
2) 인도네시아독립준비위원회(PPKI: Pantia Persiapan Kemerdekaan Indonesia)를 대표한 수카르노, 핫따, 라지만은 1945년 8월 9일 일본의 남방군 사령관 데라우치와의 협상에서 신생인도네시아공화국의 영토를 구 네델란드령 통치지역으로 하는데 합의했다. 다양한 종족으로 구성된 인도네시아의 여러 지역이 통합되는 과정에서 지역사회의 논의 없이 이루어 졌기 때문에 분리독립 세력들은 인도네시아와의 통합에 대한 정당성을 인정하지 않고 있다.

하에서도 지속되었지만, 여러 군도에서 지역 갈등이 표면화 된 것은 경제위기 촉발로 인한 수하르토의 퇴진과 뒤이은 민주화 이행기 과정에서 신질서(Orde Baru) 정부의 중앙집권체제를 받치고 있던 군부의 정치적 입지가 약화되면서 비롯되었다고 인식되고 있다.

인도네시아는 1949년 덴 하아그 원탁회의(KMR: Konferensi Meja Bundar)에서의 합의에 의해 네덜란드와의 연방제를 도입한 적이 있었지만 그 다음해 수카르노는 이를 철폐하여 중앙정부가 대부분 권력을 장악하는 국가체제 틀을 만들었다. 이어 9. 30 사태(G 30 S)후 권력을 장악한 수하르토는 군론분열 방지와 경제우선 정책을 시행하면서 강력한 중앙집권체제를 유지해 왔다. 이 체제를 통해 단기간 내에 부족한 국가 재원을 확보할 수 있었지만 그 만큼 각 지역의 불만은 커져갔다.

인구의 60%가 거주하고 있다고 하나 국토 면적의 약 6.7%인 자바섬에 대한 집중개발과 자바인들에 의한 자바 외 지방 정부 및 공공기관 장악은 그 지역사회 정치 엘리트들에게 강한 불만감을 심어 놓았다. 또한 군도 전역의 균형적인 발전과 군부의 지역방어 전략을 위해 확대된 이주정책으로 말미암아 문화가 서로 다른 원주민과 이주민 사이에 경제적, 종교적 갈등이 생겨났다. 원주민들은 이주정책에 대해 강한 불만을 가지고 있었지만 '빤짜실라(Panca Sila)' 이념의 구현을 정책 시행에 있어 우선시하고 있던 수하르토의 군사정권 하에서 침묵을 지킬 수밖에 없었다.

본 연구에서는 내재되어 있던 지역갈등이 수하르토 정권 몰락 후 수많은 인적 물적 희생을 가져온 장기간의 분쟁으로 치닫게 된 배경과 전개양상 및 각 지역의 분쟁발생 원인규명에 초점을 두고자 한다. 사실 인도네시아에서의 지역 분쟁은 각 지역마다 복합적 요인이 작용하고 있기 때문에 원인 규명이 쉽지 않다. 그럼에도 불구하고 그 원인들을 분석해 보기 위해 각 지역 분쟁에서 강하게 작용하는 요인 즉 불평등한 경제 개발; 종교 갈등; 종족 갈등을 중심으로 분류하고자 한다. 인도네시아에서의 분쟁지역은 너무 많기 때문에 본 연구에서는 수많은 인적 물적 희생을 가져온 아쩨 지역, 파푸아 지역, 말루꾸 지역, 뽀소 (Poso) 지역, 서부 깔리만탄의 삼바스(Sambas) 지역과 중부 깔리만딴의 삼삣 (Sampit) 지역으로 제한할 것이다.

2. 수하르토 정권 후 지역분쟁 발생 배경

경제위기의 여파와 국민의 민주화 요구에 굴복하여 수하르토가 하야한 후 인도네시아의 국가 통제력은 매우 저하되었다. 이는 민주화 과정에서 나타난 국민의 기대치 상승과 군부의 정치적 입지위축으로 인한 사기저하로 기인된 다.

대통령 직을 승계한 하비비(Habibih)는 취임 즉시 권위주의적 통제 완화, 다양한 시민 자유, 부정부패 척결과 인권침해 조사에 관한 정책을 발표하여 대내외적으로 열렬한 환영을 받았다. 언론검열 폐지, 신당창당 조건 완화, 파업 및 시위 금지법 무효화, 그리고 향후 동띠모르(Timor Timur) 거취에 대한 지역 주민투표 실시 약속 등이 포함되어 있었다. 특히 이전까지 정치적 금기 사항이 었던 수하르토 족벌의 부정부패와 군부의 인권탄압 및 사회적 특권문제에 대한 거론은, 개혁을 바라는 많은 인도네시아 국민들과 국제통화기금(IMF), 파리클 럽(Paris Club), 런던클럽(London Club) 등과 같은 국제 금융기관이 강력하게 요구해온 사항이었다.

하지만 하비비의 민주화 정착은 정치지도자의 타협정치로 인한 개혁이 좌 초됨으로써 계속 추진되어질 수 없었다. 이는 제 8차 총선 후 민주화로의 전환 과정에서 협상을 벌였던 여당 내 온건파와 야권의 중도파[3]가 점진적 민주화를 택하였기 때문이다. 이 같은 타협과 포용의 정치는, 골까르당(Partai Golkar)을

---

3) 민족각성당(PKB: Partai Kebangkitan Bangsa)의 와히드, 국민수권당(PAN: Partai Amanat Nasional)의, 아민 라이스, 메가와티가 이끄는 PDI-P의 온건파 계열, 개발통합당(PPP: Partai Persatuan Pembangunan)의 함자 하즈, 기타 이슬람 정당 지도자.

비롯한 군부의 강경파와 혁명적 변화를 원하는 투쟁인도네시아민주당(PDI-P: Partai Demokrasi Indonesia Perjuangan)의 급진세력의 충돌로 사회가 극도로 혼란해 지고 있는 상황에서, 하비비 정부를 전복시킬 수 있는 잠재력을 갖고 있으며 체제변화를 원하지 않는 집단을 감싸 안을 수 있는 최선의 방책이었다.

하비비에 이은 와히드(Wahid) 대통령의 즉흥적인 민주화 정책 시행과 군부개혁은 사회를 혼란스럽게 만드는 결과를 가져 왔다. 집권 초기 종전의 집회 및 시위허가제를 신고제로 전환하면서 과거 군사정권 당시 억눌렸던 국민적 불만이 전국 곳곳에서 봇물처럼 터져 나왔다. 문민정부 초기 생계대책 호소, 부패세력 처벌, 인권유린 진상조사를 요구하는 평화적 시위가 주류를 이루어 왔으나, 불법시위에 대한 공권력의 허점이 크게 부각되면서 갈수록 구호가 과격해지고 폭력이 난무하는 형태로 시위문화가 바뀌었다. 와히드 정부가 본격 가동된 2000년 초에 자카르타 도심에 위치한 국회의사당과 전국 지방의회 광장에는 연일 시위대로 북적 되었다.

불법시위가 걷잡을 수 없을 정도로 확산되어 국가 치안능력이 심각하게 위협받고 있었지만 공권력은 미온적으로 대처하는 무기력함을 보였다. 이는 군부의 보신주의와 사기저하 때문이었다. 민주화 물결이 대세를 이루는 시대적 상황에서 과잉진압 논란으로 일신상의 불이익을 염려하였다. 따라서 와히드의 불법, 폭력 시위에 대한 단호한 대응의지 부족이 군부의 복지부동 분위기를 조성하는데 한몫했다고 할 수 있다.

사회가 극도로 혼란한 상황에서 신질서 권위주의 정부에 억 눌려 숨을 죽이고 있던 각 지방의 불만 세력들은 군부의 사기 저하를 틈타 들고 일어났다. 군부의 사기 저하는 경제적 어려움과 군 개혁정책으로 기인된다. 군부의 복지지원을 위해 운영되어 온 각 군 산하 기업들은[4] 족벌체제에 대한 IMF의 통제로 더 이상 독점과 카르텔 특혜를 받지 못해 경쟁력을 잃어갔다. 이러한 어려운 경제 여건 속에서 군부는 개혁정책으로 사기가 극도로 저하되어갔다.

---

4) 당시 육군이 26개, 공군이 18개, 해군이 15개, 그리고 경찰이 7개의 기업을 운영하고 있었다. 자세한 자료는(서세호 1997: 189) 참조.

와히드가 군부 개혁을 시도한 것은 수하르토 집권 시절 국민적 공포의 대상이었던 군부를 누르고 문민우위의 정치풍토를 조성할 목적에서였다. 와히드는 당시 군부의 실세였던 위란또(Wiranto) 정치안보사회조정장관의 퇴진 요구, 인권탄압의 대명사였던 국가안전지원본부(Bakorstanas)의 본부와 전국 주 단위별 지부(Bakorstanasda) 해체, 동띠모르 유혈사태와 아쩨 인권유린 연루 군 책임자에 대한 조사 지시, 말단 행정구역에서 민간이 사찰 임무를 수행해 왔던 바빈사의 기능을 중단 시켰다. 이에 군부는 반발로 말루꾸 제도와 깔리만딴에서 유혈참사가 벌어지도록 방치, 심지어 배후 조정하고 있다는 의심을 받을 만큼 사태해결에 소극적인 모습을 보였다.[5]

3. 지역분쟁 전개 양상

1) 아쩨 지역분쟁의 전개양상

국민의 압력에 의한 수하르또의 갑작스러운 하야와 하비비의 대통령직 승계는 인도네시아 국민들로 하여금 32년간의 신질서시대(Orde Baru) 동안 규제되어 왔던 언론의 자유와 결사의 자유를 만끽할 수 있는 기회를 제공하였다. 이러한 정치상황의 변화는 철저하게 포장되었던 붉은그물작전(OJM: Operasi Jaring Merah)[6]과 관련된 인권유린 사건들이 자연스럽게 공개되는 계기가 되었다.

군부의 의한 인권탄압 문제를 국내 이슈로 부각시킨 집단은 시민단체(LSM: Lembaga Swadaya Masyarakat)와 자카르타 및 아쩨에서 결성된 아쩨 대학생 단체들이었다. 시민단체들과 대학생들의 지속적인 노력은 지역 정치인

---

5) 과격파 이슬람집단의 말루꾸 진입과 관련하여 군부가 소극적인 태도를 보이자, 와히드와 그의 측근은 배후에 수하르또 추종 군부가 정국 불안을 조장하고 있다고 비난하였다.

6) 1990년 7월 수백명에 달하는 GAM 세력을 와해시키기 위해 시행된 군사 작전으로 메단(Medan) 주둔 1사단과 600여명의 특전사(Kopasus) 병력이 투입되었다(제대식 2003: 81).

들과 울라마들을 그들의 대열 속에 합류시켰으며, 이러한 분위기에 편승한 국내외 언론 또한 중앙정부를 압박하였다. 그 결과 당시 통합군사령관 위란또(Wiranto)는 1998년 8월 7일 아쩨지역을 방문하여 군작전지역(DOM: Daerah Operasi Militer)의 철폐를 발표하였고, 그 후속 조치로 특전사 요원 250명을 8월 20일에, 659명을 그 달 말일에, 그리고 9월 10일에 300명을 철수시켰다(Sulaiman 2000: 99).

수하르또 하야 직후 DOM 폐지와 외지 군인 철수만을 요구해 왔던 아쩨주민들은, 1999년 3월 하비비가 아쩨를 방문하여 폭 넓은 지역경제 발전과 인권유린 희생자 가족에 대한 일부 보상을 제시하였지만, 분리독립을 요구하기 시작하였다. 이는 인권유린의 동기가 된 OJM 작전 명령 결정권자들7)에 대한 가시적인 처벌과 피해자 보상 문제에 대한 정부의 구체적인 후속조치가 전혀 이루어지고 있지 않기 때문이다. 당시 하비비가 인권유린과 관련된 문제를 확고하게 해결할 수 없었던 것은 1999년 대통령 선출에서 군부의 지지가 절대적으로 필요하였으며, 작전명령을 하달한 것은 명령권자 개인으로서가 아니라 당시의 상황을 해결하고자 하는 군조직 자체의 결정사항이었기 때문이다. 이것은 군대조직 유지와 깊은 관계가 있으며 군부의 강경한 저항에 직면할 수 있음을 의미하고 있다.

인권유린 문제로 지역 군부대의 활동 반경이 제한된 틈을 이용하여 독립아쩨운동(GAM: Gerakan Aceh Merdeka) 요원들은 각자의 고향에서 지부8) 결성에 박차를 가하였다. 이들은 지역 주민들에게 빤짜실라(Pancasila)의 이데올로기가 아쩨인들의 이념과는 맞지 않는다고 역설하는 한편 1999년 총선거를 보이콧할 것을 선동하였다. GAM 요원들의 방해공작으로 인해 총선거 준비의

---

7) 아쩨 주민들이 인권탄압의 계기가 된 OJM 결정권자로 지목하고 있었던 인물은 수하르또 전직 대통령, 파이살 딴중 당시 통합군 사령관(1993년~1996년), 뜨리 수뜨리스노 당시 통합군 사령관(1988년~1993년), 베니 무르다니 당시 국방부장관(1988년~1993년), 샤르완 하미드 당시 011 연대장(1991년), 이브라힘 하산 당시 아쩨 주지사(1988년~1993년)이다.
8) 1999년 AGAM은 압둘라 쌰피이(Abdullah Syafii)를 총사령관으로 11개의 지대를 가지고 있었다.

어려움을 보고 받은 자카르타의 통합군 사령부는 치안유지를 위해 군중소요진압경찰(PPRM: Polisi Penindak Rusuh Massa) 부대를 GAM의 주요 근거지인 삐디에 군(郡), 북아쩨 군(郡), 동아쩨 군(郡)에 투입하였다.

PPRM의 GAM 동조자 색출과정에서의 잔혹한 행위와, 역으로 아쩨독립군(AGAM: Angkatan GAM)에 의한 학교 및 관공서 방화, 약탈, 암살, 자바 이주민 협박과 같은 일련의 테러 사건들은 아쩨 주민들을 또 다시 극도의 공포로 몰고 갔다. 그 결과 1999년 6월 10만 명 이상의 지역 주민들이 머스짓이나 학교 건물로 피신하였다. 이들 피난민들을 돕기 위해 몰려 든 수많은 대학생 자원봉사자들은 PPRM의 철수를 요구하는 현수막을 사방에 걸어놓음으로써 PPRM 대원들과 물리적 충돌을 하였다. 아쩨사태에 대한 정부의 대처방법에 강한 불만을 가지고 있던 시민단체들과 학생 단체, 사회 지도층 인사들은 PPRM 철수를 요구하고, 정부가 그들의 요구를 거절할 시에는 1999년 8월 초 아쩨주민들의 총파업을 촉구하였다.

아쩨지역에서 중앙정부와 주정부의 권위가 극도로 추락하고 있는 가운데, 1999년 10월 20일 대통령에 선출된 와히드는 아쩨 문제를 새롭게 전환시켰다. 하비비 정권의 아쩨정책에 아주 비판적이었으며 시민단체, 대학생 단체, 그리

〈사진 1〉 GMA 주둔지를 시찰하는 압둘라 샤페어 사령관

고 GAM 측과도 밀접한 관계를 가지고 있던 하스발라(Hasballah, M.S.)를 인권
담당 장관으로 임명하여 GAM과 협상을 통해 아쩨문제를 해결하고자 하였다.
또한 이스깐다르 무다(Iskandar Muda) 사단 복원 취소와 함께 1주일 내에
PPRM 뿐만 아니라 아쩨에 남아있던 외지에서 파견된 군인들을 모두 철수시킬
것을 통합군 사령관에게 명령하였다. 와히드의 온건정책은 주민투표 개최를
원하는 시민단체, 대학생 단체, 산뜨리(Santri) 연합체를 비롯한 많은 주민들을
매우 고무시켰다. 이러한 분위기에 편승한 GAM은 각 지부를 통해 공공연하게
동조세력을 확대해간 반면, 치안담당 병력이 절대적 으로 부족했던 군은 자체
방어에 급급하여 국민투표개최 지지를 위한 지역주민 결의대회(SUMPR:
Sidang Umum Masyarakat Pendukung Referendum) 9)개최에 관여할 입장이
되지 못하였다.

또한 아쩨주 의회에서 상정한 다룰살람 아쩨 낭그로(NAD: Nanggro Aceh
Darulsalam) 법안10)을 단일국가(negara kesatuan) 체제하에서 해결하기 위해
국민협의회에서 탄핵의 위협을 받고 있으면서도 2001년 7월 17일 일부 수정된
NAD 법안 통과를 국회로부터 확답 받았다.11) 이로써 아쩨 낭그로(아쩨어로
州의 의미)는 8년간 아쩨지역의 천연가스와 석유 개발 이익금 중 70%를 할당
받게 되며12) 9년째부터는 석유수입의 35% 천연가스 수입의 20%를 가지게
되었다. 그 외에도 이슬람 교인들에게는 이슬람법을 적용하고, 5년 후부터는
주지사와 주의회 의원을 비롯한 시장, 군수, 시군 의원들을 아쩨 주민들이 직접

---

9) 아쩨주 인구의 약 1/4인 1백여만명의 주민들이 1999년 11월 주도(州都) 반다아쩨에서 모여 가
   진 결의대회로 국내외에 분리독립에 대한 그들의 강렬한 열망을 표출시켰다.
10) 아쩨주의회가 입안하여 2000년 3월 23일 국회에 상정한 법안으로 1999년 법령 25조, 44조를
   거부하고 연방체제를 요구하고 있다. 낭그로 상징물과 기를 가지고 아쩨어를 인도네시아어와
   함께 공식 언어로 사용하며 외교, 국방, 재정분야를 제외한 모든 분야의 이양뿐만 아니라, 수익
   분배에 있어 지방세의 100%, 부존자원 개발수익금의 90%를 요구하고 있다(*Kompas*, 2000년
   3월 24일; *Forum* 2001년 1월 7일).
11) 아쩨특별지역 주에 대한 특별자치법안은 메가와티의 대통령 승계 후인 2001년 8월 9일 법률
   18조로 확정되었다(Tunggal 2002: 92).
12) 1998년 석유와 천연가스 개발 수익금이 약 9조 5천억 루삐아였다는 점을 가정한다면 아쩨주
   에 할당될 개발분담금은 매년 6조 루삐아에 달할 것이다(*Kompas* 2001년 7월 20일) 참조.

선거를 통해 선출한다는 내용을 담고 있다.

군부의 강력한 지지로 제 5대 대통령으로 취임한 메가와티는 와히드와는 달리, GAM에 대해 강경한 태도를 견지하고 있다. 이는 많은 국가들로부터 지지를 받아왔던 사나나 구스마오(Xanana Gusmao)를 비롯한 동띠모르 분리 독립 세력과는 달리, GAM은 국제사회로부터 지지를 받고 있지 못할 뿐만 아니라 아쩨분쟁은 국제분쟁이 아닌 인도네시아 국내반란 문제로 인식되고 있다고 판단하기 때문이다. 아울러 메가와티는 2001년 9월 8일 아쩨지방을 방문하여 NAD 법령의 발효를 공포하고, 17년 전에 해체되었던 이스깐다르무다 사단을 2002년 2월 5일 부활시키는 등 아쩨주민들의 상처를 치유하기 위해 많은 노력을 기울였다. 하지만 GAM의 위협이 갈수록 심해지고 있다는 군 당국의 보고로 집권 1년 만인 2002년 7월부터 대 아쩨정책을 강공으로 급선회시켰다.

메가와티의 강경대응의지 천명 후 아쩨의 독립열망에 침묵을 지켜온 미국은 엑손모빌을 비롯한 현지 진출 자국 기업 보호를 위해 처음으로 평화협상 중재에 나섰다. 또한 일본 및 세계은행과 공동으로 2002년 12월 3일 아쩨 복구 및 재활지원을 위한 국제회의[13]를 주최하여, 평화협정시 주택과 기간시설 복구 등 인도주의적 구호활동을 펴기로 합의했다.

많은 아쩨주민들은 2002년 12월 9일 제네바에서 인도네시아 정부 대표와 수마트라아쩨국민전선(NLFAS: Nasional Liberation Front of Aceh Sumatera) 사이에 서명된 평화협상에 깊은 희망을 걸었다. 양측이 평화협정을 체결하게 된 배경에는 아쩨지역에 평화정착을 갈망하는 아쩨주민들의 뜻이 6명의 아쩨 출신 중립적 인사들을 통해 사전에 하신띠로를 비롯한 그의 핵심참모에게 전달되었으며, 스위스 인권단체인 앙리뒤낭센터(HDC: Henry Dunant Center)의 끈질긴 설득이 있었기 때문이다. 양측은 이 협상에서 적대관계 청산, GAM 무장해제, 정부군 철수, 2004년 총선을 통해 광범위한 자치권 제공, 유엔감독관 파견 등의 내용을 담고 있는 평화협정문에 서명하였다.

---

13) 이 회의에 미국, 일본을 비롯하여 아세안과 이슬람회의기구(OIC) 회원국들, 독일, 프랑스, 덴마크 등 23개국 대표들이 참석했다.

NFLAS와 아쩨지역에서 활동하고 있는 GAM 세력의 인도네시아 정부에 대한 불신이 매우 깊기 때문에 평화협상은 오래 지속되지 못했다. GAM이 독립목표를 포기하지 않는 한 반군에 대한 무력 소탕재개는 불가피하다는 것이 군 수뇌부의 대체적인 시각이기 때문이었다. GAM의 은신처에 대한 대대적인 토벌을 위해 군부는 2003년 11월에는 국 작전-II를 선포하고 적극적인 공세를 취해오고 있다.

2) 파푸아 지역분쟁 전개양상

인도네시아군이 강제 점령한 63년 이후 억제되었던 파푸아인들의 독립열망이 분출되기 시작한 것은 1998년 이후부터였다. 수하르토 정권 몰락 이후 사회 전반에 걸쳐 민주화 분위기가 조성된 데 힘입어 그 동안 참아왔던 독립요구가 산발적으로 전개되었고, 1999년 동띠모르 독립투표 가결을 계기로 급류를 탔다. 특히 지방자치14)를 확대한 후 연방제도에 기초한 정치, 경제체제 도입 주장을 편 와히드의 1999년 11월 발언15)은 파푸아인들로 하여금 독립에 대한 강한 희망을 가지게 하였다.

인도네시아에 강제 합병된 뒤 37년 만에 처음으로 2000년 5월 29～ 6월 4일 제 2차 서 파푸아 전국총회(Kongres II Papua Barat)가 개막되어 독립열기를 달구었다.16) 13개 지역에서 온 학생, 학계, 종족, 해외교포 대표 3천여 명이 참석한 총회에서, 참석자들은 인도네시아로부터 분리독립을 주장한 데 이어 독립 문제를 다루기 위해 인도네시아와 네덜란드, 유엔 대표들과 회담을 가질 것을 제의했다. 독립요구는 즉각적인 독립 선포와 해외 망명정부 수립을 주장하는 급진파와 평화적인 대화를 통해 독립 달성을 희망하는 온건파 사이에서

---

14) 국회가 중앙에 집중된 행정권한의 민주적 배분과 분리독립 요구차단, 지방정부의 주민이 대한 책임강화를 목표로 마련된 지방자치법안이 1999년 5월 통과되어 2001년 1월 1일부터 시행되어 오고 있다.

15) 보다 느슨한 형태의 국가체제로의 변화를 요구하는 분위기가 확산되자, 와히드는 11월 30일 주요 군지휘관 회의에서 분리독립 움직임을 완화시키고, 국가통합을 유지하기 위한 방안으로 연방제 안을 제시하였다(『중앙일보』 1999년 11월 30일).

〈사진 2〉 인도네시아로 합법적 편입을 위해 1969년 실시된 이리안자야 주민투표

난상토론 끝에 나왔다. 폐막 마지막 날에는 "이리안자야는 과거 식민통치국 네덜란드로부터 독립 선포한 1961년 12월 1일 이래 독립국이었으므로 인도네시아의 영토가 될 수 없다"고 선언하고 6개항의 결의안[17]을 채택했다.

뜨거운 독립 열기에도 불구하고 평온을 유지하던 이리안자야에 긴장이 고조되기 시작한 것은 2000년 6월부터였다. 경찰이 독립선언을 주도한 테이스 엘루아이(Theys H Eluay) 파푸아 최고회의(PDP: Presidium Dewan Papua)[18]

---

16) 제 1차 총회는 인도네시아와 통합 전인 1961년에 개최되었다(Raweyai 2002: 83; Karoba 2002: 23).

17) 결의안은 다음과 같은 내용을 담고있다. (1) 파푸아 민족은 1961년 12월 1일부터 주권국가였다; (2) 1962년에 체결된 뉴욕협약(New York Agreement)은 파푸아 민족 대표가 참석하지 않은 관계로 법적 효력이 없다; (3) 파푸아 민족은 1969년에 실시된 '자유선택법'이 주민대표 1천25명에 대한 군부의 협박으로 통과되었기 때문에, 이것을 인정한 1969년 유엔 결의안 2504조의 철회를 요구한다; (4) 인도네시아, 네덜란드, 미국, 유엔은 서 파푸아 국민의 주권과 합법적 정치권을 인정해야한다; (5) 서 파푸아에서의 인권탄압 행위는 국제 사법기관에 제소하고, 탄압자들은 처벌되어야한다; (6) 유엔, 미국, 네덜란드는 파푸아의 인도네시아 합병 과정을 재조사하여, 그 결과를 2000년 12월 1일 정직하게 발표하라(Broek 2001: 271-272; Karoba 2002: 23).

18) 파푸아 최고회의(PDP)는 2000년 2월 22일~26일 자야뿌라에서 개최된 파푸아 주민총회에서의 결정으로 조직되었다. Theys H Eluay, Tom Beanal, Thaha Al Hamid, Willy Mandowen 이 중심이 되어 개최된 이 총회에서 유엔이 승인한 인도네시아와의 합병을 거부하고 파푸아의

의장을 비롯한 핵심 간부 5명을 반란 혐의로 구속한 것에 대해 원주민이 강력하게 반발했기 때문이었다. 이에 인도네시아 정부는 서부 이리안자야 소롱(Sorong) 지역에 해병대 부대를 창설한다고 발표하는 방법으로 맞대응했다. 해병대원 3000여명을 주둔시켜 언제든지 분리독립 세력을 무력 진압할 수 있음을 암시해 반발분위기를 억누르려 했던 것이다.

고립무언의 상황에서 독립운동을 해 오던 파푸아 주민들에게 2000년 7월 희소식이 전해졌다. 남태평양 국가들이 독립운동 지원을 공개적으로 천명하고 나선 것이다. 바누아투(Vanuatu) 수상과 나우루(Nauru) 공화국 대통령이 독립파푸아운동(OPM: Organisasi Papua Merdeka)[19] 지도자들과 만나 파푸아 독립 지지와 함께 유엔총회에 파푸아 독립 문제를 상정하겠다고 약속했기 때문이다. 이러한 결과는 이리아자야 대표단 9명이 바누아투와 나우루, 호주, 파푸아 뉴기니 등 남태평양 국가들을 순회하며 독립지원을 호소한 외교적 노력의 성과였다. 특히 바누아투는 2003년 1월 파푸아와 외교 관계를 수립한다고 발표하여 인도네시아 정부를 긴장시켰다(Raweyai 2002: 90-91).

이에 인도네시아 정부는 PDP에 대한 국제사회, 특히 태평양 제도 국가들의 지지를 방해할 목적으로 2000년 10월 말에 개최된 제 31차 태평양 제도 포럼(PIF: Pacific Island Forum)에 대표단을 파견하여 PIF의 협의 대상국 희망을 피력하였다. 그 결과 PIF은 인도네시아의 영토 합병을 지지하고 PDP를 분리주의자 집단으로 선언하였으며 인도네시아를 11번째 협의 대상국으로 받아들였다(Raweyai 2002: 90).

MPR(국민협의회) 연례총회 연설에서 와히드가 제시한 파푸아 지역에 있어서의 특별자치안 시행 제안을 PDP가 거부하고 있는 가운데, 독립기(Bintang

---

독립을 요구하였다(Raweyai 2002: 82).

19) OPM은 인도네시아 군의 공세에 체계적으로 대항하기 위해 마노꽈리에서 뻐르메나스 페리 아옴(Permenas Ferry Awom)의 지도 하에 1965년 결성되었다. 인도네시아 군으로부터 강탈한 자동소총과 창, 정글도, 활 등 전통무기가 전부라고 알려져 왔으나, 최근에는 한국산 또는 미국산 무기가 발견되고 있다. 정확한 숫자는 파악되고 있지 않으나, 파푸아 전역에서 13개의 자치 게릴라 조직(소병국은 9개의 조직)이 왕래의 어려움으로 독자적인 명령체계를 가지고 활동하고 있다(*Kompas* 2003년 7월 1일); 소병국 2003: 251).

Kejora) 게양문제로 경찰과 주민들 사이의 충돌이 발생하기 시작했다. 소롱에서 발생한 유혈사태는, 2000년 10월 와메나(Wamena)에 까지 옮겨왔다. 독립파 무장 민병대 요원들이 경찰의 발포 소식을 접하고, 70년대 초부터 현지에 정착한 자바인들을 대상으로 무자비한 보복극을 펼쳤다(*Kompas* 2000년 10월 10일). 경찰은 곧바로 무력진압에 나서 폭동주모자들을 체포 또는 사살하였다. 사태를 진화하기위해 기동대 1개 여단 병력이 증파되었다. 또한 파푸아 독립선언 39주년 기념일인 12월 1일을 전후해 독립운동이 고조될 가능성에 대비하여 인도네시아 정부는 현지보안 감시를 명분으로 육군 정예부대인 전략예비사령부(Kostrad) 예하 3개 여단 1300여명을 추가로 증파하고, 주변지역에 함정 37척을 긴급 배치해 OPM요원에 대해 대대적인 색출 및 검거 활동을 전개했다. 이 과정에서 민간인 30여명이 사살되자, 미국은 강경일변도로 치닫는 인도네시아 정부를 비난하고 대화로 통해 문제해결을 촉구하였다(『연합뉴스』 2000년 12월 5일, 12월 8일).

2001년 6월에는 독립파와 자치파 민병대 사이에 처음으로 무력충돌이 발생해 제2의 동띠모르 유혈사태 가능성을 예고했다. 자야뿌라(Jayapura) 도심

〈사진 3〉 주도 자야뿌라에서 독립기인 빈땅 꺼조라를 앞세운 채 가두시위를 벌이고 있는 독립지지파 원주민

에서 친 정부측 자치파 치안대 조직인 '메라뿌티 치안대(Satgas Merah Putih)'
소속 무장 요원들과 독립파 치안대 '파푸아 치안대(Satgas Papua)' 요원들의
사소한 시비로 관공서 건물이 방화로 소실되었다. 양측의 무력 충돌을 계기로
치안상황이 악화되자 정부는 무장군인 4천여 명을 증파, 주둔 병력이 1만2천여
명으로 늘어났다. 독립 세력에 대한 유혈진압 가능성을 내비친 것이었다.

와이드 정부가 강경대응 쪽으로 급선회 한 것은 분리 독립 세력에 대한
단호한 조치를 주문한 국내 여론과 국제 사회의 지지 때문이었다. 미국과 일본
이 이리안자야의 독립 선포 직후 독립 반대 입장을 표명했고 유럽연합도 인도
네시아의 평화적인 영토통합 노력을 지지한다고 발표함으로써 와이드에게 힘
을 실어주었다. 행정부 내부에서도 국내외의 막강한 지원을 바탕으로 이리안
자야의 독립움직임을 초기 단계에서 차단하자는 의견이 우세했으나, 강경책을
실천하는데 있어서는 신중한 자세를 취했다. 이는 무력진압에 돌입할 경우 유
혈사태가 확산되어 인권 유린시비에 휘말리면서 그동안 분리독립을 반대해
온 국제사회의 여론이 한순간에 돌변할 수도 있기 때문이었다.

PDP는 2001년 7월 메가와티가 집권하자 독립요구를 오히려 강화했다. 메
가와띠 정부는 이리안자야 분리독립 움직임에 대해 강온 양면 전략을 구사했
다. 독립요구는 철저히 차단하되, 주민들의 숙원사업은 최대한 수용하는 정책
을 채택했던 것이다. 유화책의 일환으로 정부는 2001년 11월 21일 파푸아 주
특별자치에 관한 법안 21조를 확정하였다.[20] 또한 2002년 1월 8일 이리안자야
의 공식 지명을 파푸아로 바꾸었으며, 그동안 엄격히 금지해온 '샛별기'를 국
기(國旗)가 아닌 주기(州旗)로 인정하는 조건으로 계양을 허용했다(『연합뉴스』
2002년 1월 8일; Tunggal 2002: 8).

이리안자야에서는 메가와티의 온건정책 시행 후 독립세력과 군경 사이의

---

20) 이 특별자치법에 의거, 주지사와 부지사는 물론 파푸아의 모든 행정 책임자는 반듯이 파푸아
   원주민 중에서 선출하고; 25년 동안 천연자원 중 광업, 어업, 산림자원은 개발 수입금의 80%
   를, 석유와 천연가스는 70% 배분받을 수 있게 되었다. 그리고 26년째부터는 석유와 천연가스
   개발 수입금의 50%를 받게 된다(Tunggal 2002: 24-25).

무력충돌이 거의 발생하지 않고 있다. 오히려 1977년 4월부터 자야위자야 군(郡)의 까루바가(Karubaga) 지역에서 활동해온 OPM의 지도자인 존 보굼(John Bo gum)이, 위의 특별자치법 시행에 따른 만족감의 표시로 그의 부하 300여명과 함께 지역 사단(Kodam Trikora)에 투항하는 등 안정을 되찾는 모습을 보였다(*Kompas* 2002년 5월 6일).

그러나 독립요구를 둘러싼 근본적인 문제들이 상당부분 미해결 상태로 남아있어 평화정착 가능성을 낙관하기에는 여전히 많은 문제점을 안고 있다. 그 예로 2002년 8월 말 미국 소유의 프리포트(Freeport) 광산 인근에서 발생한 미국인 차량 총격 사건과 그해 12월 말에 일어난 파푸아 인권운동가인 조하니스(Johanis) 가족 차량 총격 사건에서 볼 수 있다. OPM 측과 군경은 서로 상대방의 소행이라고 비난하고 있다(*Kompas* 2003년 9월 7일). 인도네시아 정부는 1999년 법령 45조를 근거로 2003년 1월 27일자로 대통령령을 포고하여, 2002년 1월 8일자로 이리안자야 주(洲)에서 변경된 파푸아 주를 서부 이리안자야 주(Provinsi Irian Jaya Barat), 중부 이리안자야 주(Provinsi Irian Jaya Tengah), 파푸아 주(Provinsi Papua)로 분할하였다. 이에 주지사를 비롯한 지역 주민들은 2001년 특별자치법에 의거 주의회(DPRP: Dewan Perwakilan Rakyat Papua) 또는 신설 예정인 파푸아 국민협의회(MRP: Majelis Rakyat Papua)[21]의 사전 동의 하에 법령 시행이 가능하다고 주장하며 팽팽히 맞섰다. 이러한 외중에 2003년 8월 23일 중부 이리안자야 주 분할 선언식 행사에서 찬반(贊反) 지지자 수천명이 충돌하자, 정부는 2003년 8월 28일 상기 주의 분할 계획을 무기한 연기하였다(*Kompas* 2003년 9월 7일). 이로써 2004년 4월 5일 실시된 제 9차 총선은 서부 이리안자야 주와 파푸아 주에서만 실시되었다.

---

21) 특별자치법에는 파푸아 인들의 전통관습과 여권신장을 위해 파푸아국민협의회(MRP) 설치를 담고 있다. 전통관습 대표 1/3, 종교대표 1/3, 여성대표 1/3로 구성되는 이 협의회 의원의 임기는 5년이다. 하지만 아직 설치가 안 되고 있어, 지역주민들의 불만을 사고 있다(Tunggal 2002; 18; *Kompas* 2003년 9월 7일).

3) 말루꾸 지역분쟁 전개양상

인도네시아에서 서로 다른 종교세력 사이에 가장 조화롭고 평화로운 삶의 모습을 보여 종교화합의 모델지역이라는 찬사를 받았던 말루꾸가 불과 수년 사이에 최악의 유혈 종교 분쟁 지역으로 전락했다. 1999년 1월 19일 말루꾸 주도(州都) 암본에서 이슬람 교인과 기독교 주민의 사소한 말다툼이 두 종교 세력간 집단분쟁으로 비화되어, 2002년 12월까지 8000여명이 숨지는 등 말루 꾸 전 지역은 생지옥을 방불케 하였다. 표면적으로는 기독교인과 이슬람교인 싸움으로 나타났지만 이면에는 군부를 비롯하여,[22] 남 말루꾸 공화국(RMS: Republik Ma- luku Merdeka)[23] 분리독립 세력과 과격 이슬람 세력인 아흘루 스 순나 왈 자마아(ASWJ: Ahlus Sunnah Wal Jama'ah)가 훈련시켜 보낸 성전 군대의 의미인 라스까르 지하드(LJ: Laskar Jihad)가 깊숙이 개입되어 있었다고 판단된다. 때문에 정치권과 국제사회의 평화노력이 좀처럼 실효를 거두지 못 했던 것이었다.

말루꾸 분쟁을 5단계로 나눌 수 있는데, 첫 단계는 1999년 1월 19일~4월 말로 개인의 사소한 싸움이 무슬림 마을(Batumerah)과 기독교인 마을(Mardika) 주민 간의 집단싸움으로 확산되었으며, 그 다음날 암본 시내 여러 지역으로 파급되었다. 하지만 이 기간 동안에는 사상자가 많지가 않았다.

둘째 단계는 1999년 7월 말~2000년 1월말로 안전성을 고려해 중산층 이 상이 거주하던 뽀까(Poka) 지역에 몰려든 피난민끼리 충돌하는 등 사태가 진 정되지 않았다. 이 기간 동안 암본 거주 두 종교 집단은 완전히 격리되었다. 기독교 교인이 다수인 마을에 거주했던 무슬림은 무슬림이 다수인 마을로 이

---

22) 라스까르 지하드가 말루꾸로 진격한 후 육군으로부터 총기를 지원받았다는 소문이 끊이지 않 았으며(*Kompas* 2002년 5월 6일), 출발 당시 군 당국은 말루꾸 진입을 제지하지 않아 분쟁 해 결 의지를 의심받아 왔다.

23) 기독교 교인으로 구성된 RMS는 1950년 설립된 뒤 해외에서 주로 활동하다가 1999년 1월 분 리독립운동이 광범위하게 벌어지는 시점에 말루꾸에 모습을 드러낸 단체로, 암본지역을 중심 으로 군경과 무력충돌을 벌이고 있는데 최근에는 185명의 사상자가 발생했다(*Detikcom* 2004 년 4월 24일).

〈사진 4〉 라스까르 지하드 요원들이 말루꾸에서 기독교인을 상대로 성전을 펼칠 것임을 천명하고 있다.

전하였으며, 무슬림 마을의 기독교 교인들 또한 같은 과정을 겪었다. 종교에 의한 마을 분리 뿐만 아니라 시장, 일반 차량과 같은 일상 생활수단도 모두 분리되었다.

종교분쟁은 1999년 11월 북부 말루꾸 할마헤라(Halmahera) 섬으로 확산되어 2달 동안 두 집단의 전면전으로 1천여 명이 살해되었는데, 이는 암본에서 1년 동안 학살된 숫자보다 더 많았다. 위란또 통합군 사령관은 사제 총기, 폭탄뿐만 아니라 군 장비의 일부가 동원되어 유혈참사가 악화일로로 치닫자, 병력 4000여명을 추가 배치하고 난동주모자는 발견 즉시 사살하라고 말루꾸 지역군에 명령하였으나 별다른 효력을 발휘하지 못했다.

해군은 사태가 걷잡을 수 없이 악화되자, 2000년 1월 외지로부터 총기류 밀반입을 막기 위해 말루꾸 제도를 봉쇄했다. 주변해역에 함정 9척과 정찰기 5대를 배치하여 인도적 물품을 적재한 선박을 제외한 모든 선박의 입항을 차단 했으며, 할마헤라섬 주민 1만8천여 명의 탈출을 지원했다. 메가와티 당시 부통령은 현지를 방문해 종교 및 지역지도자들을 만나 화해를 주선했으나 실패로 끝났고, 평화정착 전망이 불투명해진 상황에서 2000년 4월 과격 이슬람 세력이 지하드를 천명하여 사태가 걷잡을 수 없이 악화되었다.

셋째 단계는 2000년 5월 초 ~ 6월 말로 말루꾸에 도착한 LJ가 적극 분쟁사태에 개입하기 시작하면서, 전술은 산발적인 공격이 아닌 조직적인 공격으로 바뀌었다. 무슬림들은 자바섬에서 건너 온 LJ의 도움으로 조직을 재정비하였고, 기독교 청년들 또한 기독교 군대(Laskar Kristus)를 조직하여 대항하였다. 첫 단계와 둘째 단계에서 기독교 세력이 우위를 점하였다면, LJ가 합류한 셋째 단계부터는 무슬림이 주도권을 장악하기 시작하였다(Eriyanto 2003: 14).

넷째 단계는 2000년 7월 27일 ~ 2002년 2월 12일로 이 지역(말루꾸 주와 북부 말루꾸 주)에는 와히드에 의해 경비계엄령이 선포되었지만 고층빌딩을 점거한 저격수들의 무차별 총격이 가해지는 등 유혈사태가 진정되지 않았다. 군 당국은 사태 해결을 위해 양측에 무기인도를 강력하게 요구하였지만, 군이 상대방을 비호한다는 불신으로 사태는 더욱 악화되었다. 친 와히드계로 분류된 주워노 수다르소노 국방장관은 2000년 7월 자카르타 포스트와 회견에서 말루꾸 종교분쟁은 무장이슬람 단체 LJ가 주도하고 일부 군인들이 가세해 악화되었다며 군부 배후를 처음으로 인정했다. 지하드 요원과 추종세력 1만여 명이 당시 자바에서 말루꾸로 이동하여 폭력사태를 촉발시켰고 수하르토와 하비비 전 대통령의 측근들이 이들에게 자금과 무기를 지원한 것으로 추정된다고 밝혔다.

코피아난 UN 사무총장은 와이드에게 말루꾸 사태해결을 위해 국제평화유지군 배치를 허용해 줄 것을 요청했다. 그는 UN안전보장이사회국들로부터 말루꾸 평화유지군 파견을 요구하는 압력을 받고 있다며 인도네시아가 UN의 평화노력을 수용할 것을 촉구했으나 와이드는 독자적 해결능력을 요구하며 수용을 거부했다. 말루꾸 유혈사태는 메가와티 집권이후 전반적으로 진정되는 모습을 보였다. 군부의 강력한 지지를 바탕으로 정부가 분쟁당사자에 대해 단호한 조치를 취했기 때문이다.

다섯째 단계는 2002년 2월 12일 이후 현재까지이다. 남부 술라웨시 고아

(Gowa)군에 위치한 말리노(Malino)에서 양측을 대표하여 각각 35명이 참석한 가운데 분쟁 종식을 위한 11개 조항의 합의문을 작성하여 서명하였다. 합의문 도출에 가장 걸림돌이 된 것은 LJ와 말루꾸 주권전선(FKM: Front Kedaulatan Maluku)로 이름을 바꾼 MRS 문제였다. 기독교 측에서는 LJ의 철수를 요구하였고, 이슬람교 측에서는 FKM의 분리독립 운동에 이의를 제기하였던 것이다. 이에 쌍방은 FKM을 포함한 어떠한 분리독립 움직임도 허용하지 않을 것임에 동의하였다. 하지만 FKM은 암본 지역을 중심으로 계속해서 독립 깃발을 게양하여 무슬림과 충돌하고 있다.

LJ는 2002년 10월 발리 폭탄테러가 발생한 직후 조직을 자진 해체하고 모든 활동을 전면 중단했다. 딸립(Thalib) 사령관의 조직 해체 지시 직후 말루꾸 분쟁을 주도한 지하드 요원 700여명은 선박을 이용해 자바로 돌아왔다. LJ는 자금난 때문에 조직을 해체했다고 발표하였지만, 조직원들에게 장기간 군사훈련을 시키는 등 무장단체 가운데 가장 강력한 조직력을 갖춘 이 단체가 폭탄테러 직후 조직을 서둘러 해체한 것과 관련해 각종 의혹이 난무했다.

4) 뽀소 지역분쟁 전개양상

중부 술라웨시의 뽀소지역에서는 2000년 5월부터 2주일 동안 이슬람교인과 기독교인이 유혈충돌에 162명이 숨졌다. 이는 1998년 12월 25 ~ 29일 발생한 뽀소 분쟁 I와 2000년 4월 16일 일어난 뽀소 분쟁 II의 연장 선상에서 일어난 것이다. 뽀소 분쟁 I은 성탄절 새벽에 3명의 기독교 교인이 마스짓(Masjid)에서 자고 있던 무슬림을 폭행하면서 비롯되었다. 분노한 무슬림들이 사건을 야기 시킨 범인들을 색출하는 과정에서 기독교인들과 충돌하였는데, 군수를 비롯한 양측 종교 지도자들의 설득으로 사태는 더 이상 확산되지 않았다.

뽀소 분쟁 II는 무슬림 청년이 기독교인을 폭행하면서 비롯되었는데 기독교 교인들의 거주지인 롬보기아(Lombogia) 마을의 많은 가옥들이 방화되었다. 뽀소 1차 분쟁이후 뗀떼나(Tentena) 주변 마을 껄레이(Kelei)에서 70여명의 예비역 군인들의 지도 아래 2천여 명의 젊은이들이 군사훈련을 받아왔는데, 동부 누사떵가라(Nusa Tenggara Timur)주 출신인 띠보(Tibo) 일행 십수 명이 그 보복으로 얼마 후인 5월 24일 뽀소 읍내에 들어와 3명의 무슬림을 살해하였다. 띠보 일당을 놓친 무슬림들은 분노하여 기독교 교인들의 자랑인 산타 테레시아(Santha Theresia) 교회를 방화함으로써 양측은 전면전으로 치닫게 되었다. 이 사건이 뽀소분쟁 III이다. 당시 뽀소지역은 군수 선거 결과로 생긴 불협화음으로 종교가 다른 지역 정치엘리트간의 감정대립이 있었던 시기였다.

수천명의 기독교인들은 2000년 5월 30일 뽀소읍(邑)을 장악하기 위해 4방향에서 포위해 들어갔다. 인구 2만여 명으로 무슬림들이 장악하고 있던 뽀소읍은 죽음의 도시였다. 뽀소읍 인근 지역의 무슬림들이 구원하기 출동하였지만, 포위망을 뚫을 수가 없었다. 기독교 교인들이 장악하고 있던 라게면(面)에서는 73명의 무슬림이 학살되었는데(Ecip 2001: 82-86), 주로 자바, 술라웨시에서 이주해 온 주민들이 많이 살해되었다.

분쟁해결을 위해 무슬림 대표 25명과 기독교 대표 23명은 2001년 12월 20일 남부 술라웨시의 말리노에서 주지사와 군사령관을 비롯한 7명의 중재인과 24개의 종교단체 및 학자들이 참관한 가운데 10개 조항의 합의사항에 서명하였다. 2002년 1월 7일부터 무기 반납에 동의하였으며, 양측으로부터 1천여명의 사상자를 발생한 유혈사태에 대해 서로 사과를 하였다(*Kompas*, 2001년 12월 20일, 21일).

5) 삼바스와 삼삣 지역분쟁의 전개 양상

서부 깔리만탄에서도 수하르토 군사정권이 몰락한 뒤 찾아온 민주화 분위기에 편승해 과거 억눌렸던 불만들이 일순간에 폭발하면서 유혈 종족 분쟁이 발생했다. 원주민인 다약(Dayak)족은 1967년 화교 마을을 공격한 적이 있으며, 1996-1997년에는 마두라(Madura)족을 학살한 전례가 있다. 그러나 그 당시 군의 신속한 개입으로 곧바로 치안이 회복된 것에 반해 1999년 이후 발행한 종족 분쟁은 군과 경찰의 미온적인 대처로 장기화 되면서 무법천지를 방불게 하였다. 수하르토 정권의 인구분산 정책에 의해 70년대 중반 서부 깔리만딴의 삼바스로 이주한 마두라족들이 원주민뿐만 아니라 다른 이주민들과도 조화로운 생활을 하지 못하고 갈등과 증오를 키워온 것이 유혈참사를 촉발시킨 원인이었다.

서부 깔리만딴 주도 뽄띠아낙(Pontoanak)에서는 2000년 10월 다약족이 합세한 말레이족과 마두라족 사이의 종족 분쟁이 발생해 중앙 정부에서 병력이 증파되는 등 긴장이 고조되었다. 분쟁은 마두라족 버스 운전기사와 말레이족 주민이 사소한 문제로 시비를 벌리다가 촉발되었다. 말레이족의 적대감정은 뽄띠아낙 북쪽의 삼바스로 이주한 마두라족이 1997년 다약족의 공격을 받아 뽄띠아낙으로 피신한 직후부터 생겨났다. 중앙정부는 뽄띠아낙 사태가 통제 불능 상황으로 치닫자 질서유지와 무기회수를 위해 경찰 기동대 요원 600여명을 현지로 급파하여 일촉즉발의 위기는 모면했다. 하지만 두 종족 사이의 갈등과 증오가 워낙 심해 언제든지 유혈충돌을 촉발시킬 수 있는 가능성이 잠재되어 있다.

중부 깔리만딴 삼뼷에서도 2001년 2월 13일 최악의 종족분쟁이 발생했다. 다약족이 마두라족 주거지를 급습하면서 시작된 유혈사태는 인근지역으로 확산돼 수백명이 숨지고, 수만명의 피난민이 발생하였다. 원주민이 무자비한 살육극을 벌인 것은 외지인에 대한 불만과 독특한 전통 때문이었다. 수하르토 정권이 근대적 방식의 소유권 개념을 도입한 이후 조상대대로 살아온 터전을 빼앗기고 새로 건설된 도시 변두리로 쫓겨나면서 마두라족에 대한 적대의식은 최고조에 달했다.

다약족이 경찰의 통행금지령에도 불구하고 마두라족 사냥에 나서는 등 분쟁양상이 치안력이 미치기 힘든 오지로 까지 확산되는 조짐도 보였으나 군과 경찰은 거의 수수방관하는 자세로 일관하여 군부가 와히드 축출을 위한 여론 조성을 하고 있다는 추측을 낳게 했다. 읍 단위인 빠랭게안(Parenggean)에서

〈사진 5〉 깔리만딴 삼삣에서 무장한 다약족 청년들이 피신한 마두라족을 추적하고 있다.

지방정부와 경찰의 안이한 조치로 불과 1시간 만에 마두라족 118명이 학살된 것도 군부의 유혈사태 배후 조정설을 뒷받침하는 사례로 지적되고 있다.

4. 지역분쟁을 야기한 원인

1) 불평등한 경제 개발

수하르토 정권의 경제 정책은 연 평균 7%의 지속적인 성장을 통해 인도네시아가 1980년대 이후에 신흥공업국으로 발돋움 할 수 있는 발판을 마련했지만, 중앙집권체제 시행[24])에 따른 경제착취 및 정책적 소외와 같은 경제적 부작용으로 오늘날의 아쩨 지역과 파푸아 지역에서처럼 지역분쟁을 야기시켰다. 그 부당한 경제 정책은 크게 3가지로 나눌 수 있다.

---

24) 아쩨 지역은 1986/1987년 주(州) 세입(726억)의 78%인 약 566억 루삐아를, 1989/1990년도에는 1040억의 68%인 약 706억 루삐아를 중앙정부로부터 지원받았으며(Hars-2 1992: 240); 파푸아 지역은 1986/1987년 주 세입(488억)의 84%인 408억 루삐아를, 1989/1990년에는 760억의 약 60%인 457억 루삐아를 지원받았다(Hars-3 1992: 238).

첫째는 부존자원 개발이익금에 대한 중앙정부와 지방정부간의 불공정한 배분이다. 아쩨북군(郡) 아룬(Arun)지역에서 1969년 발견된 액화천연가스 (LNG)와 1972년 파푸아 지역에서의 프리포트 광산 개발은 경제성장률 마이너 스, 약 650%에 달하는 하이퍼인플레이션, 루삐아(Rupiah)화 폭락 등으로 인해 매우 심각한 경제위기 상황에 놓여있던 수하르토 초기 정부에게 커다란 희망을 주었다. 1968년 당시 조각된 내각을 개발내각(Kabinet Pembangunan) 으로 명 명할 정도로 국가경제 발전에 총력을 기울이고 있었으며, 비동맹 중립노선을 추구하면서도 친(親)서방정책을 내세워 대외부채를 연기 또는 조정하고 있던 시기였다(제대식 1999: 141-142).

1977년 생산에 들어간 아룬유전으로부터 얻은 연평균 21억 달러의 국가수 익은(Ali 1999: 10) 수하르토를 '개발의 아버지'로 추앙 받게 만들 정도로 인도네시아 경제 발전에 기여하였다. 〈표 1〉에서 보듯이 부존자원 개발이익금 거의 대부분을 중앙정부에서 가져가자, 아쩨 출신 대학생들은 개발 이익금의 10%를, 주의회에서는 20%를 아쩨 주에 돌려줄 것을 요구하였다. 하지만 중앙 정부에서는 전혀 반응을 보이지 않았다. 일일 1만 6천 톤의 철광석과 막대한 구리 및 금 생산으로 중앙정부 재정에 많은 기여해 온 파푸아 지역 또한 마찬 가지였다(Raweyai 2002: 130).

〈표 1〉 아쩨주의 1995~1997 예산안 (단위 10억 루삐아)

	지역 총수입	석유가스 수입	수익금 배분	비율
1995년	17,059	5,928	521	3.05 %
1996년	14,637	6,404	574	3.92 %
1997년	17,092	7,942	669	3.92%

자료: Statistics Indonesia: Aceh Special Region; Tippe, 2000: 49.

둘째는 자원개발로 막대한 피해를 입은 원주민에 대한 보상이 제대로 이루 어지지 않았다. 아쩨지방에는 천연가스 외에도 주(州) 면적의 3/4인 413만 헥 타르(ha) 산림이[25] 그 동안 19개의 수하르토 측근 기업에 의해 무차별 개발되어 왔다(Al-Chaidar 1998: 13). 그 결과 산간지방에서의 수확물로 생계를 유지해오던 지역주민들에게 많은 타격이 되었으며, 1995년과 1996년에 약 1000억 루삐아 이상의 재산손실을 가져온 대홍수의 원인이 되었다(Aiyub 1999: 102-103). 프리포트의 광산개발 역시 원주민의 전통적인 토지에 대한 권리를 무시한 채 강행되어 그들의 삶에 심각한 영향을 미쳤다. 더욱이 산림 훼손과 광물 쓰레기로 인한 토양 오염은 수많은 지역주민들을 빈곤으로 몰아넣었으며, 1997년에는 식량부족으로 430명의 지역 원주민이 아사하는 결과를 초래하였다(Reweyai 2002: 130).

끝으로 부존자원 개발에 따른 원주민 배제 정책이다. 아쩨지역의 자원 개발사업을 장악해온 자카르타 사업가들은 아쩨지역 주민들을 활용하지 않고 1975년 이래로 중앙정부의 주도아래 이 지역에 이주시키기 시작한 자바인들의 일부를 생산현장에 투입시켰다. 1991년까지의 자바 이주민 숫자는 당시 아쩨 인구의 약 3%인 십만 오천 명이었다(Hars-2 1992: 255). 숙련된 기술자가 없고 기술전수에 많은 시일이 소요된다는 명분 하에 자바출신의 중국계 기업인들이 개발사업에 아쩨인들을 배제한 일은 자바중심의 중앙정부에 악감을 가지고 있던 아쩨인들에게 더욱 깊은 마음의 상처를 남겼다.

파푸아지역 역시 신질서정부의 이주정책으로 원주민들의 실업률이 증가하였다. 원주민들의 교육 수준이 많이 향상되었음에도 불구하고 이주민들의 교육 수준이 훨씬 높았기 때문이다. 1970년대 초 (주) 프리포트 인도네시아가 자원개발을 시작할 당시 인근의 띠미까(Timika) 지역 주민은 거의 대부분이 원주민인 아뭉미(Amungme)족과 꼬모로(Komoro)족으로 약 천명이 거주하였는데, 현재는 파푸아 외곽에서 많은 이주민이 유입되어 인구 십만명의 도시로 변모하였다(Reweyai 2002: 133-134). 프리포트가 사업 허가를 받을 당시 3~7년 내에 노동자 중 80%를 인도네시아인으로 고용하되, 이들 중 상당수를 원주민으로 채워야한다는 조건이 있었지만 그 약속은 지켜지지 않고 있다. 노동자

---

25) Forum 에서는 산림면적을 320만 헥타르(ha)로 언급(40호; 30).

중 대부분은 다른 도서지역의 이주민으로 채워졌다(소병국 2003: 259). 그결과 원주민들은 이주정책의 목적이 이 지역에 대한 자바화(Jawanisasi)를 통해 종족말살(pem- basmian sebuah suku bangsa) 책략을 시행하기 위함이라고 비난하고(Raweyai 2002: 134), 급기야는 2000년 10월 10일 자바 이주촌을 습격하여 많은 사상자를 낳았다.

2) 종교 갈등

인도네시아에서 기독교인과 가톨릭교인의 분포도가 높은 동부지역은 역사적으로 무슬림의 분포도가 높은 자바와 불편한 관계를 유지해 왔다. 특히 연방제 해체 문제로 1950년 4월 암본군과 공화국 군대의 무력충돌 후 동인도네시아 주(州)정부가 인도네시아공화국에 귀속되면서부터 종교 갈등의 씨앗이 심어졌다[26]. 신질서시대 철권통치 하에서 화목한 이웃으로 포장되어 온 기독교인들과 무슬림들이 수하르토 하야 후 가면을 벗고 유혈충돌하면서, 말루꾸 지역에서 4년여 동안 (1999년 1월~2002년 12월) 8천여 명의 사망자[27]와 약 86만 명의 피난민이 발생하였고(Eriyanto 2003: 5-6), 중부 술라웨시의 뽀소 지역에서는 2000년 5월 23일부터 2주 동안 162명의 사망자[28]가 발생하였으며 군민(郡民)의 1/4인 5만8천여 명이 타 지역으로 피난하였다(Ecip 2001: 18-19). 분쟁 동안 가장 피해를 입은 면(面) 중 하나인 뽀소 뻐시시르(Poso Pesisir)에서 발리 이주민들이 거주하고 있던 낄로(Kilo) 마을이 전혀 피해를 입지 않았다(Ecip 2001: 79)는 점에서, 뽀소분쟁은 이슬람교인과 가톨릭, 기독교인 연합세력의 충돌임이 분명하다.

말루꾸 지역[29]이 2개의 주(州)로 분리되기 전의 지역 주민 종교 분포는

---

26) 분리독립 선언 당시 독립지지 세력은 암본지역 기독교인 관료와 군인이었고, 중앙정부(인도네시아 연방공화국)지지 세력은 이슬람교인이었다(Al-Jakartaty 2000: 7)
27) 북부 말루꾸에서 약 40%; 암본을 포함한 중부 말루꾸에서 40%; 동남부 말루꾸 특히 반다 (Banda)제도, 아루Aru)섬, 께이(Kei)섬에서 약 20%가 사망하였다(Aditjondro 2001: 131-132).
28) 사망자 중 약 2/3가 무슬림으로 대부분이 남부 술라웨시의 부기스(Bugis)족, 자바족이다(Ecip 2001: 137).

이슬람교 56%, 기독교 38%, 가톨릭 5.3%, 힌두/불교 0.15%, 기타 0.55로 (Hans-3 1992: 305), 떠르나떼(Ternate)를 중심으로 한 북부 말루꾸 지역은 이슬람교가 강세였고, 암본을 비롯한 중부 말루꾸지역은 비슷하고, 동남부 말루꾸지역은 기독교가 다수를 차지하고 있었다(Eriyanto 2003: 9; Al-Mukmin 1999: 15).

지역분쟁 전 뽀소 지역30)은 중부 술라웨시주(州)의 4개 군(郡) 중 하나로 39만 여명이 거주하였다. 뽀소 군민(郡民)의 종교분포에 대한 최근 자료 수집에 어려움이 있어, 중부 술라웨시 주(州)의 1991년도 종교분포를 참고하고자한다. 중부 술라웨시는 당시 이슬람교가 77.6%, 기독교가 18.2%, 가톨릭 1.0%, 힌두교(발리 이주민) 3.0%, 불교 0.2%로 분포되어 있었다(Hars-3 1992: 285).

국제인권단체인 휴먼라이츠워치(HRW: Human Rights Watch)는 말루꾸 분쟁이 단순한 시비로 발생한 것이 아니라 계획적으로 이루어 졌으며, 그 배경세력으로 2가지 설을 제시하고 있다. 첫째는 꺼따빵(Ketapang) 사건31)의 연장선상에서 비롯되었는데 수하르토의 측근들이 배후에서 조종하고 있다는 설이고, 둘째는 남 말루꾸 공화국(RMS: Republik Maliku Selatan)32) 분리독립세력의 연루설이다. 두 번째 설은 주로 이슬람교 측에서 주장하고 있고, 기독교

---

29) 말루꾸 지역은 4개의 군(중부 말루꾸군: 전체 인구의 32% 거주, 동남부 말루꾸군: 15.5%, 북부 말루꾸군: 30%, 할마헤라군 7.5%)과 1개의 시(암본: 15% 거주)로 구성되었는데, 1999년 10월 12일 2개의 주(말루꾸 주와 북부 말루꾸 주)로 분리되었다. 암본시와 중부 말루꾸, 동남부 말루꾸로 구성되어 있는 말루꾸 주는 2000년 통계 자료에 의하면 144만여명이 거주하고 있고, 북부 말루꾸군과 할마헤라군으로 구성된 북부 말루꾸주에는 86만여명의 주민이 살고 있다 (Hars-3 1992: 69; *Republika* 2004년 2월 23일).

30) 2000년 12월 5일 부로 뽀소군은 2개의 군으로 분리되었다. 군내의 21개 면 중 8개 면이 분리되어 모로왈리(Morowali) 군이 되었다(Ecip. 2001: 18).

31) 1998년 11월 이슬람 금식기간(라마단) 중 자카르타 꺼따빵지역의 유흥업소 영업문제로 암본 출신의 부랑배들과 지역주민 무슬림간 충돌한 사건인데 유흥업소뿐만 아니라 일부 교회가 방화되었다. 사태의 확산을 우려한 자카르타 시는 얼마 후 100여명의 암본 부랑배를 고향으로 추방하였다.

32) 기독교 교인으로 구성된 RMS는 1950년 4월 15일 동인도네시아 주 법무장관이었던 암본출신 수모낄(Soemokil)에 의해 설립된 뒤, 네덜란드에서 주로 활동하다가, 말루꾸 분쟁의 시발점인 1999년 1월에 말루꾸에 모습을 드러낸 단체로, 암본지역을 중심으로 독립기를 게양함으로써 군경뿐만 아니라 무슬림과도 무력충돌을 벌이고 있는데, 최근의 충돌로 185명의 사상자가 발생했다(*Detikcom* 2004년 4월 24일).

측에서는 강하게 부정하고 있다.

1998년 12월 25~29일에 발생한 뽀소 1차 분쟁이후 2천여 명의 가톨릭 및 기독교 젊은이들이 기독교인들의 집단 거주지인 뗀떼나에서 군사훈련을 받아 왔는데, 비용의 일부가 자카르타에서 보내졌다고 알려졌다(*Republika*, 2000년 7월 7일). 이는 각종 비리에 연루된 수하르토 측근에 대한 검찰수사가 진행되던 시점에 유혈사태가 발생하여, 와이드 정권에 대한 국민적 반대분위기를 조성하기 위해 수하르또 추종세력이 조종했을 가능성을 의미하고 있다.

이들 분쟁지역의 공통점은 위에서 언급한 수하르토 측근 개입설 외에 다음과 같은 요인들이 작용하고 있으나 모두 그 밑바탕에는 종교적 갈등이 깊게 내재되어 있었다.

(1) 종교 분쟁에 이주민들과의 종족 갈등이 혼재

말루꾸 지역분쟁의 시발점인 암본지역의 충돌은 술라웨시 이주 3종족 (BBM: Bugis, Buton, Makasar)과 원주민 사이에서 비롯되었다. 비록 사소한 말다툼에서 비롯되었다고 하나 시장 상권을 장악하고 있는 이주민에 대한 원주민들의 시기심과 군출신 기독교인 암본 시장(市長)의 시장 상인 탄압정책으로 인한 강한 불만이 내재되어 있었기 때문에 가능했다. 뽀소 역시 무슬림 이주민인 부기스족, 자바족, 고론딸로(Gorontalo)족의 경제력이 향상되자, 가톨릭교인 및 기독교교인과의 갈등이 빈번해졌다.

(2) 분쟁을 확산시킨 지역 정치엘리트의 역할

수하르토의 이슬람 포용정책[33] 이후 말루꾸 무슬림들이[34] 주지사 직을 맡으면서 원주민 또는 이주민 출신 무슬림들을 중용하자, 기독교 교인 관료들

---

33) 군부의 충성심을 의심하고 있던 수하르또는 정권연장을 위한 책략으로 이슬람 세력 포용을 위한 친 이슬람 정책을 표방하였다. 자세한 내용은 제대식(1999: 151) 참조.
34) 무함마드 아낍 라뚜쫀시나(Latuconcina)가 1993~1998년 주지사 직을, 이어서 무함마드 살레 라뚜쫀시나가 1998년 이후로 주지사가 되었다.

의 반발이 심하였다. 말루꾸 기독교인들은 네덜란드 식민통치 때부터 행정 관료와 군인으로 일해 왔는데, 직업에 대한 자부심이 아주 강하였다(Al-Jakartaty 2000: 8). 1990년 이전에는 고위 공직의 다수가 기독교 교인 이었으나, 그 후에 상황이 반대로 변하였다.35) 뽀소분쟁 역시 지역 정치엘리트들이 깊이 연루되어 있었다. 무슬림인 아리프 빠땅아(Arif Patanga)에 이어 같은 무슬림인 무인 뿌사단(Muin Pusadan)이 뽀소 군수로 선출되자, 전임 군수, 부군수, 주(州) 개발국장과 같은 기독교인 출신 고위 관료들이 크게 반발하여 종교 갈등을 뒤에서 선동하는 등 사태를 증폭시켰다(Ecip 2001: 160-163).

(3) 외부 세력 개입

LJ의 총사령관인 자파르(Ja'Far)에 의하면, 그의 부하 3천여 명이 2000년 5월 초에 말루꾸에 도착하여 성전 준비를 하고 있으며, 8월에 1300명을 추가로 파병한다고 하였다(25 Jul 2000). 또한 2001년 10월 뽀소지역 무슬림을 돕기 위해 그 곳으로 1개 대대 병력을 파병하였다고 인정하였다(*Kompas*, 2001년 12월 7일; Shoelhi 2002: 3-12). 종교분쟁 지역, 특히 말루꾸 분쟁은 과격 이슬람단체인 ASWJ가 자바지역 무슬림들을 훈련시켜 파병함으로써 사태가 확산되었다. 하지만 ASWJ 측에서는 정부와 현지 공권력의 RMS측 분리독립 움직임에 대한 소극적 대처가 유혈사태를 증폭시켰다고 주장하고 있다(Shoelhi 2002: 155-157).

(4) 일부 치안요원 합류

종교 갈등 양상이 대규모 유혈분쟁으로 치닫자, 중립을 지키던 군경들의 일부가 자신의 종교에 따라 2 편으로 갈려 가세하였다. 말루꾸 주(州)의원인 Thamrin과 당시 국방장관 주워노 수다르소노 또한 이점을 인정하였다. 뽀소

---

35) Eriyanto에 의하면 1999년 말루꾸 주의 5급 이상 공무원의 약 74%가 무슬림 이었고, 6급은 약 69%, 그리고 7급 공무원 중 무슬림이 약 53% 였다고 한다(Eriyanto 2003: 10-11).

군(郡)지역 중 유혈사태가 심한 몇몇 면에서는 지역 파출소장을 비롯한 경찰이 개인적으로 연루되었는데, 이들은 사태가 진정된 후 직위 해제되었다(Ecip 2001: 162).

위에서 언급한 요인 외에도 말루꾸에서는 지역 언론과 인터넷 정보망이 분쟁을 확대시켰다. 초기에 언론 보도에 있어 중립적 자세를 견지하고 있던 방송국과 언론사의 위치가 종교에 따라 2개의 지역으로 분리되면서, 취재의 어려움과 내재된 감정 폭발로 유언비어 가능성이 많은 아주 자극적인 기사를 보도했으며, 인터넷을 통한 과장된 허위 보도가 국제사회를 자극하였다.

3) 종족 갈등

오늘날 인도네시아에서 발생하고 있는 지역분쟁 특히 서부 깔리만딴의 삼바스 종족분쟁과 중부 깔리만딴의 삼뼷 종족분쟁은 신질서정부의 정책, 특히 이주정책 시행에 따른 부산물의 결과로 보여진다. 수하르토 군사정권은 마두라족들을 깔리만딴에 이주시키면서 지역경제개발에만 관심을 가졌을 뿐(Surata 2001: 71), 그들의 독특한 폭력성 관습문화인 '짜록(Carok)'[36]은 도외시하였다. 이 짜록 문화가 깔리만딴에서 말레이족 및 다약족의 문화와 충돌하면서 수많은 인적 물적 희생을 가져왔다.

인도네시아 국방정책의 핵심인 '다층 안정화(Stabilitas Berlapis) 전략'의 첫 단계는 '총체적 국민방어(Total People's Defence)'로써 필요시 국가방어를 위해 모든 가용자원을 총동원해야 한다는 개념이다. 군도국가라는 지리적 특성을 갖고 있는 인도네시아는 정규군대만으로는 대부분의 도서가 정글로 덮여있는 지역 방어에 어려움이 있기 때문에 풍부한 인적자원을 바탕으로 비

---

36) 마두라족에게는 자신 또는 집안의 명예가 훼손되었다고 판단될 경우 반듯이 살인 보복을 하는 관습이있다. 이러한 살인행위는 사회로부터 정당성을 인정받고 있으며, 법의 처벌 또한 아주 가볍다. 피의 보복을 하지 않을 경우 이웃으로부터 경멸당한다. 살해당한 피해자 집안에서는 법률적으로 해결하지 않고 적당한 시기에 또 다른 유혈 보복(살인)을 한다. 이들은 결투에서 쩔루릿(Celurit)이라 불리는 낫을 사용한다(Wiyata 2002: 170- 173).

정규전 형태의 게릴라 전법을 발전시켜왔다(윤진표 1996: 288; 서세호 1997: 142-143).

수하르토 정권은 군부의 지역방어 전략과 장기경제개발계획의 일환으로 전 국토의 균형적 발전을 위한 이주정책을 확대시켰다. 자바중심의 경제정책으로 인해 도시와 비도시간의 경제적 불균형이 심해지고 인구집중 현상으로 인해 위생문제, 빈민문제 등과 같은 사회문제가 증대되자 자바, 마두라, 발리, 남부 술라웨시 같은 고밀도 지역의 주민들을 인구밀도가 낮으며[37] 발전이 미비한 지역으로 이주시킨 것이다. 이주정책은 종교, 문화, 언어가 다른 이들을 인위적으로 혼합시킴으로써 갈등을 초래하게 만들었다. 특히 원주민들은 경제적 박탈감 외에 이주민에 의한 인격모독으로 인해 적개심을 가지게 되었다.

마두라인들이 서부 깔리만딴에 이주한 것은 1902년부터이며, 삼바스 지역에 정착한 것은 1930년부터 비롯되었다. 이들을 데려온 사람들은 부기스(Bugis) 상인, 말레이 상인으로 싼 임금의 계약직 일꾼으로 이용하기 위함이었다. 자바섬 동쪽에 위치한 마두라 섬은 인구밀도가 매우 높지만, 토지가 척박하여 인도네시아에서 가장 빈곤한 지역으로 인식되어 왔다(Wiyata 2002: 34-35).

수하르토의 절대적인 신임으로 군부가 국정 전반에 막강한 영향력을 행사했던 제 3차 경제5개년개획(Repelita) 기간(1979/1980～1983/1984)과 제 4차 Repelita 기간(1984/1985～1988/1989)에 정부의 이주정책에 부응하여 실직자와 무주택자들 중심으로 많은 마두라족이 이주하면서 문화 충돌 가능성이 내재되기 시작하였다. 1997년 까지 서부 깔리만딴주(洲)에서의 마두라 족 인구는 주(洲)인구 3백3십만 명의 2.7%인 9만여 명이었으며, 삼바스 군에는 인구 6십만 명의 3.3%인 2만여 명이 거주하고 있었다(Petebang 2000: 166).

마두라족과 깔리만딴의 원주민인 다약족간의 충돌이 1950년～1999년 12차례 발생하였지만, 말레이족과의 종족분쟁이 발생한 것은 1933년 이후 1999

---

37) 1991년 인구밀도는 서부자바 801명, 중부자바 827명, 족자까르따 927명, 동부자바 678명, 마두라 561명, 발리 493명, 남부 술라웨시 112명, 아쩨 62명, 서부 깔리만딴 22명, 중부 깔리만딴 9명, 말루꾸 22명, 이리안자야 4명이었다(Hars Nasruddin-1 1992: 128).

년 처음 발생하였다. 서부 깔리만딴에는 첫 이주 종족이자 두 번째 원주민으로
인정받고 있는 말레이족 외에 중국인, 부기스족, 자바족, 여러 종족이 분포되어
거주하고 있지만, 유독 마두라족만 타 종족에 대한 배타주의를 고집하며 그들
만의 집성촌을 이루고 살고 있다.

같은 무슬림인 말레이족과 사소한 마찰이 대규모 유혈사태로 확산된 것
또한 마두라 족의 문화적 특성 때문이다. 마두라족은 자유분방하고 자만심이
아주 강하며 다혈질적이다. 바로 이러한 점이 타 종족에게는 불손하며 경박하
다고 인식되어 왔다. 이들은 외출시 항상 낫이나 날카로운 흉기를 가지고 다니
는데 자존심이 상했다고 판단될 때, 곧장 상대방을 흉기로 살해하곤 하였다.
죽음보다 명예를 더 소중히 여기는 자신들의 문화를 지키기 위해 반드시 피의
보복을 하는 짜롯 문화는 이웃 타 종족과 종족 갈등을 야기 시켜왔다.

마두라족은 여러 종족들과 문화적 갈등을 빚어왔는데, 특히 다약족과의
마찰은 가장 심하였다. 그 이유를 종교적 요인으로 보는 시각도 있지만[38], 그
것보다 문화관습의 차이와 경제적 요인이 더 작용한 것으로 보인다. 이러한
현상은 서부 깔리만딴 뿐만 아니라 중부 깔리만딴의 삼삣 분쟁에서도 나타나
고 있다.

삼빗 읍 인구 12만 중 마두라족 의 숫자는 정확히 알 수 없으나, 주민의
약 25%가 이주민으로 그 중 다수가 마두라족이다. 이들은 다약족과 유사한
업종에 종사해 왔는데, 근면성 때문에 원주민에 비해 풍요로운 생활을 해 왔을
뿐만 아니라 다약족을 원시적이고 비타협적인 종족이라며 멸시해왔다. 내재된
이러한 갈등이 수하르토 하야 후 민주화 분위기에 편승해 일순간에 폭발한
것이다.

---

38) 마두라족이 이슬람교를 믿는데 반해, 다약족은 정령신앙과 혼합된 가톨릭교를 믿고 있다고
　　알려져 있다. 하지만 다약족 중에는 말레이족의 영향을 받아 이슬람교를 믿고 있는 사람 또한
　　매우 많다.

5. 맺음말

경제위기 이후 인도네시아에 표출되고 있는 지역분쟁은 크게 2가지 형태로 나눌 수가 있다. 아쩨와 파푸아지역에서는 분리독립 운동이; 말루꾸, 뽀소, 깔리만딴에서는 비중의 차이는 있지만 종교적 갈등과 종족갈등이 혼재되어 나타나고 있다. 지역갈등이 증폭되어 표출된 것은 수하르토 정권 몰락 이후 사회 전반에 걸쳐 조성된 민주화 분위기로 공권력이 추락하였고, 와히드의 군 개혁으로 인한 반발로 유혈사태에 군부가 소극적으로 대처하였기 때문에 확대되었다는 것이 대체적인 시각이다.

GAM이 지속적으로 분리독립운동을 전개해 온 아쩨 지역과 산발적으로 OPM이 무장 투쟁을 해 온 파푸아지역은, 1999년 동띠모르 독립투표 가결을 계기로 급류를 탔다. 위의 두 지역에서 그동안 침묵을 지키고 있던 수많은 주민들이 분리독립을 위한 주민총회에 참가하는 등 노골적으로 독립요구를 하고 나선 것이다. 이에 메가와티 정부는 분리독립 움직임에 대해 강온 양면작전을 구사하고 있다. 무장투쟁을 지속하고 있는 GAM과 OPM 세력에 대해서는 단호하게 대처하고 있고, 권위주의 체제 하에서 권력과 자원개발 수입금 분배의 불균형에 불만을 가지고 있는 다수의 주민들에게는 2001년부터 특별자치법을 적용하여 지역발전을 이룰 수 있게 해 주었다.

수하르토가 장기경제개발을 실행함에 있어서 중요하게 생각했던 이주정책의 부작용이 그의 퇴진 후 여러 지역, 특히 서부와 중부 깔리만딴 지역에서 나타났다. 이주정책이 시행된 지역을 중심으로 분쟁이 발생하고 있는 이유는 중앙정부와 주 정부가 지역개발에 따른 원주민 고용창출에 별다른 혜택을 주지 못했을 분만 아니라, 이주촌에서의 생활방식 차이와 농지개발 문제로 인해 원주민과 이주민 간에 인격 모독 등 불협화음이 생겨도 공권력이 방치해 두어 갈등이 잠재되도록 하였기 때문이었다.

인도네시아의 지역분쟁은 2002년 10월 12일 발리 테러 사건이후 아쩨지역을 제외하고는 대체로 가라앉고 있다. 그 이유는 여러 가지가 있지만, 가장 큰 이유는 와히드 축출에 있어 일등공신이라 할 수 있는 군부가 전면 부상했기 때문으로 판단된다. 군부의 재등장이라는 분명한 사실을 놓고 긍정적인 시각(질서 회복)과 부정적인 시각(민주개혁 후퇴)이 나오고 있다. 견해가 다른 것은 군부가 갖고 있는 이중적 이미지 때문이다. 군부는 동띠모르, 아쩨에서 무력탄압 등 수하르토 시절 행한 온갖 악행 때문에 인권탄압 가해자라는 부정적 이미지를 갖고 있다. 하지만 정치권의 정쟁으로 인한 혼란한 사회 질서를 잡아 줄 수 있는 유일한 세력으로도 인식되고 있다. 특히 와히드의 비상사태 선포 위협 과정에서 중립선언을 한 것을 두고 일부 국민은 대통령의 독재에 맞선 민주주의 수호자로 여기고 있다.

최근 실시된 대통령선거에서 전 정치안보조정장관 수실로 밤방 유도요노(Susilo Bambang Yudhoyona)가 33%의 득표로 9월 20일에 예정된 결선투표에 선착한 것과 제 9차 총선에서 1위를 차지한 골까르당의 대통령 후보로 위란또가 선출된 것도, 인도네시아가 총체적인 위기 상황에서 벗어나도록 할 수 있는 유일한 집단은 군부라는 인식이 깔려있기 때문이라 판단된다. 다수의 국민들이 민주화 정착을 위해 노력하고 있는 메가와티 현 정권보다 고도의 경제성장을 이룬 수하르토의 권위주의 정권을 더 원하는 것도, 국민의 60%가 하루 2달러 미만의 생계비로 연명하고 있는 현 상황에서 벗어나고 싶기 때문일 것이다.

인종집단이 350여 종족이 넘는 다양한 인종으로 구성된 인도네시아는 독립 후 하나의 국가로 통합되는 과정에서 각 지역사회의 논의를 거치지 않았다는 이유만으로도 분쟁이 발생될 가능성이 항상 내재되어 있다. 또한 수하르토 정권 당시 시행된 자바 중심의 중앙집권정책과 군부의 인권탄압으로 인해 많은 상처를 받은 분쟁지역 주민들은 분리독립을 희망하고 있다. 2001년 1월 1일부터 지방자치제가 시행됨으로써 중앙에 집중된 행정권한이 지방정부로 많이 이전되어 분쟁지역 주민들의 감정은 다소 해소되었다지만, 인도네시아가 안고 있는 본질적인 문제들이 상당 부분 미해결 상태로 남아있어 평화정착 가능성을 낙관하기에는 여전히 많은 한계가 있다.

참고문헌

서세호. 1997. 『미래의 대국 인도네시아』. 서울: 서문당.

소병국. 2003. "인도네시아 서 파푸아 분리주의 운동의 근원과 전개." 『국제지역 연구』 7(2): 233-268.

양승윤. 1998. 『인도네시아 현대정치론』. 서울: 한국외국어대학교 출판부.

윤진표. 1996. "태국과 인도네시아의 군부 비교연구: 군사전략과 군 구조를 중심 으로." 『국제정치논총』 36(2): 273-299.

제대식. 1999. "인도네시아 군부와 이슬람 세력간의 역학관계: 어제와 오늘." 『한 국이슬람학회논총』 9: 121-161.

______. 2003. "인도네시아 아쩨(Aceh) 분리독립운동의 배경과 전개." 『동남아 시아연구』 13(1): 65-99.

연합뉴스, 2000년 12월 5일. "병력증강 아체, 이리아자야 유혈사태 우려"

______. 2000년 12월 8일. "이리안자야 독립세력 소탕으로 긴장고조"

______. 2002년 1월 8일. "이리안자야 공식지명 '파푸아'로 변경"

중앙일보. 1999년 11월 30일. "와히드 인니대통령, 연방제 도입 제안"

Aditjondro, G. Junus. 2001. "Di Balik Asap Mesiu, Air Mata dan Anyir Darah di Maluku." Dalam Zairin S. & Thamrin H. *Ketika Semerbak Cengkih Tergusur Asap Mesia*. Jakarta: Tapak Ambon.

Al-Chaidar et al. 1998. *Aceh Bersimbah Darah*. Jakarta: Pustaka Al-Kautsar.

Al-Jakartaty. 2000. *Tragedi Bumi Seribu Pulau*. Jakarta: BukKMaNs.

Al-Mukmin. 1999. *Tragedi Ambon*. Jakarta: Yayasan Al-Mukmin. .

Aiyub, Rusdi. 1999. "Konflik Aceh dari GAM hingga ke DOM." Widjanarko, Tulus & Sambodja, Asep. *Aceh Merdeka dalam Perdebatan*. Jakarta: Cita Putra Bangsa.

Ali, Abdullah. 1999. "Aceh Dahulu, Sekarang, dan Masa Depan." Widjanarko, Tulus & Sambodja, Asep. *Aceh Merdeka dalam Perdebatan*. Jakarta: Cita Putra Bangsa.

Broek ofm, Theo P.A. dkk.. 2001. *Memoria Passionis di Papua: Gambaran 2000*. Jakarta: SKP Jayapura & LSPP Jakarta.

Dhakidae, Daniel. 2001. *Aceh, Jakarta, Papua*. Jakarta: YAPPIKA.

Ecip, S. Sinansari and Darwis Waru. 2001. *Kerusuhan Poso Yang Sebenarnya*. Jakarta: Global Mahardika Netama.

Eriyanto. 2003. *Media dan Konflik Ambon*. Jakarta: Kantor Berita Radio 68H, Majalah Pantau.

Hars, Nasruddin-1. 1992. *Frofil Propinsi Republik Indonesia: Republik Indonesia*. Jakarta: Yayasan Bhakti Wawasan Nusantara.

Hars, Nasruddin-2. 1992. *Frofil Propinsi Republik Indonesia: Daerah Istimewa Aceh*. Jakarta:Yayasan Bhakti Wawasan Nusantara.

Hars, Nasruddin-3. 1992. *Frofil Propinsi Republik Indonesia: Maluku*. Jakarta:Yayasan Bhakti Wawasan Nusantara.

Haris, Syamsuddin. 1999. *Indonesia di Ambang Perpecahan*. Jakarta: Erlangga.

Ibrahim, Hasan. 1999. "Semua Orang Menyalahkan Saya." Widjanarko, Tulus & Sambodja, Asep. *Aceh Merdeka dalam Perdebatan*. Jakarta: Cita Putr.

Ishak. Otto S. 2000. *Dari Maaf ke Panik Aceh*. Jakarta: LSPP.

Jihad. Abu. 2000. GAM: *Hasan Tiro dalam Pentas Perjuangan Bangsa Aceh*. Bekasi: Titian Ilmu Insani.

Karoba, Sem, dkk. 2002. *Papua Menggugat 11 November 2001*. Yogyakarta: Galang Press.

Pane, Neta S. 2001. *Sejarah dan Kekuatan Gerakan Aceh Merdeka*. Jakarta: Grasindo.

Petebang, Edi. 2000. *Konflik Etnis di Sambas*. Jakarta: ISAI

Pigay, Decki Natalis. 2000. *Evolusi Nasionalisme dan Sejarah Konflik Politik di Papua*. Jakarta: Sinar Harapan.

Putra Tgk. Lamkaruna. 2001. *Perjalanan Panjang Aceh Menuju Islam Kaffah*. Bekasi: Titian Ilmu Insani.

Raweyai, Yorrys. 2002. *Mengapa Papua Ingin Merdeka*. Jayapura: Presidium Dewan Papua.

Ricklefs, M.C. 1993. *Sejarah Indonesia Modern* (terj. Dharmono Hardjowidjono). Yogyakarta: Gadjah Mada University Press.

Shoelhi, Mohammad. 2002. *Laskar Jihad Kambing Hitam Konflik Maluku*.

Jakarta: Pustaka Zaman.

Sjamsuddin, Nazaruddin. 1999. *Revolusi di Serambi Mekah*. Jakarta: Penerbit Universitas Indonesia.

Sulaiman, M. Isa. 2000. *Aceh Merdeka: Ideologi, Kepemimpinan dan Gerakan*. Jakarta: Al-Kautsar.

Surata, Agus. 2001. *Atasi Konflik Etnis*. Jogjakarta: Global Pustaka Utama.

Syadily, Hassan. 1980. *Ensiklopedi Indonesia*. Jakarta: Ichtiar Baru-Van Hoeve.

Tippe, Syarifudin. 2000. *Aceh di Persimpangan Jalan*. Jakarta: Pustaka Cidesindo.

Tunggal, Hadi Setia. 2002. *Undang-undang Khusus Papua dan Nanggroe Aceh Darussalam(UU No. 21/2001 & UU No. 18/2001)*. Jakarta: Harvarindo.

Wiyata, Latief. 2002. *Carok: Konflik Kekerasan dan Harga Diri Orang Madura*. Yogyakarta: LKiS.

Detikcom. Apr. 24, 2004. "Rusuh Ambon, 26 Orang Tewas."

Forum Keadilan. Des. 24, 2000. "Syariah Islam Tanpa Politik Garam."

______. Jan. 7, 2001. "Mencari Kembali Indonesia" , No. 40.

______. Ags. 12, 2001. "Pertaruhan CutNyak Mega di Tanah Rencong."

Kompas. Mar. 24, 2000. "Jangan Sampai ada Negara dalam Negara."

______. Jun. 6, 2000. "Pemerintah tak Akui Hasil Kongres Rakyat Papua."

______. Jul. 25, 2000. "Laskar Jihad Harus Segera Dipunglangkan."

______. Oct. 10, 2000. "Ingin Pamit Kepada Isteri di Liang Lahat di Wamena."

______. Jul. 20, 2001. "RUU Nanggroe Aceh Darulsalam disetujui."

______. Des. 07, 2001. "Tablig Akbar di Ngawi Dibatalkan."

______. Des. 20, 2001. "Deklarasi Malino, Tanda Perjanjian Damai di Poso."

______. Des. 21, 2001. "Kedua Pihak Sepakat Hentikan Konflik."

______. Mei. 6, 2002. "Tokoh OPM dan 300 Anggota Menyerahkan Diri di Jayapura."

______. Jul. 1, 2003. "Menkopolkan: Pembinaan Teritorial Selesaikan Konflik Damai."

________. Sep. 7, 2003. "Perlukah Ketegangan Dipelihara."

Republika. Jul. 7, 2000. "Ketika Poso Banjir Darah dan Airmata, Pasukan Pembantai Dilatih 70 Purnawirawan."

________. Feb. 23, 2004. "Maluku Utara, Setelah Darurat Sipil Dicabut."

1997년 경제위기 이후
말레이시아에서의 지방화와 사회변화

제6장

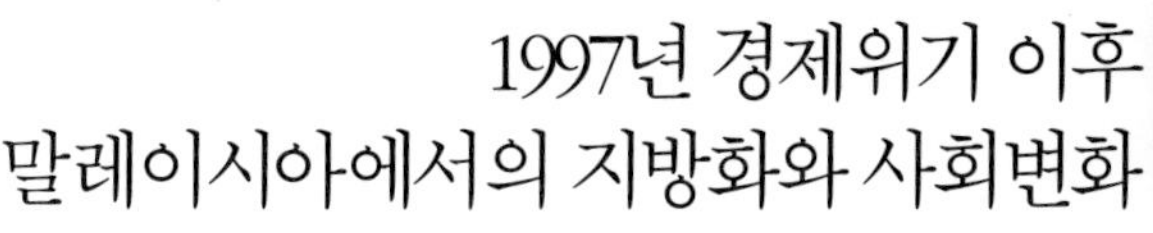

1997년 경제위기 이후 말레이시아에서의 지방화와 사회변화: 끌란딴(Kelantan) 주와 뜨렝가누(Trengganu) 주의 이슬람화(Islamisasi)를 중심으로

▌홍석준

1. 문제 제기

1990년대 이후 말레이시아에서 지방은 전통문화와 현대문화의 접점을 상징하는 하나의 중요한 문화적 주제로 등장했다. 특히 말레이 반도의 북동부에 위치한 끌란딴(Kelantan)과 뜨렝가누(Trengganu) 지역은 이슬람 또는 이슬람화(Islamisasi, Islamization)와 관련하여 나름대로의 독자적인 문화적 유산과 자원을 지닌 지역으로 인식되어 말레이시아에서 '지방'에 대한 새로운 인식의 발원지로 등장하기에 이른 것이다. 특히 1999년 총선에서 승리한 끌란딴과 뜨렝가누 지역에서 이슬람화가 본격적으로 시행되었을 뿐 아니라 정치적, 종교적 의미를 포함한 이슬람화의 실험이 이루어졌다는 점에서 말레이시아에서 지방은 이슬람화에 의해 급격한 사회변화가 발생하는 현장이라는 인식이 싹트기 시작한 것이다. 종래의 '낙후되고 후진적인 곳', '촌뜨기들의 지저분한 농어촌사회'라는 이미지로부터 탈피하여 정치적 야당의 세력이 강하고, 이슬람화가 진전되고 있으며, 말레이 토착문화가 지속적으로 유지, 보전되어 있는 곳이라는 새로운 이미지가 부과된 것이다. 이에 따라 말레이시아 사회에서 지방을 바라보는 시각이나 인식뿐 아니라 지방에 대한 이해가 급속도로 달라졌다고 할 수 있다.[1]

---

1) 일반적으로 지방에 대한 인식과 그에 대한 이해를 위해 가장 보편적으로 적용되어 온 접근방법은 지방행정체계에 의한 공간적 경계에 의해 지역단위를 설정하는 작업이다(김광억 2000: 10). 즉 일정한 행정단위의 지역 안에 거주하는 사람들은 동질적이며 지역사회라는 공동체를 구성하는 것으로 간주하는 명제나 그로 인해 형성된 담론을 통해 일정한 지리적, 공간적인 경계 구

　　일반적으로 지역사회를 자신의 삶의 기반으로 삼고 일상생활을 영위하는 사람들에게 다양한 양상과 의미를 지니고 있는 자기의 세계, 즉 '지방'은 기회나 맥락에 따라서 구체적 현실로 실천된다. 사람들은 경우에 따라서 자신이 속한 행정단위의 성원으로 행동하거나 보다 큰 지역의 일원이 되어 사회적 활동이나 문화적 행위를 이루어낸다. 이 글에서 다루고자 하는 말레이시아의 말레이 사회 역시 예외가 아니다. 말레이인들은 자신이 속한 말레이 문화권 속에서 활동하면서도 다른 한편으로는 화인(華人)이라는 타 종족집단(ethnic group)과의 상호작용을 통해 자신의 세계를 재구성하는 생활을 영위하기도 한다. 또한 '지방'에 속한 말레이인들은 도시의 화인과 인근 지역의 화인, 그리고 도시의 말레이인과 정체성 측면에서 확연히 구분되는 이중적 구별이라는 인적 네트워크 속에서 살아간다. 종족문제는 지방에 살고 있는 말레이인들의 시공간적 차원을 구성하는 중요한 하나의 문화적 자원이며, 이는 도시 또는 중앙과 지방의 이분법적 구도 속에서 지속적으로 작동한다. 물론 이러한 이분법적 구도는 일상적인 문화적 실천을 통해 올바로 인식되기도 하고 또 굴절되거나 곡해되어 이해되기도 한다.[2]

　　이 글은 1997년 경제위기 이후 말레이시아의 끌란딴과 뜨렝가누 지역을 대상으로 말레이시아의 지방화와 그로 인한 사회변화의 특징과 의미를 이슬람화의 지속과 변화라는 분석틀 속에서 다룬다. 말레이시아에서 새로이 강력한

분을 행하는 것이다. 그러나 행정단위 위주로 지방사회의 경계를 짓는 것은 제한적인 의미에서만 타당성을 갖는다. 왜냐하면 사람들의 일상적인 생활세계가 행정체계에 의해서만 결정되거나 생활세계의 경계와 행정적 경계가 서로 일치하지 않는 경우가 많기 때문이다. 따라서 행정적 경계 또는 구분 보다는 사회문화적 체계에 의해 구획되는 사람들의 일상세계 속에서의 경계 구분 또는 그 공간적 차원을 고려할 필요가 있다.

2) 이런 의미에서 말레이시아에서 종족문제는 중앙-지방의 문제와 무관하지 않으며, 이를 내재화하여 일상화하는 주요 문화적 메커니즘으로 작동하고 있다. 말레이시아의 도시와 농촌의 행정적, 지리적 편재와 말레이인과 화인의 종족적, 인종적 구분을 거론할 때 흔히 지적되는 것이 지방민(주로 농촌)=말레이인, 도시민=화인이라는 등식이다. 일반적으로 말레이인들이 지방민을 구성하고 있다는 인식은 말레이시아의 중앙(또는 도시)=지방의 문제가 종족문제와 다양하고 복합적으로 중첩되어 있음을 알려주는 단서를 제공한다. 이에 말레이시아의 지방화와 지역 정체성 문제를 심층적으로 다루기 위해선 우선 말레이시아의 종족문제의 특성과 의미를 고찰하는 것이 필요하다.

사회세력으로 등장한 이슬람계 야당인 범말레이시아이슬람정당(PAS: Parti Islam Se-Malaysia, 이하 빠스)은 이슬람의 가치와 규범의 강화 또는 강조를 기치로 내세운 이슬람화 정책을 실행함으로써 정치세력화에 성공한 것으로 평가되고 있다. 여기서는 말레이시아의 끌란딴 주와 뜨렝가누 주에서 빠스의 이슬람화 정책 수행 과정이 지방화와는 어떠한 관계를 맺고 있으며, 또한 통일 말레이국민조직(UMNO: United Malays National Organization, 이하 암노)의 정치적 지배에 의해 주도되고 있는 말레이시아 연방정부의 국가적 과제라고 할 수 있는 전국적 차원의 지역통합이라는 과제와는 어떠한 관련을 맺고 있는 지를 역사적, 문화적 맥락 속에서 살펴본다. 경제위기 이후 1999년 끌란딴 주 와 뜨렝가누 주에서의 빠스의 정치적 약진과 그로 인한 이슬람화의 진전을 통해 말레이시아 사회의 지방문제와 지역통합을 통한 말레이시아 국가건설의 이중적 과제가 어떻게 상호작용하는지를 지방이라는 말레이시아 지역사회를 중심으로 살펴보고자 한다.

하지만 1999년 총선에서의 빠스의 정치적 약진 및 2004년 3월 암노를 위시 로 한 국민전선(BN: Barisan Nasional, 이하 국민전선)의 압승 및 빠스의 패배 는 끌란딴 주와 뜨렝가누 주에서의 이슬람화에 대한 평가와 함께 연방정부와 지방 사이의 괴리를 다시 확장시키는 결과를 낳았다.[3] 이로 인한 연방정부의 권한 강화 및 말레이 문화에 대한 새로운 해석이 이루어졌다. 전 부수상이었던 안와르 이브라힘(Anwar Ibrahim)에 대한 구속, 수감으로 야기된, 소위 '안와 르 사태'로 인한 파급효과가 효과적으로 이슬람화 정책으로 이어지지 못했다

---

3) 참고로, 1999년 총선에서 빠스와 암노는 연방의회선거에서 총의석 233석 중 각각 27석과 72 석, 주의회 선거에서는 총 의석 394석 중 각각 98석과 176석을 획득했다(Malaysia 2000). 1995 년 총선에서는 빠스가 연방의회선거와 주의회 선거에서 각각 7석과33석을 획득하는 데 그쳤음 을 고려할 때, 이는 빠스의 정치적 약진을 입증해 주는 수치라고 할 수 있다. 한편, 끌란딴 주 의 경우, 1999년 총선에서 야당연합인 대안전선(BA: Barisan Alternatif, 이하 대안전선)은 61.1%, 여당연합인 국민전선은 38.9%를 차지했다. 뜨렝가누 주의 경우, 대안전선과 국민전선 은 각각 58.8%와 41.2%를 차지했다(Malaysia 2003). 이는 끌란딴주와 뜨렝가누주에서 빠스가 승리했다는 것을 의미한다. 이 두 주를 제외한 다른 주에서는 국민전선이 대안전선에 승리함으 로써 암노의 건재를 과시한 셈이 되었다.

는 평가는 말레이 사회 전반에 적잖은 파장을 불러일으킬 전망이다. 이와 같이 말레이시아에서 지방의 분열은 결국 지역통합의 과제를 낳고 그 해결책을 위한 다양한 문화적 자원 또는 전략의 동원을 수반하는 급속한 사회변화의 일부로 받아들여지고 있다. 따라서 지방화와 지역통합이라는 일견 모순적이면서 이율배반적인 현상의 동시성을 이해하기 위해선 말레이시아에서 사회변화의 일반적 특성뿐 아니라 특정 지역에서의 지역정체성 강화를 위한 정치적 선택 및 그 결과에 대한 보다 구체적이고 상세한 기술과 분석작업이 요구된다고 하겠다.

2. 전통적인 말레이 정치구조와 중앙-지방 관계

전통적으로 말레이 정치에 있어서 공식적인 정치구조는 연방정부가 관장하고 있다 하더라도 각 너그리(negri: 말레이시아에서 주에 해당하는 정치, 행정 단위) 마다의 독자성이 존재해 왔다. 너그리는 소규모 왕국의 전통을 지닌 독자적인 실체로 오랜 기간 유지되어 왔기 때문에 연방정부의 완벽한 통제가 사실상 불가능했을 뿐만 아니라 언어와 역사적 배경에서도 독자적 전통을 지니고 있다. 예컨대 끌란딴의 방언은 여타 지역의 말레이인들이 이해할 수 없는 상이한 언어체계를 지니고 있다. 어휘와 발음에서 표준 말레이어와 상당한 차이가 있다. 이로 인해 다른 지역의 말레이인들은 끌란딴 방언을 이해하기 어렵다고 한다. 특히 독특한 뉘앙스를 지니고 있기 때문에 같은 말레이인이라 해도 이를 이해하는 데 상당한 어려움을 겪을 뿐 아니라 그 의미를 제대로 이해하는 것이 거의 불가능하다고 고백할 정도다(홍석준 2001 참조).

한편, 말레이 역사 속에서 왕권(Malay kingship)과 농민 사이의 이원적 대립은 말레이 전통사회의 중요한 특징이기도 하다. 전통적인 말레이 사회구조는 귀족 중심의 가족제도와 농민 위주의 가족제도로 대별된다. 하지만 전통 말레이 세계에서 양자는 상호불가분의 관계를 지니고 있다.

역사적 관점에서 볼 때, 말레이 반도의 독특한 역사적 경험과 특수한 문화적 상황은 전통관습과 이슬람과 아닷(adat: 말레이 전통관습)의 구분처럼 도시와 지방의 문제를 한층 더 복잡하게 만드는 데 영향을 미쳤다. 귀족 중심의 가족 및 친족체계 내에서 통합을 위한 갈등의 개념은 이슬람이 본격화되기 시작한 15세기 이후 전통관습의 왕(raja adat)과 이슬람의 왕, 즉 술탄(Sultan)의 관습(raja ibadat, raja agama Islam)의 개념에서 잘 나타난다(Hack 2002 참조). 양자는 모두 각 분야에서 특별한 지위와 권위를 지니고 있었다. 전자는 내륙지역을 중심으로 형성된 지방(주로 농촌)의 평민들을 대상으로 자신의 권력을 형성하고 강화시켰으며, 후자는 해외 교역과 시장의 중심지였던 해안지역을 따라 이루어졌던 상업활동을 통해 경제적 자산과 정치적 권력을 확보함으로써 도시지역의 엘리트 집단들로부터의 지지를 확보할 수 있었다. 외부세계로부터 상대적으로 자유롭기 때문에 내륙지역의 지방민들은 자신의 고유한 전통관습을 유지, 보전하는 것이 해안의 도시지역에 비해 용이했고, 이슬람의 유입 이후에도 수 세기 동안 이슬람의 교리와 원칙을 강화하고자 하는 이슬람화의 영향권으로부터 벗어날 수 있었다(Scott 2002).

인도와의 무역을 통해 말레이 반도에 유입된 이슬람은 초기부터 주로 상인계급과 귀족층, 그리고 지식인을 비롯한 엘리트계층을 중심으로 확산되었기 때문에 내륙지역에 거주하는 지방민의 일상생활을 규제하는 규범과 가치로 발전하기에는 일정한 한계가 있었다. 이러한 역사적 과정은 20세기 후반에 아랍세계와의 잦은 접촉을 통해 이슬람과 관련된 풍부하고 다양한 경험을 소지한 아랍 유학생 출신이나 메카 성지순례자(haji) 그리고 이슬람 종교학자들(ulama)이 각 지방에 종교학교를 세우기 시작하게 됨에 따라 이슬람에 대한 종교교육을 확산시키기 이전까지 지속되었다.

말레이시아에서 전통종교와 신앙의 이슬람으로의 개종은 말레이 반도의 왕과 귀족 등 지배 엘리트계층이 개종한 후 이들의 주도하에 당시 그들의 '보호' 하에 놓여 있던 농민을 포함한 지방민으로 대표되는 피지배계층이 개종을 하는 이른바 '위로부터의 개종'에 의해 확산되었다. 따라서 이슬람으로의 개종은 기존의 권력관계를 크게 변화시키지 않았으며, 이슬람은 권위의 새로운 징표로 채택되었을 뿐이었다.[4]

말레이 전통사회에서 왕권은 전 지역을 포괄하는 지배제도로서 기능하지 못했다. 해안이나 그 인근지역을 중심으로 형성된 도시권에서는 왕권이 법적으로 평민을 위한 최종 법정으로서의 지위를 차지하고 있었던 것이 사실이지만, 농촌지역의 지방 행정기구는 전통적인 의미에서 '마을', 즉 깜뽕(kampung)의 행정을 포함한 대소사를 관장해 온 뼁훌루(penghulu)라 불리는 지도자의 통제 하에 있었다. 뼁훌루는 지배제도라기보다는 농촌지역 주민들 사이의 평등에 기초한 권력으로 인식되었다. 농민을 위시한 지방민들은 너그리를 통해 자신의 법적, 정치적, 경제적, 사회적 문제를 공유하였다.

뼁훌루는 정치적 권력과 경제적 권한뿐 아니라 사회적, 문화적 영향력을 지니고 있었다. 이상적 규범의 차원에서 그들에게는 관용과 정의가 요구되었으며, 지역사회의 주민들이 어려운 입장에 처했을 때 자발적으로 그들을 위해 헌신할 수 있는 정신적 자세가 요구되었다. 그의 정치적 지도력은 마을을 통합시키고 주민들의 유대를 강화하는 사회적 지표가 되었다. 즉 뼁훌루가 자신의 정치적 지도력을 바탕으로 주민간의 사회적 연망을 강화하고 확장하는 지역단위라고 할 수 있는 마을은, 소위 '대전통(great tradition)'과 '소전통(little tradition)'이 공존하는 문화적 공간이었던 것이다.

말레이 사회에서 왕권제도는 대립적이지만 상보적이기도 한 전통관습체계와 이슬람종교체계를 이념적으로나 실제적으로 구현하는 장치로 간주되었다. 하나의 정치 및 행정체계로서 말레이 왕권은 평민성, 즉 지방민의 성격과는

---

4) 예컨대 왕의 아랍(Arab)식 이름으로의 개명이나 왕(raja)에서 술탄(Sultan)으로의 개명 등에 제한되어 실천되었다. 여기서 강조되는 것은 말레이 반도의 왕과 귀족계급에 의한 이슬람화는 교리적, 종교적 합리적 성격보다는 '의례적' 성격이 강하다는 것이다. 이슬람 교리의 체계적 수용과 이의 실천이 세속적, 종교적 질서에 대한 의미체계의 전반적인 개편과 종교적, 신앙적 '주체'의 내면적 변화를 수반하는 것이라면, '의례적'인 개종은 이슬람의 외적 상징들을 말레이인인들이 이미 갖고 있던 의미체계에 포섭하면서 원래 그것이 이슬람 종교 내에서 갖고 있던 의미와는 다른 의미를 부여하는 것으로 볼 수 있다.

갈등과 긴장상태에 있던 '대전통'의 특징과 의미를 계승하였지만 그 자체가 '소전통'들의 평형을 유지하는 기제로 작용하기도 했던 것이다.

현재 뻥훌루는 주민들의 동의로 선출된 후 지방정부의 승인을 받아 임명된다. 이 직책은 지방정부의 정책을 농촌마을에 하달하는 역할뿐만 아니라 마을의 대소사를 지방정부에 보고하는 역할도 수행한다. 이런 점에서 마을과 지방정부를 연결하는 중개인의 역할을 한다고 할 수 있다.

마을 단위를 특징으로 하는 지방은 주로 농촌이라는 현실과 이미지로 대표된다. 마을은 전통적인 말레이인의 가치와 규범에 기초한 말레이인의 고유하면서도 독특한 생활양식을 유도하고 규정하는 곳으로 인식되며, 적어도 1970년대까지만 해도 전통적인 관행이나 습속이 널리 퍼져 있는 곳으로 유명했다. 이러한 맥락에서 비교적 최근까지도 농촌마을의 사회생활은 말레이인의 이슬람적 신앙체계와 이슬람 이전의 신앙과 관행들이 병존하면서 상호작용하는 혼합적 성격을 지닌 공동체적 성격을 유지해 왔다고 할 수 있다.

그러나 이슬람부흥운동(dakwah, Islamic Resurgence, Islamic Revivalism)이 농촌지역까지 파급된 1990년대 이후에는 농촌의 사회문화적 가치와 규범을 위협하는 경향이 급속도로 확산되었다(Shamsul 1994). '이슬람의 기본 원리로 돌아가자'는 식의 이슬람 부흥의 기치를 내걸고, 알라에 대한 유일신 사상과 꾸란(Qur'an)을 비롯한 이슬람 경전 위주의 교리의 중요성을 강조하는, 이른바 이슬람근본주의(Islamic fundamentalism)의 가치와 규범을 강조하는 이슬람부흥운동은 도시를 중심으로 그 영향력이 확산되기 시작하여, 급기야 농촌 주민의 일상생활에서 중요한 기능과 역할을 담당해 왔던 전통적인 가치를 변모시킴으로써 이슬람의 교리와 원칙의 의미를 강화하기에 이르렀다. 이런 연유로 현재 말레이 농촌사회에서 이슬람은 점차 그 중요성을 더해가고 있다고 할 수 있다. 하지만 말레이 전통관습의 영향력이 완전히 소멸된 것은 아니다. 따라서 현재 말레이 농촌에서 말레이인들의 일상적 가치를 구성하는 중심 원리는 아닷과 이슬람이라는 두 개의 축에 의해 움직이고 있다고 말할 수 있다.

말레이인들의 사회경제적 생활 역시 크게 두 가지의 생활양식으로 대별된다. 첫째는 과학과 기술에 기초한 도시환경으로서, 현대적인 생활유형으로 급속히 발전하는 도시의 산업형 생활양식이고, 둘째는 주로 쌀농사와 고무, 그리고 오일팜 경작에 의존하는 농촌 환경을 지닌 농업 중심의 생활양식이다. 이러한 이분법은 사회경제적 생활뿐만 아니라 사회적 규범과 문화적 가치에도 그대로 반영되어 있다.

일반적으로 말레이시아에서 지역사회를 대표하는 농촌마을은 지상에서 약 1미터 정도의 간격을 두고 야자나무로 지은 목조가옥의 집합으로 이루어져 있으며, 종종 논으로 둘러싸인 좁은 지역에 집락을 이루고 있는 형태가 일반적이다. 먼 지역으로 이동할 때, 가난한 마을에서는 주로 도보 혹은 자전거를 이용하는 것이 보통이고, 경제적으로 부유한 마을의 경우에는 오토바이나 자동차를 타고 이동하는 모습을 흔히 볼 수 있다. 마을에서 시장은 일상생활의 중심지이다. 시장은 농민들이 물건을 구매하는 경제적 거래행위를 통해 상인들과 긴밀한 연계를 지닌 곳으로서, 그들의 일차적인 생계수단을 보장하는 주요 수단이 된다. 대체로 농민들이 주된 관심을 기울이는 대상은 마을시장과 관련된 문제들로 한정되어 있는 경우가 많다.

이와 반대로 중앙의 도시지역은 현대적이고 서구화된 생활유형을 보여준다. 그러나 이 말이 도시지역에는 전통적인 가치와 규범이 전혀 존재하지 않는다는 것을 의미하는 것은 아니다. 오히려 종교와 관련된 부분에 있어서는 도시지역이 농촌지역보다 전통적인 관습을 더 잘 보전하고 있다. 특히 이슬람과 관련된 종교적 관행과 가치, 그리고 의례 등은 농촌지역에 비해 도시의 사회생활과 도시인의 사회적 행위의 내면에 더 깊이 뿌리박혀 있을 뿐 아니라 더욱 뚜렷한 양상으로 나타나는 경향이 있다. 그러나 도시에서는 말레이 전통적 규범과 가치가 농촌에 비해 더 빠른 속도로 현대적인 가치와 규범으로 대체되고 있다.

이러한 경향은 정치적 측면에서 매우 두드러지게 나타났다. 1997년 말레이시아의 정치, 경제, 사회 전반에 걸쳐 심각한 변화를 초래한 경제위기 이후 말레이시아의 지방사회 역시 도시지역과 마찬가지로 뚜렷한 정치적 변화를 겪기 시작하였다. 그 중에서 특이한 점은 농촌사회의 정치적 조직이 너그리 단위로부터 마을 단위까지 수직적으로 연결되었다는 것이다. 이러한 정치적, 행정적 조직을 통해 농촌개발정책을 비롯한 각종 발전정책이 정치행정의 최하위 단위인 마을까지 전달될 수 있게 되었다. 지방정부가 주도하는 농촌개발정책은 농촌마을의 정치적 측면에 변화를 가져왔다. 마을에서의 정당 간 대립이나 긴장은 연방정부와 주정부, 마을보다 큰 규모의 행정단위 내에서의 대립이나 갈등의 축소판처럼 매우 구체적이고 개별적인 양상을 띠고 나타났다고 할 수 있다. 그 이유는 특정 정당에 속하거나 그것을 지지하는 개인이나 집단은 정당의 이해관계에 따라 자신의 정치적 성격을 규정하고, 그럼으로써 서로를 구분하는 경향이 보다 구체적이고 분명히 드러났기 때문이다(Alias Mohamed 1994: 205-206).

그 후 지속적으로 연방정부와 주정부 사이의 관계 역시 정치적 권력의 불균등한 배분에 입각한 정당체계에 따라 수직적인 관계를 만들어냈다. 연방정부의 정당체계가 지역적 경계를 넘어 국가 차원에서 공식적 기구와 권력구조를 장악하고 있는 경우가 일반적이지만, 실제로 지역사회의 생활 영역은 비공식적인 전통적 조직과 관계에 의해 형성되는 경우가 허다하다. 중앙과 지방의 관계뿐만 아니라 지방 안에서 하위 지방간의 관계 역시 이와 동일하다.

이런 점에서 말레이시아에서 현재 진행되고 있는 이슬람화를 비롯한 사회발전이나 문화정책 프로젝트와 하위 프로그램들은 지역사회에서 자체적으로 실행되는 경우가 많다고 할 수 있다. 그 결과 지역간의 경제적 불균형과 이에 따른 권력 배분의 불균형이 심각한 문제로 부각되기도 하고, 연방정부 차원의 거시적 산업구조가 지방정부의 지역활성화 정책과 대립하는 경우가 생겨나기도 한다.

3. 1997년 경제위기와 이슬람화, 그리고 지역사회

1997년 7월 태국에서 시작되어 말레이시아, 인도네시아, 한국과 일본을 강타한 경제위기는 동남아시아를 포함한 동아시아 경제는 물론 사회문화체계 전반에 걸쳐 매우 급격한 변화를 초래했다. 말레이시아의 경우, 경제위기의 상황은 대란이라는 표현이 무색할 정도로 급속도로 확산되어, 정치, 경제, 사회, 문화 전 영역에 걸쳐 막대한 영향을 미쳤다(Montes 1998; Weiss 1999).

사회 전반을 강타한 경제위기를 맞아 근대화와 국민통합의 과정 속에서 노출된 정체성의 위기가 발생하였을 뿐 아니라 국가 안보의 문제, 그리고 인권과 민주주의에 대한 관심이 제고되었다. 경제위기를 계기로 말레이시아 사회 내부에서는 말레이인과 화인, 인도인 등의 여러 종족집단 사이에 다양한 방식으로 내부갈등이 표출되는 계기를 제공했을 뿐 아니라 이에 대한 해결책을 모색하는 과정에서 기존의 사회질서가 재편되는 결과를 낳기도 했다. 또한 경제위기는, 한편으로는 말레이인 내부의 사회적 분화에 영향을 미침으로써 말레이 중산층의 소비문화를 형성하고 변화시키는 주요 원인이 되기도 했다 (Abdul Rahman Embong et al. 2001). 나아가 그것은 종족집단 사이의 이해관계의 충돌을 넘어 국가 안보 전반에 대한 다양한 담론과 정책을 만들어내는 데도 큰 영향을 미쳤다(Hari Singh 2004: 17-19).

여기서는 경제위기 이후 말레이시아 내부에서의 문화적 정체성의 위기 및 중산층의 등장 등과 같은 사회문화적 변동의 새로운 변수에 따른 사회변화의 의미를 지방문제에 대한 인식 변화와 연방정부와 지방정부와의 관계 변화와의 관계 속에서 주목하여 이에 대한 기술, 분석을 행하고자 한다.

경제위기 이전과 이후의 말레이시아 정치경제적 상황의 차이는 위기의 충격과 여파의 정치적, 경제적, 사회적 결과 및 그에 대한 영향평가를 가능케 하는 설명이나 분석의 틀을 제공해준다. 말레이시아에서는 경제위기와 그에 따른 사회 전반에 걸친 구조조정으로 말레이인 대 화인뿐 아니라 말레이인들 사이의 사회적, 문화적 분화를 촉진하는 결과가 빚어졌다. 이는 또한 말레이시아 사회내의 다양한 사회집단의 역학관계의 변화를 통한 사회문화적 갈등을 초래하게 되었다.5) 여기에는 1980년대부터 가속화되기 시작한 경제발전의 성과라는 경제적 조건이 존재했다. 급속한 경제발전은 신 중산층 말레이인들(Melayu Baru, The New Malays)이라는 사회집단의 출현을 초래한 주요한 정치사회적 배경이 되었다(오명석 1998; Abdul Rahman Embong 2001, 2002; Raja Rasiah 2001; Johan Saravanamuttu 2001; Sharifah Zaleha Syed Hassan 2001a).

압둘 라만 엠봉(Abdul Rahman Embong 2001)은 직업의 기준에 따라 말레이인들을 신 중산층(new middle class), 구 중산층(old middle class), 주변부 중산층(marginal middle class)으로 구분하고, 각 집단이 경제위기 이후 경제생활과 소비수준에 실제로 어떠한 영향을 받았는가를 분석한 결과, 경제위기 이후 중산층은 실질적인 소득의 감소나 소비수준의 하락을 경험하지는 않았다고 진단한 바 있다. 오히려 경제위기로부터 가장 막대한 영향을 받은 계층은 하층의 노동자, 농민 계층이라는 것이다. 그는 이들이 경험한 가장 큰 사회경제적 타격은 실직이었는데, 실직의 비율이 하층의 경우에는 크게 나타났지만, 신·구와 주변부를 막론하고 중산층에서는 그다지 큰 변화를 발견하기 어렵다고 평가했다(Abdul Rahman Embong 2001: 82, 90-92).

그러나 사실 경제위기 이후 중산층을 포함하여 사회 전반적으로 소비에 대한 욕구는 위축되었고, 그에 따라 소비수준이 하향된 반면, 새로운 말레이 중산층의 소비에 대한 욕구와 구매력은 이전에 비해 오히려 약간 증대함으로

---

5) 일상적인 삶의 영역에서 말레이인과 화인, 그리고 인도인 사이의 종족적 경계와 구분은 1990년대에도 여전히 유지되었으며, 종족갈등은 새로운 양상을 띠고 나타났다. 1990년대에 빠스의 정치적 약진과 말레이 사회의 전반적인 이슬람화는 경제적 발전이 세속적인 시민사회의 성장에 기여할 것이라는 서구인의 시각에 반하는 것이었다. 화인사회 내부에서도 말레이시아 국가 내에서 그들의 위상이 점차 주변화되는 것은 아니가 하는 위기감과 위기의식이 심화되기 시작하였고, 자신들의 문화적 정체성을 지키기 위한 다양하고 복합적인 방식의 대응이 시도되었다. 이는 말레이인은 농촌지역에 거주하고, 화인들은 도시지역에 거주한다는 이분법적 분류의 타당성을 어느 정도 인정하는 것이며, 이는 말레이시아에서 지방이란 말레이인들의 일상세계임과 동시에 화인들의 주변부라는 인식을 고착화하였다. 이에 대한 보다 상세한 분석은 이 글의 범위를 벗어나는 것이므로 향후 과제로 남겨두기로 한다.

씨 말레이 사회구성전체에 급격한 변화가 일어나는 아이러니한 양상이 나타나게 되었다.6) 신흥 말레이 중산층의 성장은 경제성장과 같은 경제적 조건이외에 특정한 정치적 과정과 시민사회의 형성과 같은 사회변화에 의해 촉발된 측면이 있다.7) 신 말레이인으로 대표되는 말레이 중산층은 1998년 9월 마하티르 빈 모하메드 (Mahathir bin Mohamed) 전 수상의 안와르 전부수상의 해임과 구속 사건과 그로 인한 레포르마시(reformasi), 즉 개혁운동을 주도한 것으로 알려져 왔다. 안와르의 해임과 구속은 그를 지지하는 말레이인을 중심으로 개혁을 요구하는 대대적인 시위 촉발의 원인을 제공하였으며, 그로 인해 말레이시아 사회는 전반적인 격동의 소용돌이 속으로 빠져 들어갔다(Farish 1999: 5-6).

안와르 구속과 관련되어 대규모로 일어났던 개혁운동은 도시에 거주하는 말레이 중산층을 중심으로 광범위하게 확산되어, 반암노, 반마하티르 정서가 급속히 확산시키는 결과를 낳았다(Maznah 2003). 이는 말레이시아의 정치적 혼란과 불안정으로 인식되었고, 특히 끌란딴주와 뜨렝가누주와 같이 빠스의 영향력이 강한 지역에서는 빠스의 이슬람화 정책에 대한 지지층을 광범위하고 급속도로 확보할 수 있는 조건으로 이어지기도 했다. 결국 안와르 사태가 빠스의 정치적 약진과 이슬람화의 강화를 초래한 매우 주요한 요인이 된 것이다. 안와르 사태와 그로 인한 개혁운동의 결과에 대해 뜨렝가누의 한 주민은 이렇게 말한다. "1999년 총선에서 빠스가 뜨렝가누주에서 승리할 수 있었던 것은 빠스가 잘해서라기보다는 암노의 금권정치에 실망한 주민들이 안와르 지지세력으로 탈바꿈했고, 그들이 빠스 출신 입후보자에게 표를 몰아주었기 때문이

---

6) 신 중산층으로 대표되는 말레이인 중산층의 성장으로 인해 종래의 종족집단에 따른 경제적 지위의 구분이나 도농간의 경제적, 사회문화적 차이가 상당 부분 희석되기는 했지만, 종족집단의 분포에 따른 중앙과 지방, 도시와 농촌, 대도시와 지역사회의 구분은 여전히 존재하고 있으며, 이러한 현상은 1997년 경제위기 이후에도 소멸되지 않은 채 존속되고 있다.

7) 말레이시아에서 이슬람 또는 이슬람화와 시민사회의 형성과의 관계에 대해선 Mohamed Abu Bakar(2001)과 Sharifah Zaleha Syed Hassan(2001b)을 참조할 것. 그리고 동남아시아의 여러 나라에서 이슬람과 시민사회가 어떠한 관련을 맺고 있는지에 관해서는 Nakamura Mitsuo et al.(2003)을 참조할 것.

다. 빠스는 끌란딴주에서와 마찬가지로 이를 이슬람화로 연결시킴으로써 반암
노의 정서를 확산시키기 위해 노력했을 뿐이다.”

이 말은 뜨렝가누주에서 빠스가 정치적으로 약진할 수 있었던 주요 원인이
빠스의 정책이라기보다는 반암노 정서, 마하티르에 대한 실망, 안와르에 대한
지지, 개혁운동에의 요구 등이 복합적으로 연결되어 빚어진 결과라는 것을 의
미한다. 끌란딴주와 뜨렝가누주에서 빠스의 승리는 지방화에 대한 관심을 촉
구하는 것이었으며, 지방의 색채를 분명히 함으로써 특색 있는 지방의 정체성
을 만들기 위한 주민들의 요구가 결집되었기 때문에 가능한 일이었다. 말레이
시아에서 지방화에 대한 관심과 실천은 바로 이러한 맥락에서 이루어졌던 것
이다.

지방화는 연방정부의 입장에서 보면 지역통합이라는 국가적 과제에 대한
심각한 도전으로 받아들여졌다. 1999년 총선에서 빠스가 집권에 성공한 끌란
딴 주와 뜨렝가누 주가 속한 말레이 반도의 동북부 지역에서 이슬람화는 지방
화에 어떠한 영향을 미쳤는가. 비교적 오랜 역사를 지닌 말레이시아의 지방분
권의 문제는 이슬람과 같은 문화적 가치를 통해 어떻게 구현되어 왔는가, 그리
고 그 문화적 의미는 무엇인가. 그것이 새로운 사회세력 또는 사회집단을 형성
하는 데 어떠한 영향을 미쳤는가를 사회적 맥락 속에서 고찰하는 작업은 지방
화와 지역통합의 문제가 이슬람화와 같은 사회운동의 가능성과 한계를 파악하
기 위한 주요 전제조건이라고 할 수 있다.

끌란딴 주의 경우, 1990년 빠스가 집권한 이래 현재까지 이슬람화가 지속
적으로 이루어지고 있으며, 특히 1999년 총선에서 암노에 승리하여 이슬람의
가치와 규범을 일상생활 전반에 걸쳐 철저하게 실행하는 이슬람화를 지속할
수 있는 기반을 이전에 비해 더욱 공고히 할 수 있는 계기를 마련하였다(오명
석 1998; 홍석준 2000). 빠스는 ‘이슬람 국가(Ummah, Islamic state)’를 건설
하는 것을 지상 최대의 정치적 목표로 표방하고 있다는 점에서 이슬람에 대한
근본주의적인(fundamentalistic) 입장을 취하고 있는 반면에, 암노는 이러한

빠스의 입장에 반대하여 이슬람의 교리와 원칙이 현대적 맥락에서 재해석될 수 있다는 입장을 취하고 있다.

이런 점에서 양자의 이슬람에 대한 해석에는 큰 차이가 있다고 볼 수 있다. 같은 말레이인이면서도 정치적, 종교적 입장에서 암노와 확연한 차별성을 강조하는 빠스 지도자들은 정치와 이슬람의 온전한 통합을 주장하면서 이슬람의 원칙에 충실할 것을 지역 내 무슬림들에게 강력하게 호소하는 정치적, 종교적 활동을 통해 말레이시아에서 '이슬람의 정신과 가치를 올바로 구현하는 유일한 정당'으로서의 이미지를 창출함으로써 현재까지 정권을 유지하고 있다.

한편, 뜨렝가누 주의 경우, 1997년 경제위기 이후 시행된 1999년 총선에서 이례적으로 빠스가 집권하는 데 성공하였다. 이를 두고 말레이시아 사회 내부에서는 빠스의 정치적 약진에 따른 이슬람화 정책의 도입과 실시가 예측되기도 했다. 여기에는 안와르의 구속과 수감이 주요 변수로 작용한 것이 사실이지만, 뜨렝가누의 말레이인들이 정치적 선택에서 암노가 아닌 빠스를 선택했다는 것이 한동안 주요 이슈로 회자될 정도로 중요하면서도 특별한 변화의 조짐으로 해석되었다. 이는 끌란딴의 경우와 더불어 말레이시아 지방 또는 지역의 문제가 새로운 국면으로 접어들고 있음을 보여주는 좋은 사례라고 판단된다. 말레이시아에서 지방의 정치적, 경제적 요구는 연방정부에 대한 대립과 저항의 형태를 띠고 나타나며, 이를 연방정부가 거부할 경우, 지방사회의 정치적, 사회적 안정을 도모하기 위한 방향으로 지방정부가 자체적으로 지방화 정책을 수립하여 시행하기도 한다. 이 과정에서 연방정부와 주정부로 대표되는 지방정부 사이의 긴장과 갈등이 발생하기도 한다. 2004년 총선에서 빠스가 뜨렝가누 주에서 1999년 총선의 승리를 지켜내지 못하고 패배할 수밖에 없게 된 중요한 이유 중 하나가 바로 연방정부와의 갈등에서 비롯된 것이라는 진단이 나오는 것은 바로 이러한 이유에서이다.[8]

---

8) 말레이시아에서 지방화는 이러한 정치적 변화에 의해 큰 영향을 받는 경향이 있다. 이는 빠스가 표방하는 이슬람화에 대한 연방정부의 대응과 이슬람화에 대한 지역주민의 다양한 반응의 일부로 해석될 수 있다. 연방정부의 빠스의 이슬람화에 대한 대처에 대해서는 이 글의 본문 제

1999년 총선에서 국민전선은 끌란딴 주와 뜨렝가누 주에서의 패배라는 불안정성을 보여주었지만 전국적으로 승리를 거뒀으며, 2004년 총선에서는 암노에 대한 말레이인들의 지지를 회복함으로써 국민전선이 압승을 거두었다는 사실은 지방화와 지역통합에 실제로 어떠한 영향을 미쳤는가. 이에 대한 정확한 대답은 결코 쉽지는 않지만 국민전선의 전통적 지지기반인 도시지역을 중심으로 연방정부의 영향력이 증대할 것으로 예상되기 때문에 끌란딴 주를 위시한 주 정부의 반대와 저항 역시 새로운 변화의 국면에 접어들 것으로 본다.[9]

이는 곧 말레이시아의 중앙-지방(또는 주변) 구도의 문화적 차원이 새로운 국면으로 접어들 가능성을 열어 놓는 정치적, 사회적 상황이 전개될 수 있다는 현실인식을 가능케 한다. 대도시의 지식인, 중산층, 그리고 대학생을 중심으로 전국으로 확산된 이슬람화가 1997년 경제위기 이후 도시와는 다른 방식으로 끌란딴 주와 뜨렝가누 주와 같은 지방에서 강화와 약화가 동시에 나타나고 있다는 사실은 말레이시아의 지방화와 지역통합의 문제를 다각적인 측면에서 파악해야 한다는 것을 역설적으로 시사해준다고 하겠다.

4. 말레이시아 정치질서의 재편과 이슬람화에 따른 지역사회 내부의 사회변화: 끌란딴 주와 뜨렝가누 주의 사례

1999년 총선을 앞둔 시점인 1998년에 야당연합인 대안전선(BA: Barisan Alternatif)이 결성되었다는 사실은 말레이시아의 시민사회 형성을 위한 새로운 사회집단이 출현할 가능성을 열어준 것이었다. 하지만 개혁운동의 영향력이 점차

IV장에서 보다 상세히 설명될 것이므로 이를 참조할 것.

9) 2004년 3월에 실시된 제11대 총선에서 암노가 중심적 역할을 수행하는 국민전선은 압도적인 승리를 거두었다. 총 하원의석 219석 중 198석을 확보했는데, 이는 전체의 90.4%에 해당하는 것이다. 이러한 압승의 주역은 물론 암노였다. 암노의 역할은 국민전선 승리에 핵심적이면서도 결정적인 것이었다. 암노는 1999년 총선에서 하원의석을 60석 확보하는 데 그쳤으나, 2004년 총선에서는 96석으로 늘리는 데 성공했다.

약화되면서 빠스와 민주행동당(DAP: Democratic Action Party) 사이에 정치적, 종교적, 이데올로기적 갈등의 골이 깊어지게 되었고, 결국 2001년 민주행동당이 대안전선에서 탈퇴하는 결과가 빚어졌다는 사실 또한 말레이시아 정치의 이면을 총체적으로 이해해야 할 필요성을 증대시켰다. 민주행동당의 대안전선 탈퇴는 이슬람과 관련지어 볼 때, 그 의미가 자못 크다고 하겠다.

2001년 9월 22일 빠스와 민주행동당 사이에 '이슬람 국가(Islamic state)'화에 대한 3차 회담 결렬에 따라 민주행동당의 중앙고위위원회는 결국 대안전선에서 탈퇴하기로 결정하였다. 이슬람 국가화와 관련된 일련의 논쟁은 대안전선의 결성 당시부터 내재된 갈등요인으로 지적되어 왔었으며, 지난 7월 빠스 지도부의 이슬람 국가화 당론 결정과 그에 대한 공식 선언으로 이슬람과 비이슬람 세력 사이의 갈등이 더욱 심화되었다(Stark 2003). 민주행동당의 이러한 결정은 9·11 사건 직후에 일어난 것이며, 동 말레이시아(East Malaysia) 사라왁(Sarawak) 주에서의 선거가 임박한 시점에서 일어난 일이라는 점에서 민주행동당의 준비된 결정이었다는 관측이 지배적이었다. 즉 9·11 사건을 계기로 당내 이슬람에 대한 반감이 더욱 증가해 내부적 압력이 거세어 졌다는 점과 이슬람이라는 정치적 부담 요소 제거를 통한 사라왁 주 선거에서 화인의 지지 흡수 및 당내 개혁, 결속의 기회로 삼는다는 정치적 계산이 깔려 있었다는 설명이 설득력을 얻었다.

사라왁 주의 민주행동당은 2000년 11월 야당연합을 탈퇴하였으며, 2001년 주 선거에서 13개 지역구에 출마하였다. 민주행동당의 전략적 선택이외에 구조적인 원인도 제기되었는데, 이슬람 국가화 논쟁은 당사자들 보다 여권의 야권분열을 목적으로 언론을 통한 문제 심화가 근원이며, 빠스의 안일한 대처 및 비무슬림에 대한 이해 부족, 국민정의당(PKN: Parti Keadilan Nasional, 이하 정의당)의 소극적 대처와 불분명한 입장 표명이 민주행동당에 대한 압력을 가중시켰다는 설명이 설득력있게 받아들여졌다. 단기적으로 각 당은 당론의 강화를 통해 각자의 지지기반 다지기에 충실 할 수 있는 이점과 각 정당의 지지기반 인종 이외의 지지층의 이탈이라는 득실이 혼재할 것이라는 전망에 제기되었지만 장기적 관점에서 특정 종족집단 중심의 정치 현실의 한계를 고려할 때 화인들의 지지기반이 없는 야당연합이나, 말레이인의 지지가 매우 미약한 민주행동당 모두 득보다 실이 많을 것으로 평가되었다.

이러한 야당 분열 속에서 치러진 2004년 총선은 이미 암노를 위시로 한 여당인 국민전선에 절대적으로 유리할 것이라는 전망이 제시되었고, 사실 2004년 총선 결과는 이를 입증한 결과가 되었다. 한편, 민주행동당과 빠스의 민주주의 실현, 인권, 보안법 등의 기본 현안에 있어 대 여권 공조 유지를 표명한 바 있으며, 2004년 총선에서 양당간 느슨한 형태의 제휴나 민주행동당과 정의당의 개별적인 전략적 제휴가 이루어지지 않음으로써 빠스의 입장에서 총선 패배는 이미 노정되어 있었던 것이라는 평가가 그리 틀리지는 않았다고 평가될 수 있다. 정치 관계자들은 이슬람 국가화 문제는 야당연합의 근본적 문제로 지적되어온 만큼 정치발전을 위해서는 이 문제에 대한 근본적 이견 해소 노력이 있어야 할 것이라는 지적에도 불구하고, 어떠한 성과를 이루어내지 못함으로써 총선 패배의 결과를 감수할 수밖에 없는 사태가 연출되었던 것이다.

한편, 안와르 사건은 여타의 사회변화를 촉발시키는 동인을 제공한 것 이외에 말레이 중산층의 정치적 태도를 변화시키는 주요 요인으로도 작용했다. 암노를 위시로 한 말레이 정치체제의 지배질서 속에서 말레이 중산층은 기득권을 바탕으로 기존의 지배구조를 온존시키고 공고하게 만드는 데 큰 역할을 담당해 왔다.

안와르 사건은 바로 이러한 기존의 말레이 중산층의 정치적 역할을 크게 변모시켰다. 그것은 말레이 중산층 내부에서 반암노, 반마하티르 정서를 확산시키는 결과를 낳았다(황인원 2004: 214). 특히 끌란딴 주와 뜨렝가누 주에서는 말레이 도시 중산층을 중심으로 암노와 마하티르를 반이슬람적인 것 또는 비이슬람적인 것으로 규정하고 이슬람화 정책의 기본 원칙과 가치를 확산시키기 위해 이슬람의 규범과 가치를 정치적 전략으로 활용하는 정책을 실행하였다.

그 결과 뜨렝가누 주에서는 도시 말레이 중산층을 중심으로 반암노 세력이 친빠스 또는 빠스 지지세력을 탈바꿈하는 결과를 낳았던 것이다. 그들은 개혁운동의 핵심세력은 아니었지만, 일부가 개혁운동에 동참하여 이를 주도적으로 이끌어냄으로써 빠스를 지지하는 야당세력으로 결집시키는 데 일정 정도 성공을 거두었던 것으로 평가된다. 이러한 성과가 1999년 총선에서의 빠스의 승리로 귀결되었던 것이다. 말레이 중산층의 이러한 정치적 태도의 변화는 특히 끌란딴주와 뜨렝가누주와 같은 지방의 말레이 중산층에 큰 영향을 미쳤으며, 이는 연방정부 중심의 정치체제에 대한 반발 또는 저항으로 연결되어 지방화를 촉진하는 중요한 요인으로 작용하였다.

하지만 그 이후 끌란딴주와 뜨렝가누주에서는 공히 도시 중산층이나 시민운동세력이나 단체가 활성화되지 못했다. 이는 두 주 모두 농어촌지역을 중심으로 한 지방이며, 이슬람 개혁세력을 제외한 여타의 사회단체가 발달해 있지 못한 정치사회적 환경 때문이기도 하다. 또한 이러한 지정학적 조건으로 인해 개혁운동의 성과가 널리 확산되지 못했던 점도 지적되어야 할 것이다. 결국 2004년 총선에서의 빠스의 끌란딴주에서의 신승과 뜨렝가누주에서의 패배는 이를 입증해 준다.

이 두 주에서 도시 중산층의 활동은 주로 이슬람화를 기치로 무슬림의 인권과 정의, 경제적 평등, 균형적 발전, 정치적 자유, 이슬람식 민주주의 질서의 확립 등과 같은 종교 및 사회문제에 집중되어 있었다. 여기에 안와르 사건을 계기로 형성된 반암노, 반마하티르 정서가 합류하여 암노의 물질주의적, 금전주의적 정치행태에 대한 비판이 가중된 결과, 1999년 총선에서는 이러한 정치적 정향이 빠스에 대한 지지로 나타났던 것이다. 하지만 빠스에 대한 지지가 바로 정치적 자유의 향상과 경제발전, 사회적 정의의 실현, 이슬람의 활성화로 이어지지는 못했다. 특히 뜨렝가누 주에서의 2004년 총선 결과는 도시 중산층

〈사진 1〉 이슬람과 자본주의의 대비를 통해 말레이시아 지방화의 특성을 상징적으로 보여주는 꾸알라뜨렝가누 시내의 한 이슬람 사원 전경

의 기회주의적 속성을 여실히 드러낸 것이라고 평가될 수 있다.

이런 점에서 빠스의 부총재이면서 뜨렝가누 주의 주수상인 압둘 하디 아왕(Abdul Hadi Awang)의 정치적 지도력 및 역할에 대한 평가 역시 매우 중요한 의미를 지닌다. 소위 '하디 아왕 요소(Hadi Awang factor)'라 불리는 하디 아왕의 정치적 지도력과 이슬람화에 대한 비전이 뜨렝가누 주의 정치와 선거에 미친 영향을 실로 막대한 것이다. 1999년 총선 승리로 집권에 성공한 그는 '이슬람 국가의 건설'을 기치로 내세우며 강력한 이슬람화 정책을 추진하고자 했다. 실제로 이슬람형법(hudud) 실시를 강력히 주장하였다.

하지만 그의 이슬람화 정책은 시일이 지남에 따라 정책적 목표를 구체적 실천에 옮기는 과정에서 이슬람 교리와 원칙에 지나치게 경도된 나머지 지역사회의 열악한 경제적 여건을 개선하는 것을 포함한 경제발전의 문제를 소홀히 하는 결과를 낳은 것으로 평가되었다. 뜨렝가누주의 주도인 꾸알라뜨렝가누(Kuala Trengganu)의 한 호텔 식당에 근무하는 라잘리(Razali, 35세)씨는 "하디에 대한 뜨렝가누 주민들의 평가는 뜨렝가누 주의 이슬람화에 대한 기대를 그가 제대로 수행하지 못했다는 것에 집중되었다. 그는 이슬람화를 외치면서도 진정한 이슬람화를 실행에 옮길 만한 세력을 키워내지 못했다. 그 결과 뜨렝가누의 경제는 예전보다 못해졌고, 이슬람에 대한 관심 역시 제대로 유도해 낼 수 없었다"고 하디 아왕의 리더십에 대한 불만을 토로하기도 했다.

실제로 뜨렝가누에서 빠스에 의한 이슬람화 정책은 이슬람과 관련된 다양한 세미나와 집담회, 종교모임 등을 조직하는 수준에 이른 것은 사실이지만, 일반 주민들로 하여금 이슬람화에 대한 관심을 끌기에는 역부족이었다. 여기에는 이슬람근본주의에 대한 뜨렝가누 중산층의 우려가 크게 작용하였다. 해외의 이슬람근본주의 세력과의 결탁 또는 유착10)을 의심받은 빠스로부터 등을 돌린 뜨렝가누의 중산층이 보다 현대적이고 실용적인 노선을 취하는 것으로 평가되는 암노 지지로 자신의 정치적 노선을 선회하기에 이른 것이다.

이제 뜨렝가누에서 '이슬람의 본래 정신으로 돌아가자'라든지 '알라는 위대하다'의 외침은 이슬람사원(Masjid)에서 메아리칠 뿐이다. 정치에 무관심한 태도를 보이는 주민들이 늘고 있으며, 뜨렝가누에서 선결되어야 할 문제는 정치나 종교의 문제가 아니라 경제적인 문제라고 생각하는 주민들이 많아졌다. 꾸알라뜨렝가누의 시장에서 관광상품을 판매하는 자이누딘(Zainuddin, 40세)은 "하디(Hadi Awang)는 이슬람의 가르침을 바탕으로 이러한 주민들의 현실적 요구에 보다 적극적으로 응했어야 했다"라고 기존의 빠스의 정책과 압둘 하디 아왕의 정치적 리더십에 대해 자신의 불만을 털어놓기도 했다.

이는 뜨렝가누 주에서 이슬람화가 주민들의 일상생활 속에서 어떠한 의미를 지니며, 그것에 대한 평가의 일면을 잘 보여준다. 뜨렝가누 주에서의 빠스의 이슬람화 정책 수행의 역사가 끌란딴 주 보다 상대적으로 짧은 데서도 정책 실패의 원인을 찾을 수 있을 것이다. 하지만 압둘 하디 아왕의 정치적 리더십과 그의 역할이 지니는 의미 역시 매우 중요한데, 그는 주민들이 원하는 정교일치의 지도자의 이미지를 구축하는 데 실패한 것으로 보인다. 뜨렝가누 주에서 빠스의 이슬람화 정책 수행 능력의 미흡함은 이슬람과 경제발전과의 조화를

---

10) 빠스는 알-카에다(Al-Queda) 조직이나 오사마 빈 라덴(Osama bin Laden), 그리고 아프가니스탄의 탈레반(Taleban) 정권과 긴밀히 연계되어 있다는 말이 나돌기도 했다.

〈사진 2〉 뜨렝가누주의 한 이슬람 사원을 찾은 말레이 무슬림 가족

구축하는 데 빠스 지도부가 실패했음을 입증하는 것이며, 여기에 압둘 하디 아왕의 리더십 부재가 결합되어 2004년 총선 패배라는 결과를 낳은 것으로 평가될 수 있다.

1999년 총선에서 뜨렝가누 주가 승리를 거둔 후 뜨렝가누 주의 이슬람화 정책이 시행되는 가운데, 가장 중요한 사회적 쟁점이 되었던 문제는 이슬람형법(hudud)의 시행과 뜨렝가누 석유의 로얄티 요구를 둘러싼 연방정부와 뜨렝가누 주 정부 사이의 갈등이라고 할 수 있다. 이슬람형법의 경우, 이미 끌란딴 주에서 연방정부에 그 실행을 요청한 바가 있기 때문에 뜨렝가누 주에서도 그러한 절차를 밟아 이슬람화르 진행하려는 계획을 갖고 있었다. 하지만 이는 상당한 논란의 대상이 되었으며, 비무슬림의 강력한 반대에 봉착하게 되었다.

디에피의 총재 림킷시앙(Lim Kit Siang 2001)은 끌란딴 주와 뜨렝가누 주에서 대안전선이 승리를 이끌어낸 후, 빠스 지도부가 이슬람 국가론을 주장하고 나섰던 것에 대해 강력하게 반발하는 내용의 성명서를 발표하기도 했다. 그는 원래 대안전선의 강령이 1999년 총선 이전에는 "정의로운 사회를 향하여"였는데, 총선 승리 후 빠스 측에서 "이슬람국가의 건설"을 강력하게 내세웠

다고 주장하였다(Lim 2001: i-iii). 그는 "이슬람국가의 건설"은 매우 위험한
발상이며, 대안전선의 원래 약속을 어긴 것이라고 반발하였다. 그는 "하디 아
왕은 말레이시아 현행 헌법 3조에 '종교'의 표기가 영어 릴리전(religion)에서
파생된 아가마(agama)로 되어 있는데, 이를 아랍어 표기인 아드-딘(Ad-din)으
로 바꿔야 한다고 주장했으며, 또한 뜨렝가누 주에 이슬람형법(hudud)을 도입
하려고 온갖 수단을 다 동원하고 있다"라고 언급하면서, 이는 원래 대안전선에
표를 던진 유권자들이 이슬람 국가의 건설을 위해 대안전선을 택한 것이 아니
라 정의로운 사회를 지향하는 대안전선에 표를 준 것이라는 사실을 부정하고
배신하는 행위라고 압둘 하디 아왕을 강력하게 비난한 바 있다(Lim 2001:
99-100).

림킷시앙의 이러한 견해가 사적인 의사의 표현이라기보다는 민주행동당의
공식 의견이라고 볼 때, 빠스와 민주행동당 사이의 갈등과 반목이 매우 컸으며,
그것은 결국 민주행동당의 대안전선 탈퇴 및 빠스와의 결별을 의미하는 것이
었다. 이러한 상황에서 치러진 2004년 총선에서 빠스는 연합세력과의 공조체
계 구축에 실패함으로써 힘겨운 선거를 치를 수밖에 없었던 것이다.

뜨렝가누 주의 빠스 정책 중 또 다른 중요한 것이 이 지역에서 생산되는
석유와 천연가스에 대한 로얄티 제공의 문제였다(Pusat Penyelidikan PAS
2000). 종래에는 뜨렝가누 주의 권력이 암노를 위시로 한 국민전선에 의해 장
악되었기 때문에 뜨렝가누 주에서 생산되는 석유의 로얄티를 연방정부에 지급
해 왔으나, 1999년 빠스가 정권을 잡은 후에 빠스 지도자들이 이를 거부하기로
결정한 것이 발단이 되어 큰 사회문제로 비화된 것이다. 이를 둘러싸고 연방정
부와 뜨렝가누 주정부 사이의 갈등과 반목을 더욱 강화되었으며, 뜨렝가누의
이슬람화 정책에도 큰 영향을 미쳤다. 뜨렝가누의 석유에 대한 권한은 절대적
으로 뜨렝가누 주에 속한 것이라는 주장은 연방정부의 불만을 사게 되었으며,
뜨렝가누 주를 고립시키는 정책으로 이어졌다. 이에 뜨렝가누 주에서는 이슬
람을 기치로 무슬림들의 단결을 고취하였으며, 지방정부의 권한을 확보하고,

독립적인 정부 운영을 위한 경제적 자원과 부를 확보함으로써 지방화에 박차를 가하기로 한 것이다(Hj. Mustafa Ali 2000: 12-14, 17-18). 이는 결국 지방의 독자성 확보로 이어졌으며, 이슬람화를 강화함으로써 지방의 정체성을 확립하려는 움직임으로 비쳐졌던 것이다. 이는 암노와 빠스의 갈등을 심화시키는 주요 원인으로 작용하였다. 결국 2004년 총선에서 암노의 승리로 귀착되었다는 것은 지역사회에서 연방정부의 압력으로부터 주정부가 자유롭지 못하다는 점을 입증한 것으로 풀이될 수 있다.

하지만 빠스가 전국에 걸쳐 고른 득표를 했다는 점과 패배한 후보자의 경우 국민전선 후보자에게 압도적으로 패배한 것은 아니라는 사실은 뜨렝가누 주민들의 이슬람화에 대한 기대는 비록 약화되기는 했지만 소멸된 것이 아니라 여전히 지속되고 있다는 분석이 가능할 것이다.

앞서 지적한 바와 같이 1997년 경제위기와 1998년 마하티르(2003년 10월 정계 은퇴)와 안와르 사이의 갈등에서 비롯된 암노 내부의 정치적 대립과 균열은 끌란딴 주와 뜨렝가누 주에서 빠스의 정치적 승리를 가져온 주요 요인이었다. 또한 경제위기로 인해 말레이인들은 가장 큰 경제적 타격을 입었다.[11]

말레이인들이 경험한 이러한 경제적 상황에 따른 위기의식의 심화는 정치의 위기 상황 연출로 이어졌으며, 이는 도시 중산층의 범위를 변화시키는 결과를 낳은 한편, 도시 중산층의 기존 범위에 속한 사람들의 집단 결속력을 강화하는 방향으로 전개되었다. 이는 경제위기에 대한 문화적 대응전략 구축의 일환으로 이슬람을 활용하고자 하는 움직임으로 확산되었다(홍석준 1999a 참조). 특히 지방에서는 경제위기가 역설적으로 이슬람화를 추진하는 새로운 사회집단 또는 세력의 등장 가능성을 가늠하는 중요한 문화적 바로미터를 제공했다

---

11) 말레이시아경제연구소(MIER: Malaysia Institute of Economic Research)의 연구 결과에 따르면, 1997년과 1998년 경제위기 당시 말레이인의 가족단위 수입이 화인이나 인도인에 비해 가장 낮았으며, 이로 인해 말레이인의 자본 소유비율 또한 낮아졌으며 회복속도 역시 가장 늦게 나타나고 있다고 밝혔다. 경제위기 이전 가구당 소득은 1990년 942링깃에서 1997년 2,112링깃으로 증가했으나 경제위기 이후 말레이계의 가구당 소득은 2% 감소했다고 밝혔다(Malaysia 2001 참조).

는 점에서 경제위기 자체가 말레이 중산층에 급격하면서도 광범위한 사회변화 또는 문화변동을 유발시키는 하나의 중요한 정치사회적 사건으로 인식되기 시작했다.12)

이슬람화에 따른 사회변화의 대표적인 한 예로, 경제위기 이후 이슬람화가 강력하게 추진되었던 끌란딴 주에서는 인기있는 대중 팝 그룹의 콘서트나 무슬림들의 보디빌딩 대회 참가 등을 비이슬람적인 행위로 규정하여 이를 불법화하고 금지하는 법안이 통과되기도 했다(Kurus 1998: 171). 또한 '이슬람문명'이라는 교과목을 모든 대학생들에게 필수과목으로 지정한 사건이 있었는데, 이에 대해 빠스는 이슬람을 중시하는 나라에서 자신의 문화에 대한 이해를 넓히는 것은 매우 바람직하며 이슬람 확산에 대한 지나친 확대해석은 종족집단간 화합에 해가 될 뿐이라는 성명을 발표하기도 했다. 말레이인들이 널리 애용하는 휴양지의 명칭을 종래의 '열정적인 사랑의 해변(pantai cinta berahi)'에서 이슬람의 색채가 강한 이름으로 바꾼 사례가 발생하기도 했는데, 그 이유는 해변의 종래 명칭이 지나치게 에로틱한 뉘앙스를 지니고 있어서 남녀 간의 성적 욕망을 자극할 우려가 있기 때문에 이는 반이슬람적이라는 이유에 서였다. 이와 같이 예전에는 말레이 전통으로 당연하게 인식되었던 것들이 반이슬람적인 것 또는 비이슬람적인 것으로 규정되어 변경되는 경우가 경제위기 이전에 비해 보다 빈번하게 일어났는데, 이는 경제위기를 계기로 끌란딴 주에서와 같이 이슬람의 영향이 강한 지역사회에서 이슬람화가 어떻게 지속, 또는

---

12) 미스 말레이시아 선발대회에 참가한 말레이 무슬림 소녀 3명이 현장에서 체포되어 실형을 받은 사건은 경제위기의 상황 속에서 이슬람의 가치와 원칙에 대한 강화를 통해 나타난 이슬람화가 일상적 수준에서 실제로 어떠한 방식으로 이루어졌는가를 판단할 수 있는 매우 적절한 사례를 제공한다(홍석준 1999b: 486). 이들의 죄목은 이슬람법(Syariah)에 근거하여 무슬림 여성들은 미인대회에 참가할 수 없다는 이슬람의 금기사항을 이들이 어겼다는 것이었다. 이슬람법은 물론 무슬림들에게만 적용되는 것이지만 엄연한 민주국가인 말레이시아에서 특정 종교의 율법을 근거로 사법권을 행사했다는 것이 문제로 제기되었다. 무슬림 여성들의 대표적인 권익 보호단체이자 시민단체인 '이슬람자매들(Sisters in Islam)'은 이 법이 민주적으로 선출되지 않은 울라마들에게 인신구속권을 부여함으로써 정교일치의 길을 열어 준 악법이라고 즉각 비난하고 나섰다. 마하티르를 비롯한 정부지도자들도 이슬람법의 규정이 보수적인 울라마들에 의해 일방적으로 집행되고 있다는 점에 대해 강한 불쾌감을 표시하기도 했다(*Asiaweek* 1997년 9월 19일).

〈사진 3〉 암노와 빠스의 정치적 대립을 보여주는 암노의 선전용 플래카드

주: '암노는 건설하고 빠스는 파괴한다'라고 적혀있다.

강화되고 있는지를 알 수 있는 적절한 사례들이다.

이슬람화의 지속 또는 강화는 곧 지역사회 내에서의 빠스의 정치적, 사회적 위상과도 밀접한 관련을 맺고 있다. 실제로 1999년 끌란딴 주와 뜨렝가누 주에서 빠스는 정치적으로 괄목할 약진을 기록한 결과로 현실화되어 나타났으며, 이는 세속적인 암노에 대한 신성한 이슬람정당인 빠스의 승리로 해석되었다. 하지만 빠스의 이러한 정치적 약진은 연방정부에 큰 위협으로 받아들여졌다. 더욱이 빠스가 뜨렝가누 주의 정권을 장악하게 되었다는 사실은 지방정부의 독자성과 특수성이 급속도로 강화되는 결과를 초래하였다.

그 후 끌란딴과 뜨렝가누 주정부에서는 연방정부의 정책을 사회발전을 고려하지 않은 경제 일변도의 발전정책이라고 강력하게 비난하면서, 지방정부의 정치적, 도덕적 우월성을 강조하는 운동을 활발하게 추진했다. 이슬람의 규범과 원칙에 입각하여 도덕적으로나 종교적으로 건강한 사회를 만들기 위한 다양한 캠페인을 전개한 것도 이러한 맥락에서 이루어졌다. 경제발전을 도모하면서도 사회적 도덕을 견지하는 사회정책을 채택함으로써, 종교적으로 무슬림 공동체를 위한 사회 분위기의 쇄신을 부르짖었다. 즉 이슬람의 기본 정신과

<사진 4> 조성 중인 뜨렝가누 주의 이슬람 마을(kampung Islam) 전경

규범을 강화하는 정책을 예전보다 더욱 강력하게 추진하였던 것이다(홍석준 2000). 이슬람화 정책은 예배의 참여, 꾸란(Qur'an)의 학습, 이슬람 종교교육 등을 강조하고, 이슬람의 경제 원칙에 입각한 쇼핑센터의 신설, 이슬람 은행(bank Islam)에 대한 보조금 지급, 성지순례 비용 지원(tabung Haji), 마을 내의 모든 집들을 메카로 향하게 하는 이슬람마을(kampung Islam)의 조성 등과 같이 이슬람의 기본원칙과 가치를 사회현실에 적용하고자 하는 정책적 배려로 나타났다.

결국 주정부 형태의 지방정부의 이슬람화 정책은 한마디로 이슬람 근본주의적 성향의 강화로 나타났다고 할 수 있다. 이슬람의 규범과 원칙은 마을주민들의 일상생활까지 철저하게 적용되었다. 이슬람 종교학교를 비롯하여 일반 학교에서도 이슬람 교리에 대한 교육이 강화되었다. 이슬람사원이나 이슬람종교학교(Madrasah)는 마을사람들의 단순한 회합장소가 아니라 알라의 가르침을 배우고 실천하는 교육 기능을 대폭 강화한 이슬람종교교육을 위한 장소로 인식되었다. 전통의례나 연예 등이 비이슬람적이라는 이유로 금지되기도 했다.13) 가족관계 내에서 이슬람의 규범과 가치가 강조되었다. 부모와 자식, 연

<사진 5> 이슬람화 정책 (Islamisasi)의 결과를 보여 주는 끌란딴주의 이슬람 은 행(Bank Islam)

장자와 연소자, 남자와 여자의 구분이 명확해졌으며, 남자는 남편과 아버지로 서, 여자는 아내와 어머니로서의 역할이 강조되었다.

이슬람화는 종래의 말레이인과 화인, 농촌과 도시로 대별되는 종족·사회구 조에 말레이 내부의 분화라는 새로운 구분을 탄생시켰다. 흥미로운 사실은 이 러한 구분이 궁극적으로는 연방정부에 대한 지방의 자율성을 촉진하는 것으로 판단되었다는 점이다. 이슬람화로 인해 말레이인 내부에서 '보다 이슬람적인 말레이인'과 '보통 말레이인' 사이의 구분이 명확해졌다. 이러한 현상은 지방 에서 더욱 뚜렷하게 나타났다. 중앙집권구도를 해체하기 위한 기반이 종족적, 문화적 영역에서 시도된 것이다. 그리하여 연방정부는 지방정부에 대한 중앙 통제를 강화하기 위해 최근 지방의 이슬람화 정책을 광신적이고 교조적이며 시대착오적인 것이라 비난하면서 나름대로의 이슬람화 정책을 시도하는 대안 적인 정책을 실시하고 있는 것이다. 이는 연방정부의 권한에 의한 지방정부에 대한 압력을 행사하는 것으로 해석될 수 있을 것이다.

---

13) 한 예로, 끌란딴의 대표적인 전통 말레이 예술이라고 할 수 있는 막용(mak yong)이나 와양꿀 릿(wayang kulit)의 내용이 비이슬람적이라는 이유로 상연 금지의 조치를 당하기도 했다.

이와 같이 말레이시아에서 연방정부와 지방사회의 관계는 정치적 차원에서 연방정부의 권한과 역할에 대한 강조에 따른 지방의 생산 또는 재생산이 이루어지는 양상을 띠고 나타났다. 정치적 차원에서 연방국가의 통치권과 지방의 자치권 사이에 긴장과 경쟁과 갈등과 타협이 있어 왔던 것이다. 이러한 경향은 1997년 경제위기 이후 더욱 강화되었다. 경제위기에 따른 경제적 분배의 불균형 심화는 연방국가의 통치권과 지방의 자치력 사이의 긴장과 경쟁 또는 갈등과 타협의 변증법적 관계를 증폭시켰다.

경제위기 이후 지역사회의 지방화에 대한 관심이 부쩍 늘어난 것은 역설적이지만 연방국가의 권력집중과 비대화 현상에 따라 지방민의 자율적 공간이 점차 최소화되고 그에 따라 중앙집권화가 예전과는 다른 방식으로 전개되고 있다는 것에 대한 두려움과 경계의 맥락에서 이해될 수도 있을 것이다. 예컨대 끌란딴과 뜨렝가누 주의 경우에는 최근 이슬람을 표방하는 야당의 정치적 영향력이 확대되어감에도 불구하고 경제적 자원이나 부의 핍진 현상이 여전히 지속됨으로써 한편으로는 연방정부에 대한 저항과 반항의 움직임이 대두하는 반면, 다른 한편에서는 그에 대한 연방정부의 강력한 통제와 탄압이 이루어지고 있는 길항과 대립관계가 공고화되고 있다.

이러한 측면에서 지방정부의 이슬람화 정책은 연방정부를 곤혹스럽게 한다고 말할 수 있다. 같은 무슬림으로서의 정체성을 표방하는 연방정부의 정치엘리트들에게 지방정부의 강력한 이슬람화는 오히려 반이슬람적이고 교조적이며 광신적인 이슬람을 표방한다는 비난의 구실을 제공하기 때문에 그에 대한 강력한 통제장치를 작동시킨다. 연방정부측에서 끌란딴 주와 뜨렝가누 주의 이슬람화에 대한 비판이 점차 늘어나고 강도가 높아지고 있는 것도 이러한 맥락에서 이해될 수 있다.

1997년 경제위기 이후 연방정부와 주정부 사이의 이러한 대립과 갈등 및 긴장상태가 더욱 심화됨으로써 기존의 정치질서를 재편하는 결과를 빚었다. 전국적 수준에서 이슬람화에 대한 연방정부의 강력한 통제장치가 작동하기

〈사진 6〉 뜨렝가누주의 한 이슬람 사원

시작했으며, 연방정부측에서 끌란딴과 뜨렝가누의 이슬람화에 대한 비판이 점차 늘어나고 그 강도가 높아지기 시작했다. 한 예로 연방정부측에서 국내 이슬람 단체에 대한 강경한 입장을 표명한 상태에서 무장 이슬람 단체 가담자에 징역을 선고한 사건을 들 수 있겠다. 미국 테러사건으로 국내 과격 이슬람 단체에 대한 정부의 강경입장 속에 2001년 8월 무장 이슬람 단체 활동 혐의로 보안법에 의해 구속된 9명에 대해 재판 없이 2년형을 선고한 사건이 있었다. 이들 중 7명은 빠스 관계자였으며, 이 중 끌란딴 주수상인 닉 아지즈(Nik Aziz)의 아들 닉 아들리(Nik Adli)가 포함되었다. 빠스를 위시로 한 야당에서는 경찰이 명확한 증거 제시 없이 빠스 관계자를 체포, 구금한 것은 불법이며, 연방정부측에서 국내보안법(ISA: Internal Security Act)을 자신의 권력 유지를 위해 정치적 탄압의 도구로 무분별하게 사용하고 있다고 비판하였다. 빠스는 또한 60일 이내 이 사건에 대한 진상 조사에 착수할 것이라고 밝혔다.

이 사건은 빠스의 정치적 지지 기반인 농촌지역을 포함한 지방에 대한 연방정부의 정치적 탄압으로 해석되었다. 이슬람화를 기치로 내세운 빠스의 정책에 위협을 느낀 연방정부는 이슬람 단체를 불법으로 규정하여 강경 대처하는 정치적 대응을 통해 국가통합을 위한 지역통합의 과제를 수행하고자 했던 것이다.

하지만 빠스의 이슬람화는 암노 지배체제 하에서 연방정부의 이러한 정치적 대응에도 불구하고 꾸준히 지속되고 있다. 이런 점에서 지방화가 가속화되고 있는 가운데 지역통합의 과제는 독자적이면서도 특수한 방향으로 이루어질 것이라는 전망이 가능할 것이다. 현재 진행되고 있는 이슬람화를 비롯한 사회발전이나 문화정책 프로젝트와 하위 프로그램들은 지역 단위가 자체적으로 실시하는 경우가 많다. 그 결과 지역간의 경제적 불균형과 이에 따른 권력 배분의 불균형이 심각한 문제로 부각되기도 한다. 여기서 연방정부 차원의 산업구조가 지방정부의 지역활성화 정책과 대립하는 경우가 생겨난다.[14) 지방의 정치적, 경제적 요구는 연방정부에 대한 대립과 저항의 형태를 띠고 나타나며, 이에 연방정부가 거부할 경우, 지역의 사회적 안정을 도모하기 위한 방향으로 자체적으로 수립, 시행된다.

이슬람화 정책은 말레이인들의 친족관계를 비롯한 일상적 사회관계에도 커다란 변화를 가져왔다. 이슬람의 교리와 규범에 대한 강조는 우선 전통적인 말레이 친족개념과 관념을 변화시켰다. 말레이인들은 유언을 하지 않고 사망한 경우와 같은 특별한 경우를 제외하고는 대체로 양변의 원리에 기반하여 아들과 딸의 몫을 동등하게 배분하는 남녀 균등의 상속관행을 따랐으나, 이슬람화로 인해 이슬람법에 따른 상속관행이 점차 늘어났다. 즉 부모가 재산을 상속할 때 아들의 몫을 딸의 2배로 분배하는 이슬람법의 원리를 따라야 한다는 원칙이 적용되는 사례가 급속히 증가했다. 부모가 사망하기 전에 선물의 형식으로 자녀에게 일정한 재산을 나누어주는 헤바(hebah)식의 이슬람 관행을 따르는 사람도 늘어났으며, 부모가 사망한 후에 상속이 이루어지는 경우에는 이슬람법을 집행하는 기관에서 이슬람의 규범과 원칙에 따라 집행하는 이슬람식

---

14) 일반적으로 지역활성화는 지방의 정체성의 확립을 통한 국가 전체의 균형적 발전을 도모하는 방향을 지향한다. 여기에는 지역 축제의 특성화 방안, 민주주의적 질서에 기반한 지역 정체성의 확립 등의 지방화 발전전략이 포함된다(정근식 편 1999 참조).

상속관행이 더욱 강화되었다.[15]

5. 맺음말

1999년 총선에서 끌란딴 주와 뜨렝가누 주에서 빠스가 승리했다는 사실은 각 지역사회의 입장에서는 지방화의 특징과 의미가 새로운 변화의 국면으로 접어들었다는 것을 의미하는 것이었다. 하지만 연방정부의 입장에서는 이러한 지방화의 강화가 국가적 차원에서의 지역통합에 대한 장애 또는 걸림돌로 인식되기도 했다. 빠스의 승리는 이슬람화의 강화를 의미하는 것이었으며, 이슬람을 표방하는 끌란딴과 뜨렝가누 주정부의 이슬람화 정책의 강화와 실험적 운용은 연방정부가 완수하고자 하는 지역통합의 과제를 수행하는 데 장애 요인으로 받아들여졌다. 이런 점에서 같은 무슬림으로서의 정체성을 표방하는 연방정부의 정치엘리트들에게 주정부의 강력한 이슬람화는 오히려 반이슬람적이고 교조적이며 광신적인 이슬람을 표방한다는 비난의 구실을 제공하기도 했다.

끌란딴 주에서는 1990년부터 현재까지 약 15년 동안 이슬람화 정책이 지속적으로 시행됨으로써 이슬람의 가치와 규범의 중요성을 일상생활에 적용하고자 하는 원칙이 장기간에 걸쳐 비교적 체계적으로 시행되어 왔다. 이를 고려할 때 2004년 총선에서의 빠스의 신승이 끌란딴 주민들의 빠스에 대한 지지가 약화된 것으로 섣불리 판단하는 것은 끌란딴의 정치변동이나 사회변화의 특성

---

15) 말레이인의 문화적 전통에 대해 이야기할 때 흔히 거론되는 것이 아닷(adat)과 이슬람 전통이다. 좁은 의미에서의 아닷은 이슬람이 말레이 반도에 전파되기 이전부터 존재했던 말레이인의 고유한 문화적 전통을 지칭한다. 여기에는 정령숭배적, 샤머니즘적, 힌두교적 신앙과 의례를 포함하여 가족과 친족, 정치, 예절 등에 있어서의 전통적 규범과 가치체계가 포함된다. 아닷은 말레이인 사이에 일상적, 관습적으로 실천되는 행위의 규범과 가치체계로서, 경전 중심의 성문화된 이슬람 규범과 가치체계와는 구분된다(Karim 1992: 15). 하지만 아닷과 이슬람은 오랜 기간 동안 상호작용하면서 "아닷의 이슬람화" 또는 "이슬람의 아닷화"가 진행되어 왔기 때문에 (Karim 1992: 16), 이들 양자는 순수한 형태로 배타적인 성격을 지닌 것은 아니라고 할 수 있다.

과 의미를 올바로 포착하지 못하고 결과만을 보고 일반적인 해석을 내리거나 결론을 성급하게 단정하는 오류에 빠질 우려가 있다. 오히려 그 보다는 끌란딴 주에서 빠스가 경제발전과 사회발전의 조화와 균형을 무슬림의 생활 속에서 실천하고자 하는 다양한 강령과 규범을 만들어내는 노력을 경주해 왔으며 그에 대한 주민들의 지지로 선거에서 승리를 거두었다는 사실에 주목해 볼 때, 빠스의 이슬람화는 최소한 끌란딴에서는 여전히 현재 진행형이라 보는 편이 옳을 것이다.

이런 점에서 끌란딴에서의 빠스의 이슬람화는 이슬람을 통한 지역정체성 강화를 위한 시도로 해석될 수 있다고 본다. 이를 통해 지방화와 지역통합의 과제가 언어, 교육, 예술, 종교, 혼인 등의 문화적 측면을 포함한 일상생활 전반에 걸쳐 이전에 비해 보다 철저하게 준수될 것을 요구하는 방향으로 이슬람화가 진행되고 있으며, 이는 빠스가 주장해 온 '이슬람 국가의 건설'이라는 최종 목표에 대한 일부 주민들의 지지가 크게 작용했다고 볼 수 있다. 물론 이러한 구호와 주장이 의미를 지니기 위해선 암노의 정치가 경제위기의 조장 및 사회적 불안 요인 확대 등의 부정적 결과와 관련짓는 여러 실책이 겹쳐야 가능할 것으로 판단된다. 한 마디로 요약하면, 끌란딴 주에서의 이슬람화는 사회문화적 측면에서는 고유하고 독특한 지역 정체성의 이미지나 상징을 강조하면서 정책적 차원에서나 일상적 차원에서 자기 스스로의 정체성을 강화하는 다양한 시도로 나타났던 것이다.

현재 끌란딴 주의 이슬람화 정책은 정치적으로 안정적인 단계에 접어들었다고 평가된다. 현지조사에서 만난 주민들은 대체로 2004년 3월 총선에서도 빠스가 당연히 집권하리라 예상하고 있었다. 실제로 끌란딴의 주도 꼬따바루(Kota Bharu)에서 식당을 운영하고 있는 아즈만(Azman, 40세)은 "끌란딴은 빠스가 집권한 지 이미 오래되었기 때문에 이번 총선에서도 그다지 큰 변화는 없을 것이다. 현재 암노 정부는 부패해 있고, 새로운 수상 압둘라 바다위(Abdullah Badawi) 역시 정치리더십에 문제가 있는 것으로 보여 암노에 대한 불만이 여전한 편이다. 빠스의 정책이 항상 옳은 것은 아니지만 암노보다는 낫다고 생각한다"고 말했다. 이는 끌란딴에서의 빠스의 재집권 가능성을 시사하는 것으로 보인다.

하지만 뜨렝가누 주의 경우는 사정이 이와 다르다. 2004년 3월 총선에서 빠스의 참패는 1999년 집권 이후 암노와 뚜렷하게 구분되는 쟁점을 제시하고 이를 실행하는 데 실패했음을 입증하는 것이다. 이는 빠스의 이슬람화 정책이 주민들의 지지를 얻는 데 효과적이지 못했음을 의미한다. 뜨렝가누 주에서 빠스는 이슬람화를 비롯한 총체적 사회발전을 성공적으로 주도하지 못했으며, 안와르 구속에 따른 레포르마시(Reformasi) 운동의 성과를 효과적으로 활용하지도 못했음을 입증한다. 현지주민들이 주로 빠스가 잘못하고 있는 것으로 평가한 점으로 미루어볼 때, 뜨렝가누에서는 이슬람화 정책이 주효하지 못했음을 알 수 있다. 하지만 이 말이 뜨렝가누의 사회발전을 위한 대안이 암노라는 것을 의미하는 것은 물론 아니다. 뜨렝가누 주민들은 암노를 지지했다기보다는 빠스 실정의 책임을 물었다고 보는 것이 더 타당할 것이다. 물론 총선 결과가 지역사회에 미친 영향을 제대로 평가하기 위해선 어느 정도 시일이 지나야 가능할 것으로 본다.

결론적으로, 말레이시아에서 지방화와 지역통합의 문제는 중심 또는 중앙과 주변, 도시지역과 지방, 도시와 농촌, 화인과 말레이인의 종족집단 사이의 조화와 갈등의 역사적 과정을 통한 사회통합의 원리를 제공하는 일종의 문화적 자원으로 인식되고 있다. 지방의 문제는 이와 같이 단지 도시와 기타 지역 사이의 이분법적 구분뿐 아니라 도시와 농촌, 화인과 말레이인의 종족집단 구분을 포함하는 매우 복합적인 양상을 띠고 나타난다. 다시 말해 말레이시아에서 중앙과 지방의 이분법적 구도는 독특한 역사적 경험과 특수한 문화적 환경의 변화로 말미암아 그 의미를 달리하면서 중심과 주변의 구도를 형성하는 데 기여해 왔다.

말레이 왕권을 중심으로 형성된 도시성과 농민을 중심으로 소규모 지역집단의 자율적 공동체라는 농촌 마을의 이데올로기를 형성, 변모시키는 데 각 지역사회는 전통적으로 나름대로의 독자적이면서도 고유한 역할을 수행해 왔다. 그러한 역할 수행의 과정 속에서 지방으로 대표되는 지역사회에서의 사회변화는 다양한 사회집단의 상이한 이해관계가 서로 맞물리는 과정에서 매우 중층적인 상호작용의 형태를 띠며 끊임없는 변화의 소용돌이 속에 존재해 왔다고 할 수 있다. 1997년 경제위기는 말레이 중산층의 형성과 변화에 큰 영향을 주었으며, 그들 사이에 이슬람의 규범과 가치를 강조하는 이슬람화가 지속적으로 진행되고 있다는 사실은 말레이시아 지역사회에서의 지방의 문제 및 사회변화의 특성과 의미를 이해하는 단초를 제공하고 있다고 할 수 있다.

참고문헌

김광억. 2000. "지방연구 방법론 개발을 위한 시론." 『지방사와 지방문화』 2.

오명석. 1998. "'닥꽈'에서 신말레이로." 『한국인류학의 성과와 전망』. 서울: 집문당.

정근식 편. 1999. 『축제, 민주주의, 지역활성화』. 서울: 새길.

홍석준. 1999a. "경제위기에 대한 문화적 대응: 말레이시아의 사례." 『한국문화인류학』 32(2): 210-242

______. 1999b. "말레이시아." 서울대 국제지역원 편. 『아시아·태평양 1998-1999』. 서울: 서울대출판부.

______. 2000. "말레이시아." 서울대 국제지역원 편. 『아시아·태평양 2000』. 서울: 서울대출판부.

______. 2001. "현대 말레이시아에서의 방언사용과 문화적 정체성: 끌란딴 말레이 방언(Kelantanese Malay dialect)의 사례." 『사회언어학』 9(2): 209-235.

황인원. 2004. "말레이시아에서의 정치위기와 체제변동의 동학." 박사명 편. 『동남아 정치변동의 동학』. 서울: 오름.

Abdul Rahman Embong. 2001. "Beyond the Crisis: The Paradox of the Malaysian Middle Class." Abdul Rahman Embong, ed. *Southeast Asian Middle Class: Prospects for Social Change and Democratization.* Bangi: Universiti Kebangsaan Malaysia Press.

Abdul Rahman Embong. 2002. *State-led Modernization and the New Middle Class in Malaysia.* New York: Palgrave.

___________ ed. 2001. *Southeast Asian Middle Class: Prospects for Social Change and Democratization.* Bangi: Universiti Kebangsaan Malaysia Press.

Alias Mohamed. 1994. *PAS's Platform: Development and Change 1951-1986.* Petaling Jaya, Malaysia: Gateway Publishing House(GPH) Sdn. Bhd.

Asiaweek. Sep. 19, 1997. "Mahathir's Worldly Concerns."

Chin, James. 2001. "Unequal Contest: Federal-State Relations under Mahathir." Ho Khai Leong and James Chin, eds. *Mahathir's Administration: Performance and Crisis in Governance.* Singapore: Times Media Private Ltd.

Farish A. Noor. 1999. "Looking for Reformasi: The Discursive Dynamics of the Reformasi Movement and Its Prospects as a Political Project." *Indonesia and the Malay World* 27(77): 5-18.

Hari Singh. 2004. "Malaysia's National Security: Rhetoric and Substance." *Contemporary Southeast Asia* 26(1): 1-25.

Malaysia. 2000. *Malaysia Yearbook, 1999.* Kuala Lumpur: Government of Printing Department.

Malaysia. 2001. *Eight Malaysian Plan,* 2001-2005. Kuala Lumpur: Percetakan Nasional Berhad.

Malaysia. 2003. *Malaysia Yearbook, 2002.* Kuala Lumpur: Government of Printing Department.

Hack, Karl A. 2002. "Biar mati anak: Jangan mati adat[Better your children die than your traditions]: Locally raised forces as a barometer for imperialism and decolonization in British Southeast Asia, 1874-2001." *South East Asia Research* 10(3): 245-275.

Hj. Mustafa Ali. 2000. "Royalti Minyak Tetap Hak Terengganu." Pusat Penyelidikan PAS. 2000 *Royalti Minyak: Politik Khianat dan Balas*

Dendam BN. Angkatan Edaran Enterprise Sdn. Bhd.

Johan Saravanamuttu. 2001. "Is There a Politics of the Malaysian Middle Class?" Abdul Rahman Embong ed. *Southeast Asian Middle Class: Prospects for Social Change and Democratization.* Bangi: UKM Press.

Karim, Wan Wazir. 1992. *Women and Culture: Adat and Islam.* Westview Press.

Kurus, Bilson. 1998. "Malaysia: A Year of Introspection." *Southeast Asian Affairs 1998.*

Lim Kit Siang. 2001. *BA & Islamic State.* Petaling Jaya: Democratic Action Party.

Maznah Mohamad. 2001. "Reformasi and Changing Malay Politics." *Aliran* 58: 4-8.

Mohamed Abu Bakar. 2001. "Islam, Civil Society, and Ethnic Relations in Malaysia." Nakamura Mitsuo, Sharon Siddique, Omar Farouk and Bajunid, eds. *Islam & Civil Society in Southeast Asia.* Singapore: ISEAS.

Montes, Manuel F. 1998. *The Currency Crisis in Southeast Asia.* Singapore: Institute of Southeast Asian Studies.

Nakamura Mitsuo, Sharon Siddique and Omar Farouk Bajunid, eds. 2003. *Islam & Civil Society in Southeast Asia.* Singapore: ISEAS.

Pusat Penyelidikan PAS. 2000. *Royalti Minyak: Politik Khianat dan Balas Dendam BN.* Angkatan Edaran Enterprise Sdn. Bhd.

Raja Rasiah. 2001. "The Political Economy of the Southeast Asian Economy." Abdul Rahman Embong, ed. *Southeast Asian Middle Class: Prospects for Social Change and Democratization.* Bangi: Universiti Kebangsaan Malaysia Press.

Scott, J. 2002. "Between the Hill and the Valley: Why Civilization cannot climb the Hill?" A Seminar in Korean Institute of Southeast Asian Studies.

Shamsul, A. B. 1994. "Religion and Ethnic Politics in Malaysia: The Significance of the Islamic Resurgence Phenomenon." C. F. Keyes et al., eds. *Asian Visions of Authority.* Honolulu: University of Hawaii Press.

Sharifah Zaleha Syed Hassan. 2001a. "Islamization and Urban Religious Identity: The Middle Class of Bandar Baru Bangi." Abdul Rahman Embong, ed. *Southeast Asian Middle Class: Prospects for Social Change and Democratization.* Bangi: Universiti Kebangsaan Malaysia Press.

___________. 2001b. "Islamizatiion and the Emerging Civil Society in Malaysia." Nakamura Mitsuo, Sharon Siddique, and Omar Farouk Bajunid, eds. *Islam & Civil Society in Southeast Asia.* Singapore: Institute of Southeast Asian Studies Press.

Stark, Jan. 2003. "The Islamic debate in Malaysia: the unfinished project." *South East Asia Research* 11(2): 173-201.

Weiss, Meredith L. 1999. "What Will Become of Reformasi? Ethnicity and Changing Political Norms in Malaysia." *Contemporary Southeast Asia* 21(3): 424-450.

편집 후기

　　이 책은 2002년 하반기부터 2004년 상반기까지 100여 명 규모로 구성된 컨소시엄 "동아시아연구단" 산하 동남아분과 사회문화팀의 이차년도 연구결과물을 편집한 것이다. 동남아 분과에는, 중국이나 일본과 달리, 10여개 국가의 전공자들이 소속되었으며, 사회문화팀 연구진은, 정치나 경제팀과 달리, 인류학, 역사학, 언어학, 언어교육학 등 다양한 분과학문 전공자로 구성되었다. 이렇듯 다양한 구성으로 인하여, 연구주제를 통일하고, 각 주제에 대한 연구 아이디어를 서로 제공하고, 시각과 의견을 조율하고, 최종원고에 대해 논평하는 등, 일련의 연구과정은 상당히 역동적인 배움의 과정이었다. 세계화의 가속 정도와 변화 방향을 예측하기 힘든 오늘날, 연구진들은 동남아연구의 고전적 이슈를 다양한 연구질문으로 바꾸어 제기하고, 동남아의 현실적 상황과 변화를 심도있게 분석하는 작업을 진행하고자 하였다. 그리고 이번 시도를 통해 한국에서 동남아 사회문화 분야의 연구는 상당히 진일보하였다고 자부해본다. 이제 이 년간의 공동작업을 완전히 마무리하려니, 애초 기획하였던 동남아의 혼성적 대중문화와 소비문화에 대한 삼차년도 연구를 수행할 수 없게 된 것이 더욱 아쉽게 다가온다.

　　이 책에 실린 논문들 중 다수는 아래와 같이 국내의 학술지를 통해 이미 출판되었는데, 이는 개별 연구자들이 연구업적과 관련하여 불이익을 받지 않도록 배려한 연구단의 결정사항이다. 해당 집필자와 논문제목, 게재 학술지는 아래와 같다.

김민정 (2005), "필리핀 피플 파워와 중산층: '변화 없는' 사회의 역동성," 『동아연구』 48: 58-92.

오명석 (2005), "말레이 중산층과 개혁(Reformasi)운동," 『비교문화연구』 11(1): 187-224.

조흥국 (2004), "태국 시민사회의 형성과 발전," 『국제지역연구』 8(3): 89-120.

노영순 (2004), "베트남의 당-국가와 대중의 관계: 대중조직의 변화와 시민단체의 등장이라는 관점에서," 『역사학연구회』 59: 125-163.

제대식 (2004), "수하르토 정권 이후 표면화된 인도네시아 지역분쟁," 『한국이슬람학회논총』 14(2): 177-208.

마지막으로, 지난 2년간의 대규모 공동연구가 무사히 또 의미있게 끝날 수 있도록 서로 돕고 함께 한 많은 분들께 고맙다는 말씀을 전하지 않을 수 없다. (고마운 마음은, 미안한 마음 만큼이나, 말로 표현하기 힘든 감정임에 분명하다!) 컨소시엄 전체에서 중심적 역할을 해주신 신윤환 선생님과 동남아 사회문화팀 연구 전반을 기획하고 진행하신 오명석 선생님, 일차년도와 이차년도 연구에 함께 하신 선생님들, 대학원 연구보조원들, 연구외곽에서 도움을 주신 학진과 출판사 관계자분들 모두에게 마음 깊이 감사드린다.

필자소개

집필순

김민정 서강대학교 사회학과를 졸업하였으며, 서울대학교에서 "필리핀 농촌마을의 권력
관계와 성차, 그리고 모성"(2002)으로 인류학 박사학위를 취득하였다. 현재 강원
대학교 문화인류학과 전임강사로 재직중이며, 최근 연구로는 "필리핀 가톨릭의
성모 이미지와 어머니 역할"(2003), "필리핀의 국가형성과 토착민"(2004), "필리
핀 농촌마을의 주민조직과 여성리더십"(2004) 등이 있다.

오명석 서울대학교 인류학과를 졸업하였으며, 호주 모나쉬 대학교(Monash University)
에서 "Other Malay Peasants: the Making of Rubber Smallholders in Johor,
Malaysia"(1993)로 인류학 박사학위를 취득하였다. 현재 서울대학교 인류학과 교
수로 재직 중이며, 최근 연구로는 "이슬람 경제의 시각에서 본 말레이시아 경제위
기의 원인과 대안적 해결방안"(2001), "말레이시아에서의 돼지고기 소비와 종족
관계"(2004), 『동남아의 지역주의와 종족갈등』(편저, 2004) 등이 있다.

조흥국 서강대학교 사학과를 졸업하였으며, 독일 함부르크대학교(Universität Hamburg)
에서 "Die Politische Geschichte Tailands unter der herrschaft König Narais"
(1993)로 동남아학 박사학위를 취득하였다. 현재 부산대학교 국제대학원 조교수
로 재직중이며, 최근 연구로는 『동남아의 화인사회』(공저, 2000), 『메콩강과 지역
협력』(공저, 2002), 『불교군주와 술탄 - 태국과 말레이시아 왕권의 역사』(공저,
2004) 등이 있다.

노영순 숙명여자대학교 사학과를 졸업하였으며, 영국 런던대학교 SOAS(School of
Oriental and African Studies, University of London)에서 "A History of the
Indochinese Communist Party, 1930-1936"(2000)으로 역사학 박사학위를 받았
다. 현재 한신대학교 학술원 연구교수로 재직중이다. 최근 연구로는 "러일전쟁과

베트남 민족주의자들의 유신운동 - 동유운동과 동경의숙을 중심으로"(2004), "초기 베트남 공산주의 운동의 국외 네트워크와 재외 활동가, 1928-1934"(2004) 등이 있다.

홍석준 서울대학교 인류학과를 졸업하였으며, 같은 대학교에서 "말레이시아 농촌의 이슬람화와 사회변동"(1997)으로 인류학 박사학위를 취득하였다. 현재 목포대학교 역사문화인류학부 조교수로 재직 중이며, 최근 연구로는 "다문화사회로서의 항구도시, 멀라까, 말레이시아: 타문화 수용과 배제의 역사와 문화"(2004), "말레이시아의 지역사와 도시성, 그리고 민족 정체성: 멀라까 도시문화의 형성과 변화에 대한 사례연구"(2004) 등이 있다.

제대식 인도네시아 족자국립이슬람대학교(IAIN Yogya) 학부에서 이슬람 문화사를 공부하고, 인도네시아 자카르타 국립대학교(UNJ)에서 "자카르타에서 근무하는 한국 기업 경영관리인들을 위한 인도네시아어 교재 개발"(1996)로 인도네시아 언어교육학 박사학위를 받았다. 현재 영산대학교 말레이-인도네시아어학과 조교수로 재직중이며, 최근 연구로는 "인도네시아의 민주화연구: 군부와 이슬람세력간의 동학"(2000), "인도네시아 아쩨(Aceh) 분리독립운동의 배경과 전개"(2003), "수하르토 정권이후 표면화된 인도네시아 지역분쟁"(2004) 등이 있다.

찾아보기